अर्बन-राकस

अजय चंदेल

यह पुस्तक किसी को समर्पित नहीं है।

लेखक का मानना है कि संसार के सभी अर्बन-राकस इस गुर तबः को समर्पित हैं।

क्रम-सूची

क्रम-सूची

क्रम-सूची

भूमिका

अपने कार्यक्षेत्र में भरपूर उत्पात मचाने के साथ-साथ हम हिंसा (हिंदी साहित्य) पर कब उतर आए पता ही नहीं चला। लिखते-लिखते यह सातवीं पुस्तक आपके समक्ष है। वैसे हैं अब तक हम अमचूर (Amateur) लेखक ही। अमचूर लेखक होने के नाते हमपर ठोस लिखने का दवाब नहीं है, हम अमचूर जैसा भुरभुरा लिखने के लिए स्वतंत्र हैं। यहाँ-वहाँ बहुत कुछ ऐसा वैसा लिखते रहते हैं परन्तु कुछ विशुद्ध व्यंग्य ही इस पुस्तक में समाहित करने का प्रयास किया है।

इस पुस्तक में सामाजिक ताना-बाना बुनने की इच्छा अधिक थी परन्तु अंतिम स्वरुप जो भी आया है वह कुछ अलग है। पुस्तक के उतरार्ध में आए चरित्र, घटनाएँ, परिस्थितियाँ सब आप अपने आस-पास देखेंगे। पिछले कुछ दिनों में घटी घटनाओं की याद आएगी। अंत में कुछ पशु-पक्षी आपको भारतीय राजनीति के जंगल में ले जाएंगे। इस पुस्तक की बहुत लंबी भूमिका नहीं है। इतना अवश्य है कि यह पुस्तक पिछली पुस्तकों से अधिक गुदगुदाने वाली है। लिखते-लिखते कई बार स्वयं ही हँस पड़ा हूँ। आशा है पढ़नेवालों को उतना ही आनंद मिलेगा जितने आनंद के साथ इसे रचा गया है।

किताबें लेखक का खून प्रेमचंद के जमाने से ही पीती आ रही हैं अब और ज्यादा फ़िल्टर कर के पीती हैं। कुछ किताबें लिख लेने के बाद यह समझ आ गया है कि किताब लिखना उतना कठिन नहीं है जितना किताब बेचना। अब अमचूर लेखक प्रकाशित भी स्वयं करवाए, प्रचार भी करे और बेचे भी। अब बचे हुए समय में लिखे भी तो कितना? इसलिए जितना लिखा उतना ही इस पुस्तक में उड़ेल दिया है। आगे पाठक जानें उनका काम जानें।

अब आते हैं शीर्षक पर, बनराकस पिछले दिनों काफ़ी चर्चा में रहा। परन्तु राक्षस केवल वन में नहीं रहते, शहरों में हमारे मन में भी रहते हैं। शहरों में रहने वाले राक्षस ही अर्बन-राकस हैं। अर्बन-राकस में अजीब सा दम्भ, आत्ममुग्धता, लोभ, कुंठा या उन्माद है। वह हर समय किसी न किसी प्रतिस्पर्धा में दौड़ रहा है या अपनी ही बनाए पिंजरों में कैद है। भ्रष्टाचार का नैसर्गिक गुण सरकारी कर्मचारियों में है तो निजी क्षेत्र में काम करने वाले भी अछूते नहीं है। शहर के लोग अकेलेपन की शिकायत करते हैं, किसी अतिथि के आने पर असहज भी हो जाते हैं। दूसरों के जीवन में हस्तक्षेप भी करना चाहते हैं और निजता को भंग भी नहीं करना चाहते।

शहरों में पैर पसारती वोक संस्कृति चिंतित भी करती है और हास्यास्पद भी लगती है। शहरी राजनीति भी अब अलग ही मुद्दों पर चलती है। लगता है मतदाता भी यह पूछकर मतदान करते हैं कि विकास जितना होना था हो गया अब निःशुल्क क्या-क्या मिलेगा यह बताओ। अंत में वे कुछ विचित्र प्राणी ऐसे हैं जो विवाद-जीवी हैं जो रोज कोई विवाद उत्पन्न न करें तो साँस न ले पाएँ। इस पुस्तक का हर व्यंग्य ऐसे ही किसी न किसी ऐसे चरित्र अथवा मानसिकता पर है।

अंत में बहुत कठिनाइयों के बाद भी इस पुस्तक का संपादन करने के लिए तूलिका जी का आभार। फिर भी अगर कुछ त्रुटि मिलती है तो दोष मेरा ही है क्योंकि कुछ लेख मैंने उनसे चर्चा किए बिना ही इस इस पुस्तक में अंत समय में जोड़ दिए। उन पाठकों को भी धन्यवाद जिन्होंने मेरी पिछली पुस्तकों को पढ़ा और इस पुस्तक को लिखने का प्रोत्साहन दिया।

अजय

1

गाजल्ले-मुटल्ले

साल भर से घर पर रहने के कारण न जाने कितनी बातों पर ध्यान गया है - एक है सब्जी बेचनेवालों के स्वर। जैसे एक सब्जीवाले का आलू बेचने के लिए अपना सुर है - आलूले, लालालूले, सफेदालूले। सुनने वाला अपने हिसाब से अंदाज़ा लगा लेता है। संभवतः वह आलू ही बेच रहा है और दो तरह के आलू बेचने की चेष्टा कर रहा है। दूसरा सब्जी वाला आलू के साथ मटर भी बेचने पर उतारू है, उसका स्वर कुछ भिन्न है - आलू लो मुटल्लो, आलू लो मुटल्लो। सब बालकनियाँ खाली हो जाती हैं। वर्क फ्रॉम होम में व्यस्त पति अपनी पत्नी की ओर देखकर मुस्कुरा देते है। पिछले लॉकडाउन में डाइटिंग के बल पर अपना वज़न ९५ किलो से ९४ किलो कर लेने वाली पड़ोसन नाश्ते की प्लेट एक तरफ रख देती हैं।

ऐसा नहीं कि ये सब्जीवाले महिलाओं को ही लक्ष्य बनाते हैं। पुरुष भी उतने ही लज्जित किए जाते हैं, उदहारण के तौर पर एक सब्जी वाले का स्वर देखिए - गाजल्ले मुटल्ले। हालाँकि वह गाजर-मटर लेने का आह्वान कर रहा होता है, जाने-अनजाने हमारा ध्यान अपनी देह पर आ ही जाता है। तोंद बढ़ी हुई लगने लगती है। फिर सोचते हैं, वॉक किया जाए या जिम ही जाने लगें? फिर दफ़्तर याद आने लगता है। सोचते हैं जब दफ़्तर जाते थे तो अच्छा ही था, कम से कम कुछ चलना फिरना हो जाता था।

कुछ नहीं तो कैंटीन तक ही पैदल हो आते थे, सहकर्मियों के दवाब में ज़बरदस्ती ही सही, सीढ़ियों से एक दो मंजिल उतर लेते थे। चाय पीने दफ़्तर के बाहर खोखे पर जाते और एक परिक्रमा तो लगा ही लेते थे। 'मूड' भी 'फ्रेश' रहता, संसार की घटनाओं का पता भी चलता और थोड़ी चलाफिरी भी। कोरोना ने वह सुविधा छीन ली है।

उसपर जो क्रम पहिए वाली कुर्सी और टेबल ख़रीदकर शुरू किया था वह सोफे पर पसरने के विकसित क्रम में महीने भर में पहुँच गया था, फिर बिस्तर तक पहुँचा जो अब कम्बल ओढ़कर काम करने तक पहुँच गया है। दफ़्तर का समय नौ से छह या सात या आठ होता था, अब कभी सात, कभी आठ से शुरू हो जाता है और समाप्त होने का कोई समय नहीं। शनि भी बुध बनकर बैठा हुआ है और सूर्य (रवि) गुरु के स्थान पर बैठा हुआ है। परिवार वाले भी अब ऊबने लगे हैं। पत्नी को भी लगने लगा है कि इससे अच्छा तो दफ़्तर ही चले जाते।

एक मित्र बड़े उत्साह के साथ सपत्नीक अपने गृहनगर पहुँच गए थे। दोनों को वर्क फ्रॉम होम मिल गया था। सोच रहे थे काम कहीं से कर लेंगे क्या फ़र्क पड़ता है। हफ़्ते भर में उनके माता-पिता को लगा दिनभर तो लड़का-बहू लैपटॉप पकड़ कर बैठे रहते हैं, काम कब करते हैं? बेचारे घर से बेइज़्ज़त करके निकाल दिए गए। रूखे मन से वापस पहुँच गए। हमारी भी स्थिति कुछ ऐसी ही समझिए। सब रिश्तेदार पड़ोसियों को लगने लगा था कि लैपटॉप खोलकर बैठा हुआ गाने सुन रहा है, आनंद उठा रहा है। उन्हें क्या पता मीटिंग में इज़्ज़त उतारी जा रही है।

दफ़्तर में जो भय और संकोच लैपटॉप पर कोई सोशल मीडिया साइट खोलकर देखने में होता है लगभग वही अब घर पर हावी होने लगा है। आप काम करते करते दीवार से सिर फोड़ रहे हैं, अचानक दो मिनट के लिए ट्विटर खोल लीजिए। बस ऐन समय पर पुत्र आकर लैपटॉप में झाँककर चिल्लाते हुए जायेगा, पापा ट्विटर चला रहे हैं, काम नहीं कर रहे।

फिर बच्चे बोर्ड गेम लेकर सामने बैठ जायेंगे, ट्विटर ही चला रहे हो तो इससे बढ़िया तो हमारे साथ खेल ही लो। बताइए क्या किया जाए? इसलिए बच्चों के साथ कमरे में आने वाले हर प्राणी पर दृष्टि रखनी पड़ती है। कहीं लैपटॉप छोड़कर मटर छीलने या मोमोज़ बनाने न जाना पड़े। मानसिक कार्य करने के लिए आख़िर एकाग्रता भी कोई चीज़ है और उस एकाग्रता को बनाने का प्रयास, जैसे कि सोशल मीडिया या यूट्यूब वीडियो आदि देखना भी काम ही है।

2

कोलेबोरेशन

कल रात सपने में सीईओ साहब आ गए। उन्होंने सतरंगी टोपी लगाई हुई थी। गला छाती में घुस गया था और पेट उन्हें छोड़कर जाने के लिए भागा जा रहा था, भाग ही जाता अगर कोट में कस कर न रखा होता।

कहने लगे "अरे यार हमको लगता है सबको अब ऑफिस आना चाहिए। बहुत दिन से घर से काम कर लिया सबने।" हमने अच्छे कर्मचारी की तरह हाँ में हाँ मिलाई। हमारे मैनेजर ने भी दोनों हाथ खड़े करके कहा - राधे-राधे।

खुश होकर सीईओ साहब कहने लगे, "मैं किसी को परेशान करना नहीं चाहता लेकिन बात ये है कि सब ऑफिस में आयें तो सबका मेल मिलाप बढ़ेगा, काम ज्यादा अच्छे से होगा। सब मिलकर काम करेंगे, सीखेंगे।"

"हाँ-हाँ सही है। लेकिन हम तो अपने काम के लिए अपनी टीम में अकेले हैं। हम किसके साथ मिलकर काम करेंगे? हमारी टीम के लोग तो अखिल ब्रह्मांड में फैले हैं, कोई दिल्ली में कोई बैंगलोर में कोई अमेरिका में कोई इजराइल में।"

"उससे क्या होता है, सब ऑफिस आयेंगे तो सब मिलकर काम करेंगे। जब सब साथ होंगे तभी बेहतर काम हो सकेगा।"

"सबका साथ तो ठीक है, वो तो अभी भी मेल, चैट, फोन आदि आदि उपक्रम से सब जुड़े ही हुए हैं।"

"लेकिन उसमें मजा नहीं है। मजा तो तब है जब सब ऑफिस में साथ रहें।"

"सही बात है, दिन भर चैट, मीटिंग, कॉल से थोड़ी पता चलता है कि लोग एक दूसरे से जुड़े हुए हैं। बात तो तब है जब ऑफिस जाकर एक दूसरे की गोद में बैठ जाएँ।"

एक हरियाणवी मित्र था बोला "ब्याह ही कर लो। वैसे भी दिन भर मीटिंग में चिपके रहते हो।"

सीईओ साहब वैसे भी पवित्र प्राइड मास माना रहे थे, बोले "हमको उसमें भी आपत्ति नहीं है। बस सब ऑफिस आ जाओ।"

हमने पूछा श्रीमान जी "ऐसे में आपके कर्मचारियों का आपस में मिलाप तो हो जाएगा लेकिन आपके कस्टमर का क्या होगा। उनसे कैसे मेल मिलाप बढ़ेगा?"

"वे बोले बात तो सही है। लेकिन वो हम देख लेंगे। तुम केवल ऑफिस पहुँचो।"

"आप हम सबको ऑनसाइट भेज दीजिए। जितना आपके कर्मचारियों का मिलना जुलना जरूरी है, उतना ही हमारा आपके कस्टमर से मिलना भी जरुरी है। वरना वो दिन में हम रात में, कैसे होगा हमारा कोलैबोरेशन।"

"एकाध को भेजना ही पड़ेगा।"

"फिर बाकी रह जायेंगे। उनके साथ कैसे कोलेबोरेट करेंगे? फिर आपने ही तो कहा मेल में वो मज़ा नहीं है जो मेल मिलाप में है। हमको लगता है आपको हम सबको भेज देना चाहिए ताकि सब सामने बैठकर तसल्ली से कस्टमर से आमने सामने कोलेबोरेट करते हुए उनकी जरूरतों को समझ सकें।"

"ये भी सही है। मेल मे मजा कहाँ। लेकिन हमको थोड़ा एजाइल होना पाडेगा। एक आदमी कस्टमर के यहाँ जाएगा, रिक्वायरमेंट लेगा, फिर वो लौटेगा और दूसरा वहाँ पहुँचेगा, पहला जो सुनकर आया है वह इधर वालों को बताएगा, तीसरा काम करेगा, चौथा काम को डिलीवर करने जाएगा। ऐसे सब आते जाते रहेंगे।"

"लेकिन कोलेबोरेशन?"

"थोड़ा तो एजाइल के लिए बली देनी पड़ेगी।"

"हाँ लेकिन इतना आना-जाना महँगा पड़ेगा, हवाई जहाज का खर्चा बहुत आएगा।"

"वो तो है, सस्ता उपाय क्या है?"

"आजकल कंटेनराइजेशन का ज़माना है। कर्मचारियों को समुद्र के रास्ते कंटेनर में भिजवा दीजिए। समय लगेगा लेकिन पैसा बचेगा और एक कंटेनर में जितने चाहे कर्मचारी ठूंसकर भेजे जा सकते हैं। सोचिए कितना अदभुत दृश्य होगा, कोई ऑनसाइट जा रहा है वहाँ से फाइलों के बंडल बोरा भर के रिक्वायरमेंट ला रहा है।"

"ऐसे तो दो तीन महीने लगेंगे किसी पानी के जहाज से। जब तक जहाज पहुंचेगा हो सकता है रिक्वायरमेंट बदल जाएं। फिर पता तब चलेगा दो तीन साल बाद कि जो चाहिए था वह तो बना ही नहीं।"

"उससे क्या फर्क पड़ता है, सबका साथ तो रहेगा। सबका विकास तो होता रहेगा।"

"हाँ हाँ, कोलेबोरेशन जरूरी है।"

"एक समस्या और है, ऑनलाइन पेमेंट वगैरह में भी मजा नही है जब तक हाथ से पैसा छूने न मिले। कस्टमर को कहिए जो देना है हाथ में दे।"

"ऐसे कैसे चलेगा यार ऑनलाइन पेमेंट तो आज की जरूरत है। हम कोई प्राचीन युग में तो नही जी रहे कि पैसे हाथ में लें।"

"हम तो कहते हैं, पैसे का भी भरोसा नही। आज डॉलर अस्सी कल पचहत्तर। आप तो कोई वस्तु ही लो। जैसे पहले काली मिर्च, नील के बदले सोने चांदी का चलन था। यहाँ से समुद्री जहाज पर सॉफ्टवेयर लाद कर ले जायेंगे और वहाँ से उसके बदले में कुछ उसी कंटेनर में भर लायेंगे।"

वे बोले - "यार तुम पेपर ही डाल दो। ज्यादा दिमाग चला रहे हो। कोलेबोरेशन जरूरी है, भले ही किसी कोलंबस तो फिर से अमेरिका की खोज करनी पड़े या किसी को दूसरी नौकरी।"

3

रिटर्न टू ऑफिस

कई वर्षों तक वर्क–फ्रॉम–होम करने वाले कर्मचारी जब कार्यालय पहुँचे तो लगभग वैसे ही थे जैसे कोई नया कर्मचारी होता है। नया नया कर्मचारी जल्दी कार्यालय आता है, ये भी जल्दी पहुँचे। नौ बजे पहुँचना था, पौने नौ पहुँचे।

गार्ड ने उन्हें गुड़ मॉर्निंग कहा तो उनकी बांछें (अज्ञात स्थान पर स्थित) खिल गईं। उन्हें अपने वरिष्ठ होने का आभास हुआ। घर में कहाँ कोई ऐसे झुककर गुड़ मॉर्निंग करता है। वे नए नहीं थे लेकिन यह कार्यालय उनके लिए नया था। कितने भी वरिष्ठ हों, लेकिन कार्यालय प्रांगण में पहुँचकर वैसे ही सकुचाए, भरमाए, लेकिन उत्साहित होकर विचरण करने लगे। उन्हें अपने क्यूबिकल से लेकर कैंटीन तक को देखने की उत्सुकता थी। मशीन से निकलती कॉफ़ी और चाय का आनंद उन्हें बुला रहा था।

कार्यालय में अंदर घुसे तो उनका मुँह खुला का खुला रह गया। यह कार्यालय लगभग उतना ही बड़ा था जितना उनका नॉएडा वाला फ्लैट। बगल में लगा ब्रेक एरिया वैसा ही जैसा उनका डाइनिंग हॉल। क्यूबिकल के नाम पर टेबल और कुर्सियाँ। फिर भी हतोत्साहित तो वे होते ही क्यों? इतने वर्षों बाद कार्यालय आए हैं। सोचा छोटा है तो क्या हुआ, घर की झिकझिक से तो ठीक है। शांति में काम करेंगे।

सबसे पहले एक टेबल पर सामान रख कर कॉफी मशीन की तरफ दौड़े। वहाँ बैठा सहायक उन्हें देखकर मुस्कुराया, वे सहायक को देखकर मुस्कुराए।

कॉफी मशीन के सामने खड़े होकर वे उसे निहारने लगे। (सहायक निहारने योग्य नहीं था, इसलिए कॉफी मशीन ही।) यही है, यही तो है वो जो अब मुझे चाय बना कर पिलाएगी। न बार बार आवाज़ देनी पड़ेगी और न ये झिकझिक करेगी।

बस बटन दबाओ चाय-कॉफी हाज़िर। बस यही योजना बनाने में लगे थे कि अभी चाय पिएंगे, एक घंटा बाद कॉफी। दोपहर के खाने के बाद गैस न हो इसलिए लेमन टी ही पिएंगे और शाम को घर कॉफी पीकर निकलेंगे। बीच बीच में जो मन करेगा देखा जाएगा।

इतने में सहायक ने कहा मैं कॉफी बना दूँ?

उनकी आँखों में जैसे आंसू आ गए। घर में तो किसी ने इतने प्रेम से न पूछा। बिन मांगे कॉफी मिले मांगे मिले न चाय। फिर सोचा पहली बार है खुद ही बना लेते हैं और मुस्कुराकर मना कर दिया। कॉफी बनी, समाप्त भी हो गई।

एक घंटे की शांति के बाद ऑफिस में लोग आने शुरू हुए। शांति भँवरे की गुंजन में बदलनी शुरू हुई। फिर झरने की कलकल में। धीरे धीरे फोन घनघनाने लगे और अगले एक घंटे में बाजार का दृश्य उपस्थित हो गया। अब बस आवाज़ें ही थीं। एक हॉल में पचास लोग पचास तरह की बातें कर रहे थे।

"ये प्रोजेक्ट मैनेजमेंट का टूल है"

"मैंने डेटाबेस तो छेड़ा ही नहीं"

"तुम टेस्टिंग पर क्यों अटके हो"

"प्रोजेक्ट मैनेजमेंट के अलावा डैशबोर्ड्स और रिसोर्स मैनेजमेंट भी इसके बढ़िया मॉड्यूल हैं"

"टेस्टिंग तो बस एक पिलर है"

"दिस इस चुमकी..."

"एक बार एप्लीकेशन को रीस्टार्ट कर के देखें?"

"मेरा कीबोर्ड काम नहीं कर रहा है"

"टेस्टिंग के साथ उनको एप्लीकेशन लाइफ साइकिल समझाओ"

"आपने कल जो कोटशन भेजा है"

"कंसलटेंट से बात करो कंसलटेंट को समझ आना चाहिए"

"सर, इवेंट में ओपनिंग रिमार्क्स आपके हैं उसके बाद"

"कैन यू हिअर मी, दिस इस चुमकी..."

"असली कॉस्ट तो लाइसेंस ही है, आप ३ साल का लाइसेंस लेंगे तो सपोर्ट में डिस्काउंट मिलेगा ही"

"टिकट बनाया हुआ है, तीन हफ्ते हो गए लैपटॉप काम नहीं कर रहा"

"गेस्ट का वेलकम बुके से करवा देंगे"

"एप्लीकेशन लाइफ साइकिल जब आएगी तो टिकट मैनेजमेंट, डैशबोर्ड सब उसी में आ जाएंगे"

"सर वीकडेज में रीस्टार्ट नहीं कर सकते"

"सेल्स मीट इस बार जयपुर में रख लें?"

"अरे यार समझो, ये कलस्टर है पूरे कलस्टर को कॉमन स्टोरेज चाहिए"

"स्पेशली जो गवर्न्मेन्ट के रिप्रेजेन्टेटिव हैं उनको अलग से एंटरटेन करना पड़ेगा"

"सर जब कीबोर्ड काम नहीं कर रहा तो कण्ट्रोल ऑल्ट डिलीट कैसे दबाऊँ?"

"वो राइट कार्नर में एक्सपोर्ट एक्सेल का बटन दिख रहा है वहाँ"

"यार हम तो ऑफिस आए हैं, एक काम करो हमारे पडोसी के यहाँ डिलीवर कर दो।"

"पैलेस में सर्विस तो बढ़िया है लेकिन २०००० रूपये एक रात का खर्चा है"

"यस सर दिस इस चुमकी फ्रॉम .... हेलो हेलो ...."

"तुम अपनी टर्मिनोलॉजी बदलो"

"अच्छा तुम सागर से हो, हम जबलपुर से हैं हमारा ननिहाल सागर है। गया नहीं सालों से लेकिन वहाँ तो बीड़ी बनती है न।"

"अरे पापा टाइम हो गया बस आने वाली होगी"

"आप बताइये डेमो कब देना है"

"जब होटल में ही रहना है तो यहीं कहीं रह लो"

"डाउनलोड हो रहा है खुल नहीं रहा"

"अरे मुबारक मुबारक।"

"सर चुमकी फ्रॉम ..."

"आउटिंग में तो कुछ एक्टिविटीज होनी ही चाहिए"

"चलो यार कॉफी पीते हैं ।"

इतनी बातों में दिमाग तो घूम ही गया था। यहाँ तो घर से ज्यादा झिकझिक है। घर पर तो बच्चों को डाँट–डपट कर चुप भी करा लो इधर किससे क्या कहें। फिर भी कॉफी तो पी ही जा सकती थी। वे ब्रेक एरिया की तरफ लपके। देखा तो आराम से बैठे थे और सहायक सबके लिए कॉफी, चाय बनाकर दे रहा था। अब उन्हें समझ आया कि सुबह सहायक उन्हें देखकर क्यों मुस्कुराया था। वे झेंपे लेकिन फिर भी रुके रहे और अपनी कॉफी स्वयं बनाई। सहायक फिर मुस्कुराया।

कॉफी पीते हुए अचानक उन्हें बोध हुआ कि किसी का नाम अब तक न उन्होंने पूछा न किसी ने बताया। बस उन्हें एक ही नाम अब तक सुनाई दिया था - "चुमकी फ्रॉम ..." , उन्हें अंदर से कौतुहल हुआ, कौन है ये जो बार बार अपना नाम बता रही है? उनके चेहरे पर मुस्कान फैल गई। (मैन विल बी मैन के विज्ञापन के साथ)

वे अपनी कॉफी समाप्त करके अपनी डेस्क की तरफ भागे। भिन्न-भिन्न सन्न-सन्न की आवाज़ों के बीच लंच का समय हुआ। उन्होंने अपना टिफिन निकाला और ब्रेक एरिया पहुँचे। उनकी बेटी का रिजेक्ट किया हुआ गुलाबी रंग का प्रिंसेस वाला टिफ़िन देखकर वहाँ बैठे हुए कई लोग मुस्कुराए। उन्होंने अपना खाना माइक्रोवेव में गर्म किया और खाने बैठ गए। सहायक अभी भी उन्हें देखकर मुस्कुरा रहा था और अब वे सोचने लग गए थे कि शायद इसके शक्ल ही ऐसी हो। थोड़ी ही देर में उन्होंने देखा लोग टिफिन सहायक को देकर शांति से अपनी जगह बैठे हैं और सहायक उनका खाना गर्म करके प्लेट में लगाकर दे रहा है।

वे फिर झेंपे, घर में तो खुद ही अपनी प्लेट लगाकर खाने की आदत है। पिछले किसी कार्यालय में इस प्रकार से कोई खाना गर्म करके नहीं देता था। ये कार्यालयों में कुछ नया बदलाव लगता है। वे खाना समाप्त करके अपनी प्लेट रखने जाने लगे तो सहायक ने लगभग प्लेट छीन ही ली। वे फिर झेंपे, ऐसे तो ससुराल में भी कोई उनकी प्लेट उठाने को उतावला नहीं होता जितने ये हो रहे हैं। सहायक से पूछ ही लिया, क्यों भाई?

वो बोला यहाँ अपनी प्लेट कोई नहीं रखता, न उठाता है, आप ही अनोखे हो।

उन्हें समझ आ गया, ये सेल्स का कार्यालय था और वे कहाँ छोटे मोटे सपोर्ट वाले इंजीनियर। सेल्स वाले अपनी कॉफी खुद नहीं बनाते, अपनी प्लेट खुद नहीं उठाते और सीनियर हो तो कॉफी भी अपनी डेस्क पर ही मँगवा लेते हैं। जहाँ ये सपोर्ट वाले इंजीनियर आउटपुट के फॉर्मेट पर माथा फोड़ रहे होते हैं, वहीं सेल्स वाले उनके बगल में बैठे हुए कस्टमर को अनोखे कमिटमेंट देने के बाद आउटिंग का लेआउट बना रहे होते हैं।

कॉर्पोरेट में सभी उँगलियाँ न बराबर होती हैं, न अंगूठी के लायक। फिर हर उंगली में अंगूठी पहनी भी तो नहीं जाती। लेकिन काम मुट्ठी की तरह सबको करना होता है।

लेकिन कहाँ सेल्स वाले। बड़ी-बड़ी डेसिग्नेशन, ग्लोबल हेड ऑफ़ फलाना एंड ढिकाना, सीनियर सेल्स मैनेजर, जैसी सुनहरी रत्नजड़ित अंगूठियों से लेस कहाँ वे मामूली सॉफ्टवेयर इंजीनियर। वे स्वयं को अंगूठे समान समझ रहे थे। नाम बस अँगूठा है। भले ही अंगूठे के बिना बाकी उँगलियाँ अपंग जैसी हों लेकिन अंगूठे पर अंगूठी कोई विरला ही धारण करता है। फिर अंगूठे दिखाने के लिए भी तो नहीं होते। कौन कंपनी किसी कस्टमर को अंगूठा दिखाना चाहेगी भला? अंगूठे का काम है अपना काम करना और हर ऊँगली के काम में सहायक होना।

अगले दिन जब वे ऑफिस आए तो कुछ बदले बदले थे, कॉफी अब डेस्क पर मंगवा ली थी। लोगों से बातचीत करके थोड़े घुलने मिलने का प्रयास करने लगे थे। लंच के समय कुछ लोग बाहर जा रहे थे, उन्हें आमंत्रण मिला। उन्होंने कहा टिफिन है। उनसे किसी ने फिर आग्रह किया, कहा कंपनी ने स्वयं आपस में मिलने जुलने के लिए ही कार्यालय बुलाया है। साथ खाने से अच्छा घुलना मिलने का अवसर और कहाँ?

लेकिन टिफिन का खाना ख़राब हो जाएगा। एक ने सुझाया सहायक को दे दो वो खा लेंगे। उपाय ठीक था। टिफिन कार्यालय के सहायक को दे दिया गया। इतने में एक सज्जन चिल्लाए, बोले टिफिन तो ले लो लेकिन धोकर मत रखना।

उन्होंने पूछा - यह क्या मामला है ?

तब वे सज्जन बोले - आप बीती है यार। एक बार ऐसे ही मैं टिफिन इनको देकर बाहर खाने निकल गया। इन मूर्खों ने खाना खाया तो ठीक लेकिन टिफिन धोकर रख दिया। अगली सुबह पत्नी ने इंटरोगेशन शुरू कर दिया। इसलिए पहले बता दे रहा हूँ।

ये भी नई सीख थी। ऑफिस आने से काफी कुछ सीखने को मिलता है।

4

मेट्रो यात्रा

भाटिया साहब पूछने लगे आप कोई व्यायाम करते हैं, जिम जाते हैं, सैर करने जाते हैं? अपने व्यायाम के बारे में बताइए।

मैंने कहा - मैं गाजियाबाद से गुड़गांव रिक्शा, पैदल, सीढ़ियां चढ़ते-उतरते, मेट्रो में अटकते–लटकते, कभी सुखासन, कभी ताड़ासन करते हुए जाता हूं और लगभग इन्हीं आसनों को करते हुए लौटता भी हूं। इस पूरी प्रक्रिया ने ५-६ घंटे रोज़ लगते हैं। कृपया बताएं क्या यह व्यायाम की श्रेणी में आता है?

वे कहने लगे इसे व्यायाम तो नहीं कह सकते लेकिन जिंदगी की रेल बन जाना अवश्य कह सकते हैं।

कार्यालय जाते समय बसों और लोकल ट्रेनों की भीड़ में धक्के खाना, भारत के लोगों का पुराना शौक है। आजकल मेट्रो का ज़माना है। भीड़ सार्वजनिक परिवहन की तरह ही रहती है, जैसी रहनी चाहिए। मेट्रो एसी होती है, जिसका एसी कभी कभी चलता भी है। एसी की ठंडक लोगों को आराम देती है। कुछ लोगों को चादर मिल जाए तो वे सो भी जावें। कुछ तो सो भी जाते हैं। युवा वर्ग मेट्रो को ही ओयो समझ लेता है। कभी कभी बेडरूम भी। इतिहास गवाह है कि सार्वजनिक बसों को कभी यात्रियों ने ओयो रूम नहीं समझा, समझते तो थूर दिए जाते। बसों में चढ़ने वाले यात्री अधिक संवेदनशील होते हैं, मेट्रो वाले नौकरीपेशा मध्यमवर्गीय लोग। ऐसे मध्यमवर्गीय लोग आसपास चल रही गतिविधियों पर प्रतिक्रिया नहीं देते, न करने वालों को डिस्टर्ब करते हैं, बस कुछ उद्दंड लोग उसका वीडियो बना लेते हैं। भले ही दो प्रेमी गुत्थमगुत्था हो रहे हों या दो संप्रदाय। मारपीट, हत्या आदि का दृश्य हो या चुंबन आदि क्रियाकलाप कोई किसी के बीच में न टांग अड़ाता है, न जुबान। कार्यालय की तरफ भागते मनुष्य के पास किसी से झगड़ा करने का समय

नहीं है, अपनी ही जिंदगी से झगड़ना उसे भारी पड़ता है। फिर किसी और के बीच में क्या ही बोले।

दिल्ली मेट्रो का जिस प्रकार का व्यापक निर्माण, संचालन और क्षमता है किसी आश्चर्य से कम नहीं है। एक दो दिन आना जाना आनंदित करता है। लेकिन नियमित यात्रा एक प्रतिस्पर्धा है।

पहली प्रतिस्पर्धा प्लेटफार्म पर खड़ी मेट्रो को पकड़ना है, भले ही अगले दो मिनट में दूसरी आ रही हो लेकिन हर कोई उसी मेट्रो को दौड़कर पकड़ना चाहता है जो प्लेटफार्म पर खड़ी है। आदमी स्वचालित सीढ़ियों के ऊपर से भी दौड़ लगाकर चढ़ता है और जब आखिरी सीढ़ी पर पहुंचता है मेट्रो के द्वार बंद हो रहे होते हैं। दस सेकंड के अंतर से हाथ मलता है, फिर अगली वाली की प्रतीक्षा करता है। अगर जल्दी पहुंच भी गया तो जो मेट्रो सामने खड़ी होगी वह गंतव्य से आधी दूर ही जा रही होगी। जैसे सुल्तानपुर, दिलशाद गार्डन, कुतुबमीनार जैसी अधबीच में छोड़ने वाली।

दूसरी प्रतिस्पर्धा सीट पाने की है। अगर किसी बीच के स्टेशन से चढ़े हों तो सीट की गंभीर समस्या है। पहले तो खाली होती नहीं, होती है तो उसपर आरक्षित वाला तमगा लगा होता है। जिसपर बैठना उतना ही बड़ा पाप है जितना कि चोरी। गलती से बैठ भी गए तो उठा दिए जाओगे। न उठाए गए तो खड़े हुए लोग ऐसे देखेंगे जैसे मन ही मन कह रहे हों, हमने नाहक छोड़ी इससे अच्छा तो हमऊ बैठ जाते।

राजीव चौक और कश्मीरी गेट पर सीट मिलना अच्छी किस्मत का संकेत है। इस दिन आप जुआ सट्टा आदि बेझिझक खेल सकते हैं। एक बार एक ऐसे ही स्टेशन पर दो आमने सामने की सीटें खाली हुई। दो युवाओं ने लपक कर सीटें लूट ली। इतने में एक युवक के ज्ञान चक्षु खुले और उसने सामने वाले से कहा तुम इधर आ जाओ मुझे उधर बैठने दो। दूसरा वाला संभवतः रोज का यात्री नहीं था बातों में आ गया। सीटें बदल ली। लेकिन बस एक ही मिनट बाद उसे भूल का अहसास हुआ जब एक महिला द्वारा उसे उठा दिया गया। आसपास के सभी लोग सामने वाली सीट पर बैठे युवक की चतुराई पर मुस्करा उठे और खड़ा हुआ युवक कुढ़ते हुए हाथ ऊपर करके खड़ा हो गया।

रोज आने जाने वाला जानता है मेट्रो किस स्थान पर रुकेगी, कौन सा डब्बा कहाँ आएगा और किस डब्बे में सीट मिलने की संभावना सबसे अधिक होगी। फिर वह प्लेटफार्म पर ऐसे खड़ा होता है कि मेट्रो का दरवाजा खुले तो उसकी नाक घिसते हुए खुले। उतरने वालों से पहले उसे अंदर घुस कर सीट लूट लेने की जल्दी

रहती है। कभी सफल होता है कभी नहीं भी होता। जब सफल होता है तो विजयी मुस्कान के साथ बैठा हुआ जेबें टटोलता है, हेडफोन निकालकर कान में घुसाकर आंख मूंद लेता है। वे लोग अत्यंत प्रतिभाशाली हैं जो सीट मिलने पर तुरंत झपकी ले सकते हैं।

जब सफल नहीं होता तो वह संभावना ढूंढनी होती है कि सीट कैसे मिल सकती है। इसके भी कुछ अनुभव हैं।

जैसे आप सुबह सुबह कश्मीरी गेट से चढ़े हैं और गुड़गांव की तरफ जा रहे हैं तो ऐसा व्यक्ति देखिए जिसके हाथ खाली हैं। वह संभवतः राजीव चौक तक जाएगा। कोई अधेड़ पुरुष जिसके बाल न हों, हों तो करीने से कढ़े हुए हों, मूछें हो भी सकती हैं और नहीं भी लेकिन हाथ में पुराने फैशन का ऑफिस बैग है तो वह निश्चित ही रेस कोर्स रोड से पहले उतर जाएगा।

किसी ऐसे को ढूंढिए जिसके हाथ में बड़ा थैला हो, जिसमें से एक्सरे आदि झांक रहा हो, वह एम्स पर उतरेगा। कोई युवा देखिए जिसके हाथ में बैग न हो लेकिन कान में हेडफोन हो और मोबाइल में डूबा हुआ हो। वह निश्चित रूप से राजीव चौक पर किसी से मिलने जा रहा/रही होगी। अधिकतर कपड़ों से भी पहचान होती है कि यात्री कहाँ उतरेगा।

जब आप अपना लक्ष्य साध लें तो उसके सामने जाकर सीधे ऐसी मुद्रा में खड़े हो जाएं कि उसके अपने स्थान से हिलने की परिस्थिति में तुरंत उसकी जगह पर बैठ सकें। अभ्यास से आप इतने प्रवीण हो जायेंगे कि सामने वाला आधा ही उठ पाएगा और आप उसके नीचे से घुसकर सीट पर बैठ जायेंगे। मेट्रो में सफर तो आसान है लेकिन सीट मिलना नहीं।

लंबी दूरी की यात्रा करने वालों के भी कुछ अनुभव हैं। जैसे उन्हें ट्रेन जैसे ही अलग अलग प्रकार के लोगों की आनंददायक बातें सुनने मिल जाती हैं। एक बीस बाइस साल का लड़का मेट्रो ने अचानक अपनी किसी मौसी के मिलने से अत्यंत प्रसन्न था। फोन कर के घर पर सूचित कर दिया कि आज तो मौसी मिल गईं हैं। फिर अपनी मौसी को दुखड़ा सुनाने लगा। आसपास बैठे लोग मुस्कुराते रहे, मौसी सोचती रहीं कि ये मिला ही क्यों। लड़का कह रहा था मेरी तो किस्मत बिलकुल जेठालाल की तरह है। कुछ भी करता हूं उल्टा ही होता है। ऊपर से मुझे सोने के लिए जो कमरा मिला हुआ है बापूजी के साथ वाला कमरा है। जोर से कोई हँस नहीं सकता लेकिन उसकी बातें मजेदार थीं, लोग मन ही मन हँस रहे थे। फिर अचानक एक स्टेशन पर उतरने वाले एक यात्री ने जोर से कहा चल भाई जेठालाल। अंदर ठहाके फूट पड़े।

बात केवल आनंद की नहीं रोज की दौड़ भाग से होने वाली थकान और खीझ की भी है। एकाध दिन हो तो सीट न मिलने पर कुछ बुरा नहीं लगता। पहले दो दिन तो मेट्रो में दौड़ कर घुसने और सीट लूटने वालों पर हंसी आती है। तीसरे दिन मन में सीट मिलने की कामना जागती है। चौथे दिन आप दौड़ कर सीट लूटने वालों में शामिल हो जाते हैं। आपके अंदर का अर्बनराकस जागता है और फिर आप अभ्यस्त होकर सीट के लिए झगड़ा तक कर लेने की मानसिक स्थिति में आ जाते हैं। यही कार्यालय पहुंचने के लिए सुबह शाम धक्के खाने वालों का शाश्वत सत्य है।

5
सेपरेशन

त्यागपत्र देकर कई वर्षों बाद नोटिस पीरियड पर आने वाले वे पहले थे। उन्हें किसी कंपनी से निकलने से अधिक अनुभव रिश्तों से निकलने का था। अंग्रेजी में कहें तो ब्रेकअप करने का अनुभव अधिक और स्विच करने का अनुभव कम था। यूं कहिए था ही नहीं। उनसे ज्यादा स्विच तो उनकी कंपनी कर चुकी थी, हर दो साल में बिक जाने का कारनामा कोई बिरली कंपनी ही कर सकती है। मित्र को नौकरी पर रखा था हरी प्रसाद ने, काम कराया मांगीलाल ने और अब जब बाहर निकलने की बारी है तो निकल रहे हैं उपटाचंद की कंपनी में से।

यूँ समझ लीजिए बैठे थे दाढ़ी बनवाने, सर मुड़ा कर निकल रहे हैं। उन्होंने अपना सर ओखली में दिया नहीं था लेकिन कोलेबोरेशन का मूसल पीछे पड़ गया था। अब वे निकल रहे थे, स्वाभाविक रूप से प्रसन्न भी थे। लेकिन जिस हिसाब से उनकी कंपनियाँ बदलीं, उन्हें समझ नहीं आ रहा था कि सब कैसे होगा। कंपनी वापस क्या क्या लेगी। उन्हें अपने ब्रेकअप याद आ रहे थे और वे यही कल्पना कर रहे थे कि ये कंपनी सेपरेशन में भी ब्रेकअप की तरह करने लगी तो?

अब कंपनी को उस नाराज गर्लफ्रेंड की जगह रख दीजिए और सोचिए क्या बात होगी?

कर्मचारी अपना लैपटॉप, चार्जर, हेडफोन और आईकार्ड लेकर स्वयं पहुँचा है।

"ये लो तुम्हारी निशानियाँ! जब हम अलग हो ही रहे हैं तो मुझे इनकी जरूरत नहीं।"

"हाँ हाँ अब क्यों जरूरत होगी इन चीजों की। ये वही लैपटॉप है न जो दो साल पहले लड़ लड़ कर लिया था। पुराना काम नहीं करता, कीबोर्ड खराब है, स्क्रीन पर डॉट हैं, ब्लू स्क्रीन आती है! यही सब कहा था न तुमने। एक महीने काम नहीं किया

था तुमने जब तक तुमको ये नया लैपटॉप नहीं दिया था। जानते हो अपना कलेजा काट कर तुम्हारे लिए ये नया लैपटॉप मंगवाया था हमने।"

"लो, कलेजा काट कर मंगवाया था! हमारे लिए मंगवाया था या खुद के लिए? इसी लैपटॉप के नाम पर कौन कहता था, एक घंटे पहले ऑनलाइन आ जाना, दो घंटे बाद तक बैठे रहना। इस लैपटॉप पर मैं फिल्में नहीं देखता था, दिनभर मेल और अलर्ट ही चेक करता था। ताकि कोई एस्केलेशन न हो। तुम्हारा ही कोई कस्टमर नाराज न हो।"

"अब कस्टमर सिर्फ मेरा रह गया? तुम्हारा कुछ नहीं?"

"नहीं, मेरा कुछ नहीं!"

"कस्टमर बात किस से करता था? तुमसे। सलाह किसकी मानता था? तुम्हारी। और तो और appreciation किसको देता था? तुमको।"

"लेकिन पैसे तो तुमको ही देता था, और उस पैसे में से फूटी कौड़ी मुझे नहीं मिलती थी। मैं दिन रात उस कस्टमर को खुश करने के लिए लगा रहता था! क्यों? सिर्फ तुम्हारे लिए। और जब मुझे appreciation आता तो तुम मुझे कहते और लगे रहो, और मिलता क्या? employee of the month ke label वाली पचास रुपए की ट्रॉफी? "

"पचास की नहीं थी वो। उसमें भावनाएं जुड़ी थीं।"

"पचास की नहीं थी तो क्या सोना जड़ा था उसमें? थोक में बनवा ली होंगी 20-20 रुपए में। तुमने कभी ये सोचा कि मुझे क्या अच्छा लगेगा? अरे उस ट्रॉफी की जगह कैश दिया होता तो कुछ काम ही आता।"

"ओह अब कैश चाहिए था। दिया नहीं क्या, सैलरी बोनस सब तो दिया। बोलो कब सैलरी अकाउंट में नहीं आई?"

"वो छोड़ो कभी ये सोचा कि कब तक ये एम्प्लॉई एक ही कस्टमर को एक ही तरह से खुश करता रहेगा? कभी ये सोचा कि इसे भी प्रमोशन दे दिया जाए?"

"प्रमोशन! दिया नहीं क्या? तीन बार प्रमोशन हुआ तुम्हारा! सॉफ्टवेयर इंजीनियर से, सीनियर सॉफ्टवेयर इंजीनियर हो गए, और अब स्पेशलिस्ट।"

"सिर्फ नाम बदला है, काम तो आज भी वही कर रहे हैं। डेसिगनेशन टाइटल तो तुम्हारे लिए मुफ्त हैं। कल को CEO भी बना दोगे और काम वही कस्टमर सपोर्ट वाला करवाओगे। हमसे जूनियर लोग भी मैनेजर हो गए हैं।"

"तो क्या हुआ। अवसर तो यहाँ भी हैं!"

"अवसर? आज तक टीएल नहीं बनाया तुमने। यहाँ भी हमसे जूनियर मैनेजर बने बैठे हैं। वो जिसको तुमने पिछले महीने निकाला वो ६५ साल का था बिना

मैनेजर बने ही निकल गया! उसने तो तुम्हारे लिए इतना काम किया कि परलोक में भी यमराज उसे वीपी से कम का पद नहीं देंगे। यहाँ नाहक वो अपना बीपी बढ़ाता रहा।"

"सिर्फ मैनेजर बनना कुछ नहीं होता, उसके अलावा भी नौकरी है।"

"हाँ! बस जिंदगी भर एक ही कस्टमर की जी हुजूरी करना ही तो सबकुछ है। रायता कोई फैलाए मैं जी हुजूरी करके समेटता फिरूं। यही तो जिंदगी है। तुमको दया नहीं आई उस कस्टमर को आ गई।"

"कहीं उसी कस्टमर के साथ तुम्हारा कुछ....?"

"उससे तुमको क्या?"

"नहीं, नहीं बताओ!"

"अरे जाओ, अब तक तुमने हमसे कस्टमर के खूब तलवे चटवाए हैं। अब हम बनेंगे कस्टमर और तुमसे अपनी..."

"मैने भरोसा करके जिस कस्टमर को तुम्हारे हवाले किया तुम उसी कस्टमर के साथ ...!"

"नहीं बताएंगे!"

"पता तो चल ही जाएगा, कंप्लायंस में फंसोगे!"

"चेक कर लिया है नहीं फसेंगे!"

"धोखा!"

"धोखा नहीं, मौका।"

"ओह! तो ये बात है।"

" हाँ यही बात है, जा रहे हैं। मैनेजर बनेंगे!"

"तो जाओ फिर। नहीं रोकेंगे!"

"रुकना भी किसको है?"

"फिर लौट कर मत आना।"

"आना भी किसको है? लो पकड़ो अपना लैपटॉप! चार्जर और हेडफोन।"

"ये हेडफोन तो छिला हुआ है!"

"सात साल पुराना है, प्लास्टिक झड़ गई।"

"चार हजार का था।"

"चार हजार वाले की प्लासिक नहीं झड़ती क्या? तीन साल से दूसरा मांग रहे हैं, दिया?"

"और आईकार्ड दो!"

"लो, धर लो।"

“इसके कोने फटे हुए हैं।”

“तो क्या इसपर किसी और की फोटो लगा के दूसरे को दे दोगे? इसपर कंपनी का नाम तक तो है नहीं। बड़ा आईकार्ड। जिस दिन बिना कंपनी के नाम का आईकार्ड पकड़ाए थे, उसी दिन समझ जाना था। ऐसा इसलिए किया कि कंपनी बिकती रहे, बदलती रहे लेकिन आईकार्ड दोबारा न बनवाना पड़े।”

“लैपटॉप के साथ बैग दिया था वो बैग लाओ!”

“अब बैग भी चाहिए?”

“हाँ।”

“वो तो फट गया।”

“फटा ही लाओ नहीं तो पैसे कटेंगे!”

“फटे बैग का तंबू बनाना है?”

“हम कुछ करें।”

“और क्या क्या चाहिए?”

“सबकुछ जो अबतक तुमको दिया है।”

“ज्वाइनिंग के समय एक पेन, कप, नोटपैड और गुलाब दिया था वो भी ला दें?”

“हो तो ला दो!”

“रुको, हमको मालूम था ये चिंदी चोरी करोगे, इसलिए सब ठूंस कर लाए हैं!”

“ये लो ये सब ट्रॉफियां, ये अप्रिशिएशन मेल के प्रिंटआउट, ये हर साल goodies के नाम पर दिए पेन, नोटपैड, मग और सिपर। ये स्वेटशर्ट, एक धुलाई में फट गई थी लेकिन रख लो। पोछा बनवा लेना ऑफिस के लिए। टॉवल भी हैं। एक काजूकतली का डब्बा भी है। दो साल पहले लेने में देर हो गई थी, फिर खोला ही नहीं। ज्यों का त्यों रखा है वो भी ले लो।”

“बस?”

“और क्या चाहिए।”

“एक बार एक झोला दिया था!”

“अरे वो कैसे भूल सकते हैं, लो वो भी ले लो। लेकिन ये बताओ इस झोले का करना क्या था, दिया क्यों था? न इतना बड़ा है कि इसमें सब्जी या किराना लाते न इतना छोटा था कि इसमें टिफिन ही ले आते!”

“शो पीस था।”

“तो दिया ही क्यों?”

“उस साल के बजट में उतना ही था।”

"सही बात है, जहाँ सेलिब्रेशन के नाम पर कपकेक बंटते हों वहाँ और क्या उम्मीद करते।"

"याद है, तुम्हारी पाँचवी सालगिरह पर एक कीचेन दी थी!"

"अरे कैसे भूल सकते हैं। चाबी का छल्ला। उस पर भी कंपनी का नाम ऐसे गुदवाया जैसे चांदी का हो। उससे महंगा वाला तो पप्पू मिस्त्री गाड़ी की सर्विस करते समय चाबी में लगा देता है।"

"जैसा भी था, गिफ्ट था हमारा!"

"अब चॉकलेट के रैपर, गिफ्ट की पैकिंग, कैंटीन की चाय के डिस्पोजल मत मांग लेना वो सब संभाल कर नहीं रखे हैं।"

"बस यही तो अंतर है तुम में और हम में। हमने तो सब संभाल कर रखा है। पिछले सारे सालों की अटेंडेंस का रिकॉर्ड, कब देर से आए, कब जल्दी गए, कब छुट्टी ली। कब स्वाइप करके गायब रहे। सारा हिसाब रखा है हमने। हमने क्या-क्या दिया है, उसका भी हिसाब है हमारे पास।"

"हमको तो मालूम था तुम ऐसे ही हो। काट लो जितना पैसा FnF में से काटना है हमको रिलीविंग लेटर दे दो।"

"देखा तुम्हारे मांगने की आदत। जाते जाते भी मांग ही रहे हो। और ये मेरा बड़ा दिल है कि जो मांग रहे हो वो हम दे देंगे। जाओ जहाँ रहो खुश रहो।"

"तो का दुखी होने के लिए जा रहे हैं। खुश ही रहेंगे! और सुन लो – हम बेवफ़ा हरगिज न थे... पर हम वफ़ा कर न सके।"

"झींगालाला हू हू!"

6

विज़िबिलिटी

महाभारत का युद्ध चल रहा था। महारथी से महारथी भिड़ रहे थे, रथी से रथी। पैदल से पैदल सेना का युद्ध था। सब अपने बराबर वाले योद्धा से लड़ रहे थे। रणनीति के अनुसार सभी योद्धा अपना अपना मोर्चा संभाले थे। युद्ध ज़ोरों पर था।

इतने में कर्ण ने देखा कि एक महारथी जाकर दूसरे मोर्चे पर पैदल सेना में मार काट मचा रहा था। कर्ण ने पूछा- भाई लड़ रहे हो वह तो ठीक है, सब पर भारी पड़ रहे हो वह भी ठीक है, लेकिन समझ ये नहीं आ रहा जहाँ तुमको लड़ना था, वहाँ क्यों नहीं लड़ रहे, ये वाली लड़ाई तो रथी या पैदल सेना भी लड़ लेगी।

महारथी बोला- भाई सच बोलूँ तो लड़ाई तो पूरे कुरुक्षेत्र में हैं लेकिन यहाँ विज़िबिलिटी ज़्यादा है। यहाँ लड़ूँगा तो सेनापति से लेकर महाराज तक मेरी विज़िबिलिटी बनी रहेगी।

कर्ण चुपचाप अपने मोर्चे की ओर चल दिए। वे समझ गए थे कि वह अभी तक सेनापति या उप-सेनापति क्यों नहीं बन पाए थे।

7

चक्रव्यूह में फ्रेशर

अर्जुन दातून चबाते हुए सोच रहे थे कि कल जो अंतिम तीर उन्होंने चलाया था अगर दो डिग्री साइड से निकाल देते तो दुर्योधन की नाक में लगता और वो नकटा हो जाता। सोचते ही चेहरे पर हँसी आ गई। वे दातून का स्वाद ले ही रहे थे कि अचानक व्हाट्सएप पर मैसेज आया – "आज चक्रव्यूह रचा गया है। पंद्रह मिनट में स्टैंडअप मीटिंग है। ऑनलाइन आओ।"

अर्जुन के मुँह से निकला अरे दद्दा रे। दातून वहीं फेंक दी, कुल्ला करने का भी समय नहीं था। आनन फानन में ऑनलाइन हो गए। मीटिंग चालू हो चुकी थी।

सेनापति धृष्टधुम्न (डी.डी.) कह रहे थे – "चक्रव्यूह कोई बड़ी बात नहीं है। हमने ऐसे बहुत से चक्रव्यूह देखे हैं। अर्जुन इन सबको पंद्रह मिनट में चक्रव्यूह का ओवरव्यू दे दो। मैं चाहता हूँ सब लोग पार्टिसिपेट करें, टीम वर्क दिखना चाहिए।"

अर्जुन ने कहा – "चक्रव्यूह भेदना मैं जानता हूँ, मैं टीम को लीड करता हूँ।"

सेनापति ने कहा – "तुमको लीड करने की बहुत जल्दी रहती है। मैं अपर मैनेजमेंट से बात कर रहा हूँ, और जैसा होगा बता दूँगा।"

अर्जुन बोले – "अरे पोजिशन नहीं माँग रहा हूँ। ये कह रहा हूँ काम कॉम्प्लिकेटेड हैं और मुझे आता है इसलिए मुझे कर लेने दो।"

सेनापति ने लगभग डाँटते हुए कहा –"इसीलिए तो तुम लीडर नहीं बन पाए अब तक। लीडर वो होता है जो अपने नीचे काम करने वालों को ग्रूम करे। जो तुम्हें आता ही है तो वो दूसरों को सीखने दो।"

"अरे लेकिन ये ट्रेनिंग का टाइम नहीं इंसीडेंट का टाइम है।"

"तुम एक काम करो उधर ये गुरुग्राम वाले सुशर्मा को फॉलो करो और मुझे रिपोर्ट करो। चक्रव्यूह मैं देख लूँगा। मेरे को भी आता है।"

"अरे लेकिन..."

"जो कहा वो करो।"

"सोच रहा हूँ सिक लीव ही ले लूँ फिर।"

"मैं तुम्हें कुछ बड़ा करने का मौका दे रहा हूँ। तुम चक्रव्यूह पे अटके हो! ऐसे बड़े मौके पर सिक लीव कायर लेते हैं। सुशर्मा पूरे त्रिगर्त का मामला है। उसके पीछे जाओ!"

" सुन तो लीजिए..."

"पहले ये बताओ ये बनियान पहन में मीटिंग में कैसे आए? आए तो आए वीडियो भी ऑन कर रखा है।"

"सॉरी" कहते हुए अर्जुन चुपचाप निकल गए।

सेनापति ने गुरु द्रोणाचार्य को फोन लगाया। "गुरुजी ये क्या घिटोरनी बना दी आज? ये क्या चक्कर चलाया है?"

"चक्कर नहीं है चक्रव्यूह है। समझ लो प्रोग्राम लाइफ साइकिल में फंसने वाले हो। अपने सबसे बढ़िया रिसोर्स को भेजो! ये बहुत कठिन काम है।"

"थोड़ा आइडिया तो दे देते तो तैयारी करके आते! स्कोप ऑफ वार (SoW) में आता है ये?"

"जब SoW साइन हो रहा था तब ध्यान कहाँ था? अब तो आपने बेस्ट रिसोर्स को भेजो वरना हार मान लो!"

सेनापति ने दूसरी मीटिंग बुलाई। "देखो अर्जुन आज अर्जनगढ़ गया है। चक्रव्यूह में कौन जाएगा?"

"आप करने वाले थे?"

"हाँ लेकिन मैं तुम लोगों को खुद को प्रूव करने का मौका देना चाहता हूँ। ऐसे ही समय में नए चैम्पियन बनते हैं। बताओ कौन जाएगा?"

"कर तो हम लेंगे लेकिन पता तो हो कि करना क्या है। कुछ पता ही नहीं कि क्या करना है तो जाकर क्या करेंगे?"

"अरे इतना एक्सपीरियंस है सबको, सब महारथी हो। कोई भी जाओ!"

इतने में अभिमन्यु का प्रवेश होता है- "क्या चर्चा हो रही है?"

"कुछ नहीं एक चक्रव्यूह भेदना है! सोच रहे हैं कौन जाएगा।"

"कौन जाएगा?"

"वही तो निर्णय नहीं हो पा रहा कि कौन जाएगा।"

"मैंने बूटकैंप में सीखा था। कहो तो चला जाऊँ?"

"तुम तो फ्रेशर हो, लेकिन जब कोई नहीं जा रहा तो तुम जा सकते हो। वैसे भी जितना तुमको पता है, उतना ही हमको पता है।"

"आपको क्या पता है?"

"वही पता है जो तुमको पता है।"

"आपको क्या पता है कि मुझको क्या पता है?"

"हमको पता है कि तुम नए हो तुमको तो पता होना ही चाहिए।"

"हमको पता है कि आपको नहीं पता है कि हमको क्या पता है।"

"जलेबी मत बनाओ, ये बताओ जाओगे या नहीं?"

"घुस तो जाऊँगा लेकिन निकलना नहीं आता।"

"घुसना इंपोरेंट हैं अभिमन्यु। निकलने का क्या ही जिस रास्ते जाओ उसी से वापस आ जाना!"

"कोई एस्केलेशन हुआ तो?"

"बाकी महारथी ऑनकॉल रहेंगे। सब का कैलेंडर बुक है, नहीं तो तुमको नहीं जाना पड़ता।"

इस तरह फ्रेशर अभिमन्यु को क्लाइंट के चक्रव्यूह में अकेले भेज दिया गया। परिणाम वही हुआ ो ऐसी परिस्थिति में होता है। भीषण एस्केलेशन के बाद अभिमन्यु का इंस्टेंट टर्मिनेशन। एस्केलेशन के समय सारे सीनियर रिसोर्स जयद्रथ के साथ मीटिंग में बिज़ी हो गए थे।

8

मच्छर मारने का भी समय नहीं

एक सॉफ्टवेयर इंजीनियर काम कर रहा है। उसके हाथ पर मच्छर बैठा हुआ काट रहा है, लेकिन उसके पास न उसे मारने का समय है, न उड़ाने का। बस मन ही मन बड़बड़ा रहा है -

ये क्या चुभ रहा है, हाथ पर! सुई सी क्यों लगी है! ओह ये तो मच्छर बैठा हुआ है। यही काट रहा होगा। मारूँगा अभी बस ये दो लाइन और टाइप कर के टिकट अपडेट कर दूँ। उसके बाद फ्री होकर मारूँगा साले को। बैठ साले बैठ, तू बैठा रह। अभी मेरे दोनों हाथ टाइपिंग में लगे हैं। मैं इन्हें कीबोर्ड से हटा नहीं सकता, इसलिए तू काट ले। ये टिकट अपडेट होते ही तेरी जीवनलीला समाप्त कर दूँगा। मुझे चुभ रहा है, खुजली हो रही है, लेकिन तू काट। अभी इतना टाइम नहीं है कि तुझे मार सकूँ। अगर तुझे मारने के लिए हाथ कीबोर्ड पर से हटाया तो मेरे अपडेट का फ्लो बिगड़ जायेगा और फिर मैं अपडेट नहीं दे पाऊँगा। इसलिए तू काट ले। जी भर के खून चूस। मोटा हो जाएगा तो उड़ नहीं पाएगा, तभी तुझे मारूँगा। फिर उसपर ट्वीट करूँगा। लेकिन अभी ये अपडेट देना है। हाथ कीबोर्ड से नहीं हटा सकता वरना जो अभी दिमाग में आ रहा है वह भूल जाऊँगा। पहले मुझे लिख लेने दे, फिर तुझे मारूँगा। साले मार के मखाने फेंक-फेंक के तेरी अर्थी निकलूँगा। लेकिन मुझे अभी लिख लेने दे।

सॉफ्टवेयर इंजीनियर अगर ऐसी अवस्था में आ जाये तो समझ लीजिये कि कितना प्रेशर में काम कर रहा है। हाथ पर बैठे मच्छर को भी मारने में लगता है कि उसका काम छूट जाएगा तो समझ लीजिये बेचारे की ज़िंदगी मची पड़ी है। ऐसा

ही प्राकृतिक आवश्यकताओं के समय भी होता है। बेचारा सोचता रहता है कि बस इतना अपडेट कर दूँ फिर चैन से निवृत्त होऊँगा लेकिन थोड़ा-थोड़ा कर के दो घंटे तक नहीं उठ पाता। अंत में लगता है कि दौड़कर जाके बस आ ही जाएगा, तब बेचारा बुलेट की स्पीड से भागकर जाता है। दिल्ली के मानसून की बारिश जैसा अधूरा सा गरज के अधूरा सा बरस के आधा गीला आधा सूखा कर के वापस भाग कर आता है। कहीं कोई कस्टमर कष्ट से मर न गया हो उस एक मिनट में।

सुबह का नाश्ता शाम को चार बजे, दोपहर का खाना रात को आठ बजे करने वाले घर से काम करने की स्थिति में सुबह सात बजे चाय से पहले मेल देखने वाले, दिन भर टालते-टालने रात को नौ बजे नहाने वाले हम सॉफ्टवेयर जगत में लगे लोगों की गत वही समझ सकता है जो सोचता है चलो काम खत्म हुआ और तभी एक सर्वर डाउन के लिए उसका मैनेजर उसे पकड़ लेता हो। उसके बाद दिन-रात-छुट्टी-गणतंत्र दिवस-होली-नाग पञ्चमी सब बराबर हो जाता है।

9

पति

संसार की आधी महिलाओं को यह शिकायत है कि उनके पति साथ में फोटो नहीं खिंचवाते। खिंचवाते हैं तो मुस्कुराते नहीं, मुस्कुराते हैं तो ऐसे कि जैसे ज़बरदस्ती की जा रही हो। अधिकतर मुँह ही बनाकर रहते हैं। जो मुँह बनाकर नहीं रहते वे मुँह में गुटखा-खैनी दबाकर रखते हैं जिससे मुँह बन ही जाता है। मुँह में खैनी न भी हो तो भी मुँह ऐसे बंद किये रहते हैं जैसे तिजोरी में ताला जड़ा हो। हँसते ही न जाने कितना खजाना लुट जायेगा।

समस्या गंभीर तब हो जाती है जब पत्नी के समक्ष अपने होंठों को कष्ट न देने वाले पति किसी अन्य के साथ फोटो में दाँत दिखाते हुए दिख जाते हैं। ऐसे में पत्नी का पारा चढ़ना स्वाभाविक है। भले ही तस्वीर किसी के साथ भी हो, पति को भाव भंगिमाएँ एक सी ही रखनी चाहिए।

पति भी कम नहीं होते। ऑफिस के वीडियो कॉल में खी-खी करने हँसने वाले पति अपनी पत्नी को दरवाज़े पर खड़ा देखकर ऐसे मुँह बना लेते हैं जैसे पत्नी हँसता देख लेगी तो कारण बताओ नोटिस जारी कर देगी और बर्तन मांजने पड़ेंगे सो अलग।

सरकारी नौकरी वाले पतियों की अलग विडंबना है। उनके मुख पर स्वाभाविक रूप से गंभीरता छप जाती है। चश्मा लगाकर फोटो खिंचवाते समय ऐसे बैठते हैं जैसे कोई बिना रिश्वत के फाइल आगे बढ़ाने के लिए बाध्य कर रहा हो। वे मुस्कुरा तो सकते हैं लेकिन उसके लिए अलग से खर्चा-पानी चाहिए होता है या ऊपर से आदेश। उनमें से चालीस के पार हो चुके पतियों की अलग कथा है। देह से पिंडाकार हो जाने के कारण फोटो खिंचवाने का मन नहीं होता। जब फोटो येन केन प्रकारेण खिंचवा कर व्हाट्सएप्प् और फेसबुक स्टेटस पर डाल दी जाती है तो बाकि तो

छोड़िये, अपने ही मित्र जो कभी ख़बर न लेते हैं, वे भी कहते हैं क्यों बे कौन सा महीना चल रहा है। आदमी झेंप कर रह जाता है। यह अधेड़गति को प्राप्त हो चुके पति की अनेक समस्याओं में से एक है। अन्य समस्याओं में बालों के साथ सफ़ेद हो रही दाढ़ी भी है। एक बार देख लीजिये बाल अपनी स्थिति में छोड़ कर। एक तो पत्नी चैन से रहने न देगी, उसपर अगर दो दिन दाढ़ी न बनाओ तो फोटो खिंचवाने की ज़िद अलग करेगी। ऐसे में कुछ विशेष परिजनों के मध्य बुढ़ापे को छुपाने की बाध्यता वह सब भी करवा लेगी जो पति करना न चाहता हो। मसलन पूरे दिन सोने का मन है, दाढ़ी चार दिन से बनी नहीं है, बाल सफ़ेद हो रहे हैं, और पत्नी आकर कहे आज शादी की वर्षगाँठ है, कम से कम एक फोटो तो खिंचवा लो। तब मजबूरन आदमी को उठकर दाढ़ी बनवाने जाना ही पड़ता है, बाल रंगने ही पड़ते हैं। अन्यथा फोटो तो आएगी, लेकिन उसपर सालियाँ ऐसी टिप्पणी करेंगी कि दो-चार दिन का खाना भी बंद करवा सकती है। एक मित्र ने ऐसी ही परिस्थिति में फोटो खिंचवा ली। एक तरफ़ से कमेंट आया कि अबे बाप-बेटी से लग रहे हो। दूसरी तरफ़ से कमेंट आया- का करूँ राम मुझे बुड्ढा मिल गया। वर्षगाँठ पर वर्ष तो निकल गया बस गाँठ रह गई।

ऐसे ही एक बार अपनी पुत्री को गोद में उठा कर फोटो खिंचवा ली। एक मित्र ने पत्नी को फोन करके आग लगाई कि तुमको उठाकर दिखाए तो जानें। पत्नी अड़ गयी, ऐसी तस्वीर भी खींची गयी। उस तस्वीर को देखकर हमारा वह डेढ़ सौ किलो का मित्र बोला, रुक मुझे उठा कर दिखा तो बात है। अरे भक्कू, ओवरलोडेड भूसे के ट्रैक्टर, आदमी ही हूँ, तुझे तो केवल क्रेन उठा सकती है।

ख़ैर, असली मुद्दे पर वापस आते हैं। मुद्दा है पत्नी के साथ तस्वीरों में पति दुःखी क्यों दिखते हैं। क्योंकि वह दुःखी होते हैं? या दुःखी दिखना कोई बाध्यता है? या पत्नी को देखते ही "घाव करे गंभीर" याद आ जाता है कि मुस्कराहट आती ही नहीं।

ऐसा नहीं है कि तस्वीर में पति-पत्नी के साथ हँस रहा हो तो भी वह चैन की सांस ले सकता है। उसे यह तो सुनने किसी न किसी दिन मिल ही जाएगा कि हाँ, किसको देखकर दाँत निकल रहे थे? दाँत तो दाँत है, स्वाभाविक है, कभी निकल आते हैं कभी नहीं निकलते। ऐसे में वे पति सुखी रह सकते है जिनके आगे के दो दाँत टूट गए हों। आपसे कोई मुस्कुराने को न कहेगा और आप मुस्कुराना भी चाहेंगे तो आपको मुँह बंद रखने को कहा जायेगा।

पतियों की दूसरी समस्या है तारीफ़ न करना, और करना तो ग़लत बात की तारीफ़ करना, या ग़लत व्यक्ति की तारीफ़ करना या सही व्यक्ति की तारीफ़

ग़लत जगह कर देना। पत्नी की तारीफ़ करने वाले पतियों की प्रजाति दुर्लभ है। लेकिन पति कोई भी हो किसी न किसी की तारीफ़ कर ही देता है। इसमें भी बहुत जटिलता है। पत्नियों के सामने पति का किसी अन्य स्त्री की तारीफ़ करना अक्षम्य है परन्तु किसी अभिनेत्री की तारीफ़ करे तो पत्नी को समस्या नहीं होती। क्योंकि जानती है लंगूर को दूर की हूर मिलने वाली नहीं है। लेकिन किसी पड़ोसन या पहचान वाली की तारीफ़ कर दे, फिर देखो खेल। उसके बाद किसी को देखकर तारीफ़ करना तो दूर आदमी मुस्कुराना भी भूल जाएगा।

10

प्रेम में पड़ा हुआ पुरुष

विषय - पुरुष

स्थिति - प्रेम में पड़ा हुआ।

आयु एवं संरचना -

अविकसित, तरुणाई के अंकुर प्रत्यक्ष, अथवा पूर्ण रूप से विकसित, दाढ़ी मूंछ से लैस। विकास क्रम से अंतिम चरण में। देह के कुछ पुर्जे ढीले। सभी परिस्थितियाँ प्रेम में पड़ने हेतु उपयुक्त।

भावावेश -

अविकसित पुरुष - तीव्र, भावनाएँ और हार्मोन शेयर मार्किट में अडानी के शेयरों की तरह ऊपर नीचे होने की प्रबल संभावना।

विकसित पुरुष - भावनाएँ तीव्र, उत्तेजना नियंत्रित।

प्रेम में पड़ने के कारण - मुख्यतः स्त्री।

सुन्दर मुख, मादक मुस्कान, तिरछे नैन, रसीले होंठ, लंबे बाल, आकर्षक देह, मीठी वाणी प्रमुख अभियुक्त।

लहराता आँचल, मतवाली चाल, प्रामाणिक सादापन, चंचलता आदि सह-अभियुक्त।

स्त्री की परिस्थिति - विवाहित, अविवाहित दोनों।

पुरुष की परिस्थिति - विवाहित, अविवाहित दोनों।

पुरुष के प्रेम की पात्र - स्त्री।

अविवाहित पुरुष के लिए अविवाहित तरुणी।

सामाजिक प्रकोष्ठ -

उद्दंड/ टाइमपास प्रकृति/ प्रवृति के लिए छपरी।

गंभीर प्रेमी के लिए - लवर बॉय, कूल ड्ड।

विवाहित पुरुष के लिए - **पत्नी पर निर्भर।**

[केवल अपनी] : आदर्श प्रेमी, प्रेम गुरु।

[*दूसरे की अथवा दोनों (अपनी तथा दूसरे की)*]: रामोदली।

प्रेम में पड़ने का समय/अवसर -

प्रथम अवसर - सामान्यतः पढ़ते-पढ़ते प्रेम में पड़ना प्राचीन परंपरा। जो क्लास में नहीं पढ़ते अक्सर वो प्रेम में पड़ते हैं। जो क्लास में ज़्यादा पढ़ते हैं, उनके पास प्रेम में पड़ने का और अधिक समय उपलब्ध होता है। औसत बुद्धि वाले स्कूल के बाद कोचिंग में पढ़ते हैं। वे कोचिंग में जाकर प्रेम में पड़ जाते हैं। जो बच जाते हैं, वे आईआईटी, आईएएस आदि के लिए पढ़ रहे होते हैं।

द्वितीय अवसर - कार्यालय की कैंटीन। लंच के समय किसी कन्या का आपकी टेबल से सॉस अथवा नमक उठाना। या कैंटीन में सभी टेबल भरे होने पर किसी कन्या का टेबल पर साथ बैठने की अनुमति माँगना।

मुख्य अवसर - विवाह के पश्चात अपनी ही पत्नी से।

अन्य अवसर (गौण, दुर्लभ किन्तु संभव) -

कार्यालय में नई कन्या का आगमन। उसका स्टेप्लर अथवा कोई डॉक्यूमेंट माँगना।

कार्यालय में किसी कन्या का फिसलकर या चक्कर खाकर बाहों में गिर जाना।

किसी विवाह समारोह में दूल्हे की साली, अथवा दुल्हन की ननद से स्टेज पर आँखें टकराना।

किसी टूर पर जाते समय बस में किसी कन्या का जाने अनजाने कंधे पर सिर रखकर सो जाना।

प्रेमिका की सहेली अथवा बहन का प्रेमिका से अधिक सुन्दर होना।

प्रेम में पड़ने के लक्षण - पूर्ण विकसित और अविकसित दोनों में एक समान। शून्य तकना। एकांत प्रेम। संगीत। अकारण मुस्कान। दर्पण के समक्ष आत्मावलोकन। त्रैमासिक होने वाली सैलून यात्रा, साप्ताहिक हो जाना। फोन में रमा रहना।

प्रेम में पड़ने के परिणाम - कुटाई की पर्याप्त संभावना। कुछ विशेष मामलों में हत्या भी। अधिकतर मामलों में जीवन भर बिछड़ने की पीड़ा। अवसाद। दर्द भरे नग्मे। अंदर का कवि अथवा शायर जागना। कुछ विशेष मामलों में विवाह, घर से निष्कासन। पुश्तैनी जायदाद से बेदखल होना। तत्पश्चात अधिकतर मामलों में तलाक। बचे हुओं का सुखी जीवन देखकर अन्य लोगों की ईर्ष्या।

विवाहित पुरुष के प्रेम में पड़ने के अतिरिक्त परिणाम -

अपनी पत्नी से - सब्जी लाना, खाना बनाना, बर्तन मांजना आदि दिनचर्या में सम्मिलित।

अन्य स्त्री से - षड्यंत्र, कलेश, खर्च अधिक, गुप्त यात्रा की योजना।

प्रेम में पड़े पुरुष के मूल कर्तव्य (सभी पर सामान्य रूप से लागू) -

जन्म तिथि, प्रथम मिलन तिथि, वर्षगाँठ आदि याद रखें। खर्च करें। आभूषण, उपहार आदि खरीदें। रिचार्ज आदि समय से करवाते रहें। स्वतंत्रता को अधिकार न समझें। अभिव्यक्ति केवल प्रेम की करें।

प्रेम में पड़े पुरुष के मुख्य अधिकार - कोई नहीं (सभी पर सामान्य रूप से लागू)।

नोट - अधिकतर खूंखार अपराधी इसीलिए पकड़े जाते हैं क्योंकि वे प्रेम में पड़ जाते हैं। अपराधी प्रेम में पड़ने से पहले दो बार सोचें। वैसे तो प्रेम में पड़ने के बाद भी अपराधी हो जाना कोई नई बात नहीं है। मेंटेनेंस का खर्च निकालने के लिए चेन, मोबाइल आदि छीनना भी अपराध ही है।

विशेष नोट - पुरुष प्रेम में पड़ते हैं, स्त्री भी पड़ती ही है। प्रेम में पड़ना एक तरह से जगत की रीत है। कुछ गहापुरुषों की मानें तो मनुष्य जन्म ही इसलिए लेता है, कि वह प्रेम में पड़ सके।

विषय की विवेचना करने हेतु लेखक की योग्यता - लेखक पुरुष है। प्रेम में पड़ चुका है। अपने वर्षों के अनुभव से विषय में गहरी समझ रखता है। लेखक की प्रेमिका ही उसकी पत्नी है और अब भी अपनी पत्नी से प्रेम करने का साहस रखता है।

11

मूंछ

अब बात मूंछ तक आ गयी है तो अब आ ही जाने दीजिये। पुरुष के जीवन में मूंछ का इतिहास शायद तब से शुरू हुआ जब से पूँछ का खत्म हुआ होगा। मूंछ रखना, न रखना बाबा आदम के हाथ में तो न रहा होगा। लेकिन बाबा आदम के बाद जब बंदर से ताज़ा-ताज़ा आदमी में परिवर्तित हुए मनुष्य के हाथ में जब उस्तरा उस तरह आया होगा जिस तरह मूंछ निकालने में सहायक हो सकता हो, तब मानव ने मूंछ अवश्य निकाली होगी। जब पहली बार किसी मानव ने मूंछ निकाली होगी तो उसे कैसा लगा होगा? उसे तो जैसा लगा होगा, वैसा लगा होगा, उसको देखने वालों को कैसा लगा होगा? सत्य यह है कि इसमें आज तक कोई अंतर नहीं आया है। किसी मूंछधारी को बिना मूंछ का देखना या किसी मुछमुंडे को मूंछ के साथ देखना, देखनेवाले को आज भी आनंदित करता है।

शायद किसी समय कुछ घटा हो जिससे लोगों ने मूंछ को अपनी इज़्ज़त से जोड़ लिया और दाढ़ी को अपनी गंभीरता से। मूंछ पर ताव देना ललकारने का सूचक हो गया। मूंछ मुड़ाना इज़्ज़त उतरने का पर्याय बन गया। दाढ़ी वाले गंभीर माने जाने लगे। दाढ़ी और मूंछ दोनों रखने वाले इज़्ज़तदार धीर-गंभीर लोग कहलाने लगे।

लेकिन अस्थिरता के युग में मानव का मन कैसे स्थिर रहता। कुछ लोगों ने गंभीरता का त्याग किया और इज़्ज़त बनाकर रखने में लग गए। कुछ लोग केवल गंभीर रहना चाहते थे इसलिए इज़्ज़त निकाल कर एक तरफ रख दी। मुँह पर गंभीरता धरे रहते हैं। लेकिन यह गंभीरता समय के साथ भयावह होती गयी और आज आतंक का पर्याय बन गयी। देखा गया कि ऐसे लोग बहुत खतरनाक होते है। इन्हें किसी प्रकार की ख़ुशी बर्दाश्त नहीं होती। लोग इनको देखकर भागने में ही भलाई समझते हैं।

अस्सी के दशक में टीवी पर अरुण गोविल के रामावतार और नितीश भारद्वाज के कृष्णावतार में राम और कृष्ण दोनो की दाढ़ी मूंछ नहीं थी। हमारे घरों में मंदिरों में जो राम और कृष्ण की प्रतिमाएँ स्थापित हुई, उनमें भी मूंछ नदारद थी। शायद इसी के कारण राम और कृष्ण के देश में राम और कृष्ण की न तो इज़्ज़त बाकी रह गयी न उन्हें किसी ने गंभीरता से लिया। राम को टेंट पर पटक दिया, और कृष्ण को तो जैसे गोकुल का आवारा लड़का ही समझ लिया गया। काश दोनों की मूंछ होती, तो इज़्ज़त होती! मूंछ नहीं तो कम से कम दाढ़ी रख लेते, लोग गंभीरता से तो सुनते। हमारे समाज में कदाचित स्त्रियों की दाढ़ी-मूंछ न होने के कारण उनको भी आवश्यक इज़्ज़त और गंभीरता नहीं मिलती।

बीसवीं सदी से पहले तक मूंछ राजपूतों की शान होती थी। ऐसा प्रचलन किसने शुरू किया ये वही जाने, लेकिन कभी-कभी दाढ़ी न होने की वजह से उनके नाम इतिहासकारों की दृष्टि में गंभीर नहीं बन पाये।

बीसवी सदी में दाढ़ी और मूंछ दोनों का होना बुद्धिजीवी होने का प्रमाण था। दाढ़ी-मूंछ के बिना आप बुद्धिजीवी, पत्रकार, या लेखक नहीं हो सकते थे। कम से कम मूंछ का होना आवश्यक था अन्यथा आप लम्पटों की श्रेणी में गिने जाते। वह तो भला हो बॉलीवुड का जो गुच्छमुंडों के लिए राहत लेकर आया। लेकिन नत्थूलाल जैसी मूंछें होने का चलन भी बॉलीवुड ने ही चलाया। और फिल्म मोहब्बतें में अमिताभ बच्चन बिना दाढ़ी के परंपरा और अनुशासन का राग अलापते तो ख़ुद भी लम्पट-स्वामी ही लगते।

हालाँकि इक्कीसवीं सदी आते-आते मूंछे और दाढ़ी फैशन हो गयी, अलग-अलग रूपों में मूंछ-दाढ़ी रखना टशन बन गया। लेकिन जलवा तो मूंछ, दाढ़ी और चोटी तीनों रखने वालों का है।

लेखक का व्यक्तिगत अनुभव मानें तो वर्तमान पीढ़ी का ट्रेंड अनोखी दाढ़ी-मूंछ रखने का है। लेकिन लेखक की पीढ़ी के सामान्य मध्यमवर्गीय पुरुषों में देखा गया कि बीस वर्ष तक दाढ़ी-मूंछ ठीक से आती नहीं। अगले बीस वर्ष तक व्यक्ति दाढ़ी-मूंछ रखता नहीं, और चालीस पर पहुँचने पर आदमी को लगता है अब इज़्ज़त हो गयी है, चलो मूंछ रखी जाए।

मूंछ क्यों रखी जाये इसका कोई विशेष शोध पत्र उपलब्ध नहीं है, किन्तु एक संस्मरण अवश्य है। एक हैदराबादी मित्र था। बेचारा जब तक दिल्ली में रहता मूंछ साफ़ कर के रहता, और जब अपना घर जाने का रिजर्वेशन करवाता तो मूंछ बढ़ाना शुरू कर देता था। कहता था कि घर बिना मूंछ के गया तो लोग आवारा-नकारा समझ लेंगे। उसकी शादी के लिए कोई लड़की पसंद नहीं करेगी। बस मेरे जीवन में

मूंछों का यही संस्मरण है जिसमें युवक इसलिए मूंछ रखना चाहता था कि उसका विवाह हो सके।

एक और स्मृति है। हमारे ननिहाल में एक पड़ोसी थे, उनका वास्तविक नाम जो भी रहा हो, उनको सारा मोहल्ला लिप्टन के नाम से जानता था। उनकी बड़ी-बड़ी मूंछे हुआ करती थी। उन्हें देखकर हम सब, जिसमें हमारे मामा-मौसी भी शामिल होते थे, छत पर खड़े होकर चिल्लाते थे - "लिप्टन की हैं बड़ी-बड़ी मूंछें, तेल डाल कंघा से ऊँछें।" लेकिन लिप्टन अपनी मूंछों पर ताव देते हुए निकल जाते। एक वह ही थे जिनकी मूंछें उनके क़द से बड़ी थी। लेकिन उनको देखकर कुछ लोग अवश्य मूंछ रखने के लिए प्रेरित हुए होंगे।

व्यक्तिगत तौर पर देखा जाये तो मित्रों ने मूंछ रखने को लेखक से कहा। लेखन में धार लाने हेतु मूंछ का होना अत्यंत आवश्यक है। अन्यथा कोई लेखन को गंभीरता से नहीं लेगा। लेखक की सोच है कि अगर लोग व्यंग्य को भी गंभीरता से लेंगे तो कैसे चलेगा? फिर लेखक की नाक इतनी महत्व पूर्ण नहीं है कि रेखांकित कर के रखी जाए। हर माह जब मालिक वेतन देता है तो थोड़ी सी नाक छील लेता है और लेखक अपनी पत्नी के अकाउंट में घर खर्च को पैसा डालता है तब बची-खुची नाक छिल जाती है। अतः लेखक मूंछ नहीं रखने में विश्वास करता है। परंतु मित्र जो न करवाएँ वह कम है।

लेखक ने विचार कर लिया कि मूंछ रखेगा, और यूँ ही अपने पाँच वर्षीय पुत्र से पूछा मैं मूंछ रखूँगा तो कैसा लगूँगा? पुत्र ने उत्तर दिया सब्जी मंडी में जो अंकल ब्रश बेचते हैं उनके जैसे लगोगे। तत्क्षण लेखक का मूंछ रखने का इरादा जाता रहा और यक्ष प्रश्न उठ खड़ा हुआ -अब इस मूंछधारी समाज को क्या मुँह दिखाऊँ?

12

बाल

बाल दरअसल बाल होते हैं। किसी के बाल काले, सुनहरे, सफ़ेद और किसी के लाल होते हैं। पश्चिमी देशों में प्राकृतिक लाल बाल वाले लोग पाए जाते हैं। जम्बूद्वीप में बाल मेहंदी लग॥कर लाल किये जाते हैं। कुछ लोग दाढ़ी के बाल भी लाल करते हैं। मूँछ को लाल किये जाने का कोई मामला अभी तक सामने नहीं आया है। मूँछ अक्सर पुरुषों की ही होती है और बालों से ही बनी होती है। जीव वैज्ञानिकों के अनुसार प्राणियों की देह संरचना में "बाह्य चर्म के उद्वर्ध" को बाल कहा जाता है। यह एक प्रकार की तंतुमय संरचना होती हैं।

बाल कोमल भी हो सकते हैं और रूखे भी। प्रेमिका के बाल रूखे होने पर भी रेशमी होने की उपमा पाते हैं। दक्षिण भारतीय व्यंजन उपमा में बाल आने पर उल्टी हो जाती है। कुछ लोगों की बुद्धि उल्टी होती है, और आँखों में राूअर का बाल होता है। ऐसे लोगों से स्वयं को बचाकर रखना चाहिए। बचाकर तो अपने बालों को भी रखना चाहिए। सप्ताह में दो-तीन बार तेल डालने से बाल घने मुलायम और काले रहते हैं। 'खिले-खिले मतवाले बाल' लम्बे बालों को कहा जा सकता है।

अधिकतर स्त्रियों के बाल लम्बे होते हैं, आजकल कुछ पुरुषों के बाल भी लंबे ही होते हैं।

बाल-बच्चे होनेपर पुरुष प्रायः गंजेपन का शिकार हो जाते हैं। गंजों के सिर पर बाल नहीं होते। जिस सिर पर अगल-बगल बाल होते हैं उसे चाँद कहा जाता है। चाँद पर बैठकर सफ़ेद बालों वाली बुढ़िया चरखा चलाती है। चरखा गांधीजी भी चलाते थे, उनके भी बाल नहीं थे। बालों का बड़ा महत्व है। बाल सिर को गर्मी और सर्दी से बचाते हैं। बाल विवाह पर प्रतिबन्ध के कारण बालों की जनसंख्या नियंत्रित रहती है। बाल टूटकर गिरने पर पुनर्जन्म नहीं लेते। टूटे हुए बाल कंघियों में फंसे हुए पाए

जाते हैं। कंघियाँ जुएँ निकालने के काम आती हैं। जुओं से बालों में खुजली होती है। खुजली तो बालों में रूसी के कारण भी होती है। रूसी टोपी बालहीन सिरों को ढकने का उत्तम उपाय है। उत्तम बाल वैसे तो जन्म के समय सबके होते हैं लेकिन किसी-किसी के नहीं भी होते। किसी-किसी के पास बहुत अधिक होते हैं, उन्हें देहातों में झबरा कहा जाता है। अनिल कपूर के पास बहुत अधिक बाल हैं। सरकार को उनपर बाल-कर लगाना चाहिए। वित्तमंत्री के गंजे होने की परिस्थिति में ऐसे निर्णय लिए जा सकते थे। वैसे महिलाओं के बालों के विकास के लिए अलग से मंत्रालय भी होता है उसे महिला बाल विकास मंत्रालय कहा जाता है। बाल जब विकसित स्वरुप में आ जाते हैं तो साही के कांटे का रूप भी लेते हैं। कांटे चुभने से दर्द होता है। दर्द तो बालतोड़ नामक रोग से भी बहुत होता है। देश के कुछ हिस्से अभी रोग से पीड़ित है। अब उस रोग के विषय में कुछ कहना बाल की खाल निकालना होगा इसलिए यह विषय आगे आपके शोधकार्य हेतु छोड़ दिया जाता है।

नोट- बाल रोग विशेषज्ञ बालों से सम्बंधित रोग का निदान नहीं करता। बालों के रोग का निदान करने वाले को ट्रिकोलॉजिस्ट कहते हैं।

13

तोंद

एक अधेड़ आदमी की तोंद कब बढ़ जाती है पता नहीं चलता और एक बार बढ़ गई तो कम होने का नाम नहीं लेती। उसपर समस्या यह कि तोंद को कम करने के लिए जो करना चाहिए आदमी कर नहीं पाता। वास्तव में करने की सोचने से पहले ही घबरा उठता है।

बढ़ती हुई तोंद को देखकर केवल माँ ही कह सकती है कि बिटवा तंदुरुस्त हो रहा है। लेकिन जब माँ ही कहने लगे कि बिटवा वजन बहुत बढ़ गया है, कुछ करते क्यों नहीं। तब समझ लेना चाहिए कि तोंद वास्तव में विस्तृत हो चुकी है, अंकुश आवश्यक है। शुभचिंतक टोकते हैं, परिवार के लोग रोकते हैं और फिर जब कपड़े फँसने बंद होने लगते हैं। चार सीढ़ियाँ चढ़कर साँस फूलने लगती है तब आदमी बदहवास सा वजन कम करने की सोचने लगता है।

हमारे देश के लिए जनसंख्या की स्थिति बिलकुल उसी तरह है जैसे किसी अधेड़ उम्र के आदमी की तोंद। कब बढ़ी, कैसे बढ़ी पता ही नहीं चला। लेकिन बढ़ चुकी है यह पक्का है। जनसंख्या बढ़ तो गई है, लेकिन उसे कम करने या और बढ़ने से रोकने के लिए जो करना चाहिए वह करने से पहले ही सरकारों के हाथ-पैर फूल जाते हैं। ऐसा नहीं है कि जनसंख्या एक ही दिन में बढ़ गई, यह बढ़ते-बढ़ते ही बढ़ी है। एक समय तक तो लगता था कि जैसे देश चारों तरफ़ से बढ़ रहा है, मतलब तगड़ा हो रहा है। पहलवानों का देश था सो बड़े-बड़े पहलवानों ने छोटे-छोटे दंगल खेल-खेल कर छोटे-छोटे पहलवानों की कतारें लगा दी।

फिर आया दौर जब देश का नौजवान खेत से निकलकर सरकारी दफ़्तरों में बाबू हो जाने के लिए दौड़ पड़ा। तब सरकार को सूझा कि इसी दौड़ में देश के भार अर्थात जनसंख्या को नियंत्रित करने का उपाय छुपा है। दो-चार कानूनी पेंच बना

कर 'हम दो हमारे दो' और 'बच्चे दो ही अच्छे' का नारा बुलंद कर दिया गया। छोटे परिवार को सुखी परिवार बताया जाने लगा। छोटे परिवार का प्रभाव यह हुआ कि परिवार पति-पत्नी और बालगोपाल के बीच ही सिमट गया। माँ-बाप मेहमान हो गए। जिन्होंने कानून को माना उन्होंने दो या एक ही बच्चे को उत्तम भविष्य देने की परंपरा को जन्म दिया। फिर कुछ लोगों ने वह एक वाली परेशानी भी नहीं उठाई। उनका मानना था कि जनसंख्या वृद्धि में योगदान करके क्या फायदा?

नागालैंड से एक बड़े ही गोलू-मोलू से नेताजी ने आह्वान किया है कि - जनसंख्या वृद्धि से निपटने का सही उपाय है कि कुंवारा जीवन जिया जाए, न होगा विवाह न होंगे बच्चे। वे स्वयं कुंवारे हैं। उन्होंने बात विनोद में अवश्य कही होगी किन्तु हो सकता है उनका मंतव्य भाजपा का प्रधानमंत्री पद का प्रत्याशी बनने का रहा हो।

लेकिन उनकी इस सोच के विपरीत भी एक सोच है। वह सोच है जिसकी जितनी संख्या भारी उसकी उतनी हिस्सेदारी वाली। इसलिए उन्होंने अपनी संख्या को बढ़ाना जारी रखा। साहिबान के जीवन का एक ही उद्देश्य बन गया, चार बीवी चौबीस बच्चे।

जनसंख्या वृद्धि रोकने के लिए बने कानून का देश के एक वर्ग पर तो ऐसा प्रभाव हुआ कि किसी के दो से तीन हो जाएँ तो रिश्तेदार ही पूछने लगते कि भाई तीन-तीन पालोगे कैसे? स्थिति सभी वर्गों के लिए अच्छी हो सकती थी अगर कानून को सब मानते।

देश में कानून केवल किताबों में हैं, जो ज़रूरत के हिसाब से बाहर आ जाता है। यहाँ लोगों की किताबें भी अलग-अलग हैं और सब अपनी-अपनी किताबों का ही कानून मानते हैं। एक सज्जन कह रहे हैं उनकी वाली किताब में जनसंख्या बढ़ाने को लेकर तो पहले से आखिरी पन्ने तक लिखा है, किन्तु आवश्यकता पड़ने पर जनसंख्या रोकने के विषय में एक भी पन्ना नहीं है। फिर किसी को पैदा करने वाले वे कौन होते हैं, पैदा तो ऊपर वाला ही करता है। और जिसे ऊपर वाला पैदा करना चाहता है उसे कौन रोक सकता है। जी, यह बात तो सच है कौन रोक सकता है जब उद्देश्य ही संख्या बढ़ाना हो और सरकारें भी इसके लिए सहयोग कर रही हों।

ख़ैर, रोकने के विषय में तो किसी भी किताब में नहीं लिखा बाकी सब भी चाहें तो सब कह सकते हैं - नून रोटी खाएँगे, बच्चे दर्जन भर उपजाएँगे।

एक ख़बर आती है कि एक बालक ने बीए पास करने के लिए कड़ी मेहनत की और साथ ही नौकरी करनी पड़ी। उसके ग्यारह भाई बहन हैं। मीडिया ने उसकी तस्वीर भी छाप दी। लेकिन किसी ने उसके अब्बा से नहीं पूछा की साहब आपने

किस प्रेरणा से और किस उद्देश्य से ये दर्जन भर फूल खिलाये हैं? क्या सभी बीए पास करेंगे? अगर एक या दो बच्चे होते तो उनके बच्चे को पढ़ाई के साथ तंदूर पर काम करने की नौबत आती? क्या इतनी गरीबी झेलकर जब वह बालक ऊपर उठेगा तो क्या वह यह सुनिश्चित करेगा कि उसके बच्चों को पढ़ाई के साथ किसी तंदूर पर खड़ा नहीं होना पड़ेगा? और सरकारें उसको यह समझा पाएगी?

दूसरी तरफ़ यहाँ एक इस तरह की पीढ़ी खड़ी हो गई है जो एक भी बच्चा परिवार में लाने से पहले सौ बार सोचते हैं कि पालेंगे कैसे? ऐसे में किसी राज्य के मुख्यमंत्री का यह कहना कि एक ही वर्ग की जनसंख्या बढ़ने से अराजकता फैलेगी, द्वेष पालने का नहीं विचार करने का विषय है।

14

ब्रह्मज्ञान

हमको अचानक यह ब्रह्मज्ञान प्राप्त हुआ है कि जो यह हमारी भारी भरकम देह है, जो कुल मिला कर अस्सी किलो वजन की है, वह देह है ही नहीं। वह तो पचास ग्राम से लेकर पाँच किलो तक के वजन के अंगों का समूह है। हर अंग अलग-अलग हैं, उनकी अलग-अलग पहचान है और हर अंग को स्वयं के सञ्चालन की स्वतंत्रता है।

मतलब यह कि हाथ चाहे तो सो सकता है और जब हाथ सो रहा हो तो पैर जाग सकता है। घुटने दर्द के मारे मना कर सकते हैं लेकिन नाक ताज़ी हवा खाने मॉर्निंग वाक पर जा सकती है। हाँ, अगर पैरों को आपत्ति रही तो वे घर पर कम्बल में छुपे पड़े रहेंगे। अगर सिर को धुलने की ललक होती हो और पानी कन्धों पर आ जाए तो कंधे भड़क सकते हैं। दिल की मर्जी है चाहे तो किसी अंग को खून दे या न दे।

कोलेस्ट्रॉल धरना देते हर किसी भी नस को चिकेन नैक बना सकता है और किसी भी अंग को बाकी शरीर से काट सकता है। आलस और मुफ़्तखोरी का जो फैट इधर-उधर जमा हुआ है वह भी कम नहीं है। यह फैट अक्सर किसी न किसी अंग को बाकी अंगों से बड़ा दिखाने का प्रयास करता रहता है, जबकि है तो नुकसानदायक ही। अब जैसे लीवर में मुफ़्तखोरी और आलस का फैट जमा हो तो सारा शरीर सुस्त हो जाता है, हालाँकि ऐसा होना नहीं चाहिए। लीवर एक स्वतंत्र अंग है, इसकी अपनी अलग सत्ता है। चाहे तो मुफ्त का फैट जमा करे या क्रियाशील रहे, यह तो लीवर की इच्छा है। बाकी अंगों को उससे आपत्ति नहीं होनी चाहिए।

जो सिर है वह भी सिर नहीं है। वह कन्धों के ऊपर स्थित गोलाकार पिंड है जिसमें आँख, नाक, मुँह, कान, गाल, माथा, बाल आदि अंग होते हैं। सिर के अंदर मस्तिष्क होता है जो आँख, नाक, कान, गाल, बाल आदि से घिरा हुआ है और

इनसे घिरकर अकेला पड़ गया है। पहले जब देह का संचालन कहीं और से होता था तब मस्तिष्क, गुर्दे, कलेजे, पित्ताशय आदि से घिरा रहता था और उसे अकेलापन नहीं लगता था। तब मस्तिष्क का तालमेल इन्द्रियों के साथ बहुत अच्छा होता था, कभी-कभी मस्तिष्क आँतों का काम भी कर लेता था और इन्द्रिय विशेष, मस्तिष्क का काम कर लेती थी।

वैसे तो सभी अंग बराबर महत्त्वपूर्ण है किन्तु कुछ अंग बाकी अंगों से अधिक महत्त्वपूर्ण है यह विचार मन में लिए हुए कुछ अंग स्वयं को श्रेष्ठ समझने लगते हैं। उनको लगता है कि वे देह से अलग हैं। जैसे पूर्व भाग में स्थित कोई अंग यह घोषणा कर दे की मुँह को भोजन चबाने की जरूरत नहीं है वह स्वयं भोजन खायेगा। मतलब अलग-अलग अंग की अलग-अलग भूख होगी। रोशोगुल्ला खाने की अनुमति मुँह को नहीं होगी। रोशोगुल्ला सीधा पेट में जाना चाहिए लेकिन मुँह के रास्ते नहीं चाहिए। गला सूखता हो और प्यास लगे तो स्वयं को कैसे चाहे गीला करे, मुँह पानी की सप्लाई नहीं देगा। फेफड़े अगर प्राणवायु की माँग करेंगे तो नासिका यह निर्णय लेने के लिए स्वतंत्र है कि उसे वायु अंदर जाने देना है या नहीं। इसके लिए फेफड़ों को नासिका से अनुबंध करना होगा।

आँखें भले ही खाने में मक्खी देख ले लेकिन अगर जिह्वा का निर्णय है कि उसे स्वाद लेना ही है तो मस्तिष्क को बीच में पड़ने की आवश्यकता नहीं है। सब अपना अपना स्वाद, गंध, स्पर्श, स्पंदन, स्मृति स्वयं स्वतंत्र रूप से चाहते हैं। पश्चिम की तरफ़ स्थित नितम्ब को अपने उत्थान और पूर्वकाल से जमा हुए संसाधनों पर इतना घमंड हो गया कि उसे लगने लगा कि उससे श्रेष्ठ कोई है ही नहीं, मस्तिष्क उसे छू भी नहीं सकता, और वह मस्तिष्क की सत्ता को उखाड़ फेंकेगा। दूसरी तरफ़ के नितम्ब ने यह घोषणा कर दी कि अब समय आ गया है कि देह ही संरचना और क्रियान्वयन ही बदल दी जाए। इन दोनों के बीच में स्थित अंग जो संभवतः वामपंथी विचारधारा और अलगाववाद का प्रतिनिधित्व करता है, इनके कुविचारों को हवा देने लगा।

ऐसे में कोई परजीवी मस्तिष्क को यह कहकर चुनौती देता है तुम देह का सञ्चालन तो कर सकते हो लेकिन अपने पैरों का सञ्चालन नहीं कर सकते। आप परजीवी हो कुछ भी कह सकते हो, बाहर से न जाने किस पदार्थ के साथ आये हो, देह का रक्त-मांस खाकर पल रहे हो और देह को ही कष्ट दे रहे हो।

औषधि, स्वास्थ्य और चेतना को ही देह का शत्रु कह सकते हो, कह सकते हैं इसलिए कह रहे हैं। जब ऐसे परजीवी यह समझ लें कि वही कर्ता-धर्ता हैं और कहने लगें कि मैं फलां अंग को कार्य करने की अनुमति देता हूँ, तो मस्तिष्क को एक

न एक दिन कहना ही पड़ेगा यह आप किसी को अनुमति नहीं दे सकते, यह मेरा अधिकार है। अन्यथा इस देह की संरचना और स्वास्थ्य बिगाड़ने में कोई कमी नहीं छोड़ेंगे।

15

सोशल मीडिया का जॉइंट खाता

सोशल मीडिया पर हमारे एक मित्र हैं रामाधीन भीखमखेड़वी। यह उनका सोशल मीडिया वाला नाम ही है। उनका वास्तविक नाम क्या है न हमने कभी पूछा न उन्होंने कभी बताया। सोशल मीडिया की यही विशेषता है कि आप किसी का वास्तविक नाम जाने बिना भी मित्र हो सकते हैं। रामाधीन जी बड़े सज्जन और विनोदप्रिय हैं। एक दिन उन्होंने कहा - रंगनाथ पूछ रहे कि प्रोफाइल पिक्चर में दो लोगों का फोटो चिपकाकर फेसबुक फ्रेंड रिक्वेस्ट भेजने वाले जॉइंट खाताधारक होते हैं क्या? #फेसबुक_सकल_व्याधिन्ह_कर_मूला।

रंगनाथ को सूचित किया जाता है कि बिल्कुल संभव है कि वे जॉइंट खाता रखते हों। एक किस्सा सुनाते हैं। एक हमारे मित्र हैं। बचपन में घने बाल, गोरे गाल, होंठ लाल और पर्सनालिटी कमाल रखते थे। बचपन की बात इसलिए की, कि जवानी तक आते-आते उनके बाल दग़ा दे गए, हालाँकि उनकी बाकी रूप-सम्पति उनके पास बनी रही और उसके रखरखाव के प्रति वे अत्यंत समर्पित रहे। यह विचारणीय है कि इस प्रकार के पुरुष अलग ही आकर्षण वाले होते हैं। परंतु उनकी एक मात्र चिंता उनके बाल होते हैं। जो लोग उनके रंग-रूप को देखकर जलते भुनते कुढ़ते रहते हैं, उनके बालों की घटती पूँजी को देखकर राहत की सांस लेते रहते हैं। फिर ये रूपवान पुरुष सदैव टोपी लगाकर रहने लगते हैं। इसमें भी लोग इन्हें नासिका स्वर सम्राट हिमेश रेशमिया जी का भक्त समझ लेते हैं। यह गूढ़ रहस्य हमारे सामने तब खुला जब हमारी इनसे पहली बार मुलाकात हुई। हमने सीधे-सीधे पूछा था भाई ये टोपी का क्या मामला है? बस उसी दिन से हमारा आंकड़ा

साढ़े पैंतीस पौने छत्तीस का हो गया।

हालांकि ये सभी से घुले-मिले रहते थे, सभी व्हाट्सएप्प के "पुरुष केवलम्", "अविवाहित पुरुषम्", "फलां डिपार्टमेंट के लंपट्स", "फलां कंपनी के चिर्कुट्स" टाइप के व्हाट्सएप्प ग्रुप में सम्मिलित रहते। साथ ही इनका रूप लावण्य इनको महिलाओं में भी बड़ा चर्चित रखता -और ये "क्लोज फ्रेंड्स", "फ्रेंड्स फॉर एवर", "ऑलवेज टुगेदर" जैसे समूहों में भी बने रहते।

बाकी इनके पर्सनल घरेलू "गुप्ता फॅमिली", "गुप्ता कजिन्स", "दी गुप्तास्" वाले गुप्त काल के ग्रुप्स में भी बने रहते। व्हाट्सएप्प के अलावा फेसबुक पर भी इनकी ऑनसाइट की तस्वीरों में इनका पराक्रम ख़ूब दिखता। लंदन ब्रिज और टाइम्स स्क्वायर से लेकर सिंगापुर के मच्छी बाज़ार तक की तस्वीरें साझा की जाती। यहाँ ऑफशोर पर बैठे हुए लोग कुढ़ते और कहते - असली काम तो ये कर रहे हैं साब जी, हम तो बस अपनी...। ऐसा नहीं था कि कंपनी केवल इनके रूप लावण्य को देखकर ही इनको ऑनसाइट भेजती हो, टैलेंट भी कूट-कूट कर भरा था लड़के में। वरना ऐसा पराक्रम कौन कर सकता है कि क्लाइंट से टैक्सफ्री हज़ार दो हज़ार डॉलर ख़ुद के नाम पर इनाम में लेकर आ जाये और कंपनी मुँह ताकती रहे।

इनके पराक्रम की कथाएँ तब तक रहीं जब तक कि एक बार इनकी शादी नहीं हो गयी। शादी होते ही पहले इन्होंने जो पहला काम किया वह था व्हाट्सएप्प ग्रुप में से बहार निकलने का।"अविवाहित पुरुषम्" ग्रुप इन्होंने जब छोड़ा तो लोगों ने सोचा चलो कोई बात नहीं अब विवाहित हो गए हैं।"फलां डिपार्टमेंट के लंपट्स", "फलां कंपनी के चिर्कुट्स" छोड़ने पर भी लोग चुप रहे सोचा चलो भाई अब सेटल हो गए हैं लंपट नहीं रहे। धीरे-धीरे "क्लोज फ्रेंड्स", "फ्रेंड्स फॉर एवर", "ऑलवेज टुगेदर" जैसे समूहों से भी निकल गए। कुछ नए " इन-लॉस" वाले ग्रुप ज़रूर इनसे जुड़ गए।

लेकिन "पुरुष केवलम्" क्यों छोड़ा? पुरुष तो अब भी थे! देखा तो एक दिन फेसबुक प्रोफाइल भी बदली हुई थी। जो पहले "श्यामलाल गुप्ता" की प्रोफाइल थी अब "श्यामलाल रुक्मणी देवी गुप्ता" की प्रोफाइल हो गयी थी। एक दिन जब माजरा समझ नहीं आया तो पूछ धरा भाई माजरा क्या है? तब पता चला कि व्हाट्सएप्प से लेकर फेसबुक तक उनकी पत्नी ने जॉइंट अकाउंट करवा लिए हैं। मतलब अब उनका अपना कुछ नहीं है जो है जॉइंट है, सो मेल, व्हाट्सएप्प फ़ेसबुक कहीं भी कुछ कहा जाए तो शब्द बाँधकर कहा जाए। अन्यथा भौजी बुरा न मान जाएँ। तब से आजतक जो भी इनसे संवाद होता है जॉइंट में ही होता है। अकेले की सम्भावना रही भी नहीं। रंगनाथ बाबू तक सन्देश पहुंचे! जॉइंट खाताधारी होते हैं।

16
सालों की कथा

तेरे आने की जब ख़बर महके
तेरे मोजों से सारा घर महके

कुछ लोगों के आने से घर चहक उठता है लेकिन कुछ लोगों के आने से महक उठता है। ऐसे ही एक दूर के रिश्ते के साले का कुल्लू-मनाली से लौटते हुए आगमन हुआ। जैसे ही श्रीमान जी ने अपने जूते खोले मैं सीधा उछलकर बालकनी में गिरा।

कुल्लू में शायद सर्दी बहुत रही होगी। इसका अंदाज़ा इस बात से लगाया जा सकता है कि साले ने वहाँ से लौटने के बाद भी तीन दिन तक नहीं नहाया, वहाँ क्या ख़ाक नहाया होगा।

तीसरे दिन जब उन्होंने गुसलखाने को धन्य किया तब हमारे प्राणों में प्राण आए और हम बालकनी से घर में प्रविष्ट हुए। तब तक हमारा खाना-पीना सब बालकनी में ही चलता रहा।

हर प्राणी के जीवन में सालों का आना-जाना सालों से चलता रहा है और चलता रहेगा। पहले के समय में कुछ साले अपनी दीदी के साथ दहेज में आते थे, और दाम्पत्य जीवन में महत्त्वपूर्ण भूमिका निभाते थे।

न जाने कितने जीजों के पाले हुए साले इधर-उधर मिल जाते थे। दुल्हन के माता-पिता को भी विशेष कष्ट न होता होगा, हड़िया भर बच्चों में से एक दो इधर-उधर हो भी जाएँ तो क्या फ़र्क पड़ता है।

लेकिन आज के समय में अधिकतर इकलौती या अधिक से अधिक दो ही औलादें होती हैं। तो साले दहेज में तो नहीं आते लेकिन आते अवश्य हैं।

कभी बताकर, कभी बिन बताए। बिन बताए अर्थात सरप्राइज़ देने आए हुए सालों को अचानक द्वार पर खड़ा हुआ देखकर मन में एक ही प्रश्न उठता है कि -

ये साले कैसे आ गए? साले आए क्यों हैं? आ ही गए हैं तो जाएँगे कब? आए हैं तो किसी काम से आए हैं कि बस आने के लिए आए हैं?

ख़ैर, कुछ साले तो काम से ही आते हैं और काम होते ही निकल जाते हैं। उनका आना इतना बड़ा कांड नहीं होता जितना उन सालों का आना, जो आते तो किसी काम से हैं लेकिन उसके बाद इतनी फ़ुर्सत लेकर आते हैं कि आपके जीवन में कुलबुली करके ही जाएँ।

वे निश्चित काल के लिए आते हैं लेकिन आकर जीवन को अनिश्चित संदेहों से भर देते हैं। क्योंकि अक्सर उनका अचानक आना उनकी योजना से होता है किंतु आपकी योजनाओं का नाश कर देता है।

ऐसा नहीं सभी साले किसी काम से ही आते हैं, कुछ बिना काम के यूँ ही चले आते हैं। उनके आने का न कोई समय होता है, न कारण और न उनके आने की कोई अपेक्षा ही होती है।

कुछ साले आते तो हैं लेकिन जाते नहीं, आकर बैठ गए तो बैठ गए। उनके आने की तारीख़ केवल उनको पता होती है और जाने की उनको स्वयं भी पता नहीं होती।

विशेषकर अगर कोई साला दूर की रिश्तेदारी का या कुछ बेरोज़गार टाइप का हो तो समझ लीजिए कि वह आपके घर की कुंडली में किसी ऐसे ग्रह की तरह आकर बैठेगा कि किसी विशेष पूजा के बाद ही जाएगा।

उसपर टिकट कन्फर्म होना एक अलग ही तरह का विवाद है जिसके लिए मैं रेलवे से बहुत नाराज़ हूँ। कोई साला-साली कोटा भी होना चाहिए, जिसमें सैर-सपाटे पर निकले सालों को सुविधानुसार जल्द से जल्द टिकट मुहैया करवाया जा सके।

अकेले आने वाले सालों की एक अलग जमात है लेकिन झुंड में आने वाले साले विशेष ही होते हैं। वे कभी अकेले नहीं आते बल्कि दस बारह का लाव-लश्कर साथ लेकर आते हैं।

एक तो मुझे यह समझ कभी नहीं आता कि सब सालों को कुल्लू-मनाली क्यों जाना होता है। आज तक घोर परिश्रम और तपस्या के बाद भी यह पता नहीं लगा पाया हूँ कि किसी न किसी साले को हर दूसरे महीने कुल्लू-मनाली जाने की क्यों पड़ती है?

तुम्हारी कोई कुलदेवी का मंदिर है वहाँ जो दर्शन करने निकल पड़ते हो? नहीं है, लेकिन नहीं! जाना होता है।

इसमें हमारा अपराध केवल इतना समझिए कि मध्यप्रदेश और हिमाचल प्रदेश के बीच में हमारा प्रदेश पड़ जाता है। साले महमूद ग़ज़नवी की तरह दिल्ली

को कूच करते हैं और जीवन का सुख-चैन लूटपाट कर निकल जाते हैं।

साले बड़े विचित्र प्राणी होते हैं। इस संसार में तरह-तरह के साले होते हैं। कुछ साले तो समझ नहीं आता कि भगवान ने उन्हें ऐसा बनाया है या वे अपने जीजा को देखकर ऐसे बन जाते हैं और एक प्रकार के साले होते हैं अकड़ू। जो साले अपने आप को न जाने क्या समझते हैं। कुछ साले इतने व्यवहार कुशल होते हैं, जीजा जो चूना भी लगाते रहते हैं और जीजा को पता भी नहीं चलता।

कुछ ऐसे तुर्रम ख़ान साले होते हैं जो अपनी बहन की सगाई में ही जीजा को उसके आने वाले भविष्य की झलक दिखा देते हैं। भूखे जीजा के सामने आकर प्लेटें भर कर आइसक्रीम लपेट रहे होते हैं और भूखा जीजा कुढ़कर चुपचाप देखता रहता है।

मन में सोचता है- साले, भूख मुझे भी लगी है, कम से कम पूछ तो लेता, तू बाद में मिल।

हालाँकि सालों से शिकायतें तो बहुत हैं, लेकिन फिर भी सोचता हूँ, साले हैं तो वह भी अकड़ू। हमारे घोर रूखेपन के बाद भी झुककर बेशर्मी से चले आते हैं तो अपनी बहन के लिए ही। उनकी बहन न हो तो आयें ही क्यों? और फिर मूल बात यह कि उन सालों की बहन से कौन झगड़े।

इसलिए महान संत श्री उदय शेट्टी के शब्दों में - "सह लेंगे थोड़ा" कहते हुए अपने आप में मग्न हो जाना ही श्रेष्ठ है।

आते सिर्फ़ साले नहीं हैं, कभी-कभी ननदें भी आती हैं। कुछ आती हैं तो घर चहक उठता है। बच्चों में बच्चे बनकर घर में रौनक बढ़ा देती हैं। कुछ आकर काम में हाथ बँटा देती हैं, कुछ काम बढ़ा देती हैं। लोकल में रहकर भी घर में आकर महीने भर को पसर जाने वाली ननदें विशेष होती हैं। पति को सोफे पर पसरे देखने से जब मन भर जाता है तो ऐसी ननदों को देखकर नयापन सा लगता है कि सोफे पर कुछ तो नया सा आइटम पड़ा है। सोफे को भी कुछ अलग सा महसूस होता ही होगा। परंतु कभी-कभी सोचते हैं कि जब एक तरफ़ पड़ा ही रहना है तो क्यों न पचास किलो आटा गूंथकर सोफे पर चादर से ढक कर रख दें। उनके होने का अहसास भी होता रहेगा और काम भी नहीं बढ़ेगा। कम से कम घड़ी-घड़ी भाभी चाय, भाभी नाश्ता, भाभी खाना के ऑर्डर तो सुनाई नहीं देंगे। ये सब ऑर्डर देने के लिए एक भालू घर में पहले से है।

17

जाने पहचाने नारद

हर किसी की जान पहचान में एक-दो विशेष आदरणीय होते हैं, नारदीय गुणों से संपन्न। एक तो उन्हें समस्त संसार के समाचार चाहिए होते हैं, फिर समाचार अपने तरीके से इधर से उधर पहुँचाने होते हैं। कोई फोन न भी करे तो वे करते हैं। आपके पास कोई समाचार न हो तो उनसे आप समाचार सुन सकते हैं। आप उनसे कुछ सुनकर जो भी प्रतिक्रिया देंगे वही एक नया समाचार होगा और उसे विश्व में प्रसारित होने से आप नहीं रोक पाएँगे। यूँ समझ लीजिये कि जैसे संवाददाता किसी से भी बाइट लेकर उसे राष्ट्रीय बहस का मुद्दा बना देते हैं, आदरणीय भी आपके कहे एक-एक शब्द को खानदान का मुद्दा अवश्य बना देंगे।

किसका विवाह होना है, किसका नहीं होना, किसका सम्बन्ध विच्छेद होना है, किसका बच्चा कहाँ पढ़ रहा है, क्या पढ़ रहा है, कौन क्या खरीद रहा है, कौन क्या बेच रहा है से लेकर किसके घर में क्या पक रहा है। सब समाचार आदरणीय के रिकॉर्ड में रहते हैं। कहीं भी कुछ भी घट रहा हो और आपको कुछ संदेह हो तो उन्हें फोन कर लीजिये, तुरंत विस्तृत जानकारी पाइए। इनको पता भी सबकुछ होता है। बासमती चावल कितनी सीटी में पकता है से लेकर किस कालोनी का चौकीदार कितने बजे कितनी सीटी बजाता है सब जानकारी इनसे ले लीजिये।

आपको कुछ समाचार मन के वेग से और अप्रत्यक्ष रूप से फैलाना है तो इनके कान में कह दीजिये - किसी से कहना नहीं बस आपको बता रहे हैं। उसके बाद निश्चिन्त हो जाइए। इनके साथ एक समस्या यह है कि इनको अगर कुछ ख़बर न बताई जाए तो ये ख़बर बना लेते हैं। समाचार प्रसारित करने के अलावा उनका दूसरा काम है मुफ्त की सलाह और ज्ञान देना। ज्ञान भी ऐसा विरोधाभासी कि अगर उनकी बात मान ली तो आपकी योजनाओं का बंटाधार होना निश्चित है।

बात शुरू करते हुए कहेंगे आजकल बच्चों को स्मार्ट होना चाहिए। पहला इम्प्रेशन तो सामने देखने से ही पड़ता है। आपने अगर कह दिया, कि आपका बेटा या बेटी तो स्मार्ट है ही। तो वे कहेंगे स्मार्टनेस से कुछ नहीं होता, पढ़ाई से ही सबकुछ है। अंग्रेजी आनी चाहिए। आप कहेंगे अंग्रेजी अच्छी है, लिटरेचर तो उसका पसंदीदा विषय है। तो वे कहेंगे अंग्रेजी से कुछ नहीं होता, स्कोप तो टेक्नोलॉजी में है। आपने कहा बेटी पढ़ रही है, तो पूछेंगे क्या पढ़ रही है? आप कहेंगे इंजीनियरिंग कर रही है। वो कहेंगे डॉक्टर नहीं बनी?

आप कहेंगे नहीं उसे इंजीनियर ही बनना है। वो पूछेंगे - कौन सी ब्रांच से? आप कोई भी ब्रांच बता दीजिये, वो कहेंगे उसमें स्कोप नहीं है, दूसरी वाली सही है। फिर आगे का कुछ सोचा है? आपने कहा कि बेटी पीएचडी कर रही है, तो वे कहेंगे इतनी पढ़ाई डिग्री कोई नहीं देखता, नौकरी ही ज़रूरी है। आप कहेंगे नौकरी कर रही है, तो वे कहेंगे थोड़ा और पढ़ लेती तो नौकरी अच्छी मिल जाती। देखो फलाने को इतने का पैकेज मिला है।

आप कहेंगे कि हमारी बेटी का प्लेसमेंट हुआ है इतना पैकेज मिल रहा है, तो वे कहेंगे नौकरी तो सरकारी ही अच्छी है। आप कहेंगे कि बेटी की सरकारी नौकरी लग गई, तो वे कहेंगे सरकारी नौकरी में वो बात नहीं रही। नौकरी तो प्राइवेट ही अच्छी, कम से कम घर आना जाना तो समय से होता है। आपने कहा कि बेटी की शादी करनी है, तो वे कहेंगे अभी तो नौकरी ढूँढने दो।

आपने कहा बेटी नौकरी ढूँढ रही है, तो वे कहेंगे शादी करवा दो नौकरी तो शादी के बाद ढूँढती रहेगी, ससुराल में ही मिल जाएगी तो अच्छा रहेगा।

आप कहेंगे ससुराल का क्या है हमें दामाद प्राइवेट नौकरी वाला मिला है, बढ़िया पैकेज है, तो वो कहेंगे सरकारी वाला होता तो अच्छा रहता स्टेबिलिटी रहती है। प्राइवेट वाला भी मिला तो चलो ऑनसाइट है या ऑफ़शोर में? आप कहेंगे ऑफ़शोर में, तो वे कहेंगे कोई भविष्य ही नहीं है ऑफ़शोर वालों का, बहुत बढ़ नहीं पाते हैं। आप कहेंगे नहीं अमेरिका में सेटल है, तो वे कहेंगे हाँ घर आने-जाने में परेशानी होती है। किसी दुःख तकलीफ़ में कौन आ जा पाएगा।

आपने अगर ऊपर कह दिया होता कि दामाद सरकारी नौकरी करता है तो कहते घर कहाँ चल पाएगा सरकारी वेतन में। आईएएस वगैरह हो तो बात अलग। आपने कहा आईएएस है, तो वे कहेंगे ऐसे लोगों का जीवन में सुख चैन नहीं रहता। घर में टाइम ही नहीं दे पाते। एक घंटे से तो कम बात करेंगे नहीं और करने के बाद कहेंगे आजकल बहुत व्यस्त रहते हैं, टाइम ही नहीं मिल पाता किसी से बात करने का।

ऐसे प्रतिभावान विरले होते हैं। कुल मिलाकर आपके दिमाग का दही कर देंगे। आप उनसे बात करने के बाद कुछ कहने करने की स्थिति में नहीं रह जाएंगे। करें भी न। करेंगे तो आपकी खीझ तनाव उत्पन्न कर सकती है। ऐसे लोगों से दूरी ही बचाव है।

18

विवाह का विज्ञापन

हाल ही में एक समाचार पत्र ने घोषणा की- "वैवाहिक विज्ञापनों में बेटियों के रंग से जुड़ा विवरण अब नहीं छापेगा" जिसपर वोक और फेमनिस्ट समाज ने प्रशंसा के पुल बाँध दिए।

वैसे तो रंग से फ़र्क नहीं पड़ता किंतु जब कर ही रहे हैं तो ढंग से ही कीजिये। लड़की या लड़के का रंग सांवला या गोरा छाप देने या न छापने से विवाह तय होने लगे तो अद्भुत ही है। क्योंकि ऐसा प्रतीत होता है कि छापेंगे तो किसी को कभी पता चलेगा ही नहीं।

न ही विज्ञापन देखने के बाद लड़का या लड़की एक दूसरे की फोटो मँगाएँगे। न कभी एक दूसरे को देखेंगे। बात सिर्फ़ लड़कियों की नहीं है, लड़का काला हो तो उसे कौन सी लड़की पसंद कर लेती है? वैसे नहीं करती ऐसा भी नहीं है।

लेकिन रंगभेद जैसे शब्द का यहाँ प्रयोग इस तरह किया गया है जैसे भारत में अब ब्लैक लाइव्स मैटर वाला मटेरियल तैयार किया जा रहा है। यह वोक रोग के फैलने का प्राथमिक लक्षण है।

आज रंग नहीं छापेंगे, कल को क़द मत छापना। कहना यह नाटे लोगों के प्रति भेदभाव है।

वैसे तो कोई नहीं लिखता कि हमारी लड़की या लड़का भारी-भरकम है, सब स्लिम ही लिखते हैं लेकिन इसे भी छापना बंद कर दें। फिर आप सरकारी नौकरी लिखते हैं, प्राइवेट वाले संपर्क न करें लिखते हैं, केवल व्यापारी संपर्क करें लिखते हैं, ये भी मत छापिए। शादी में नौकरी और कामकाज का क्या लेना-देना जी?

क्या यह बेरोज़गारों के प्रति भेदभाव नहीं है? अगर आदमी निठल्ला है तो क्या विवाह नहीं कर सकता? आप आय भी छापना बताना बंद करें। आय से व्यय करने

की क्षमता का अंदाजा लगाकर विवाह करना निम्न आय वर्ग के प्रति भेदभाव है।

जब वोक हो ही रहे हैं तो गृहकार्य में दक्ष भी न लिखें। आजकल कौन कितना दक्ष है विवाह के तीसरे दिन पता चल जाता है जब सुबह नाश्ते में मैगी और शाम को चॉकोज़ खाने को मिलने लगता है। वैसे तो जाति और धर्म भी नहीं छापना चाहिए। यह भी वोकिज्म के विरुद्ध है।

अंततः यह भी छापना बंद करना चाहिए कि विवाह के लिए लड़का चाहिए या लड़की। वर या वधु, लिखना समलैंगिकों से भेदभाव प्रदर्शित करता है। जीवनसाथी लिखा जा सकता है, किंतु हिंदी में जीवनसाथी लिखना भी वोकिज्म से मेल नहीं खाता। आजीवन साथ की गारंटी कौन ले सकता है?

उपयुक्त शब्द अंग्रेजी में spouse या पार्टनर है। हिंदी के लिए ढूँढा जाना चाहिए। यह लिखना कि मनुष्य ही चाहिए, यह पशुप्रेमियों के प्रति भेदभाव है। केवल मनुष्य ही क्यों?

बौद्धिक स्तर मत लिखिए यह राहुल जी के साथ भेदभाव है। आयु मत लिखिए यह शशि थरूर के साथ भेदभाव है।

कुल मिलाकर बायोडाटा छापना अब बंद होना चाहिए। अब तो स्वयंवर आयोजित किए जाने चाहिए।

अख़बारों को भी विवाह के विज्ञापन छापने के झंझट से मुक्ति मिलेगी और एक फ़ायदा यह होगा कि अनेक विवाह संबंधी वेबसाइट पहले इस्तेमाल करो फिर विश्वास करो की संस्कृति की प्रतिनिधि डेटिंग साइट में बदल जाएंगी।

ऐसे में विवाह के विज्ञापन नहीं लॉटरी की लिस्ट की तरह लगेंगे। कोई एक नंबर उठाकर बात कर लीजिए लॉटरी लगी तो लग गई, नहीं तो राम मिलाई जोड़ी, एक अंधा एक कोढ़ी। बेमेल जोड़ों से यह धरा पट जाएगी।

मेरे विचार से तो विवाह से पूर्व दोनो परिवारों को आँखों पर पट्टी बांधकर रहना चाहिए।

एक विचार और आता है कि अगर विज्ञापन में यह सब नहीं छापना तो क्या छापना है? उदाहरण देखिए –

आवश्यकता है पार्टनर की। जाति, धर्म, लिंग, आय, आयु, रंग, ढंग, नस्ल किसी प्रकार का भेद नहीं किंतु मनुष्य को प्राथमिकता।

दूसरा फॉर्मेट देखिए - नर या मादा साथी चाहिए। संपर्क करें।

19

को का कर रओ!

अगर किसी मंगल-चंद्र के योग ने आपको सांसद बना दिया है तो समझ लीजिये आप स्वयंसिद्ध हैं, आपके श्राप से कुछ भी भस्म हो सकता है, भस्म न होगा तो जड़ हो ही जाएगा। आप सांसद हैं तो दुनिया भर में खर्चा कीजिये बस संसद में चर्चा मत कीजिये, कागज़ फाड़िये, किताबें, कुर्सियाँ फेंकिये, अध्यक्ष के सिर पर चढ़ जाइये। उसपर अगर निलंबित कर दिए जाएँ तो धरना भी दीजिये। किसी कारण या काण्ड से अगर राज्य की सत्ता आपके हाथ आ गई है तो समझिये कि आप लगभग भगवान ही हो गए हैं। आप चाहें तो अपने विरोधियों को वोट देने वालों को राज्य से खदेड़ दीजिये। अपने विरोधी पक्ष के नेताओं की हत्या कर के पेड़ पर लटकाते रहिये। जिसे चाहे जब चाहे उठवा लीजिये, जिसे चाहे जहाँ चाहे बिठा दीजिये। जिसे चाहे दबा दीजिये, जिसे चाहे उठा दीजिये। जिसे चाहे जमीन चटपट कर के आवंटित कर दीजिये या खटपट कर के हथिया लीजिये। गली-गली ठेके खुलवा दीजिये, और ठेकों के कमीशन से नशामुक्ति अभियान के विज्ञापन दीजिये। पन्द्रह-बीस लाख इधर-उधर हो जाना तो इधर-उधर हो जाना होता ही नहीं है। कलाबाजी, टोलाबाजी, कमीशन, हफ़्ता, रंगदारी सब आय के साधन हैं, इनका भरपूर प्रयोग कीजिए।

स्वयं भले ही रीढ़विहीन हों, लेकिन जिह्वा की अकड़ कम नहीं होनी चाहिए। चाहें तो राज्यपाल को जूते की नोक पर रख लीजिये। अगर आप राज्यपाल हैं तो प्रधानमंत्री को गरिया लीजिये, और अंदर से इटालियन हैं तो देश को ही गरियाते हुए विदेश जाकर देशहित का चिंतन कीजिये, को का कर रओ? कहीं गाजे का प्रयोग कीजिये, कहीं वाज़े का। इमरान आपका भाई हो और कनेडा से पैसा आता हो तो देश के प्रधानमंत्री का रास्ता भी रोक सकते हैं। राज्य आपका है पुलिस आपकी

जब आप स्वयं सरकार हैं तो वैसे भी कोऊ का कर ले है।

हो सकता है आप स्वयं सरकार न हों, सरकारी कर्मचारी हों। परन्तु अवसर तो बराबर ही है। आप सरकारी दफ़्तर में ड्राइवर हो जाइए और कलेक्टर की गाड़ी चलाइये। अगर विवाहित हैं तो आप कलेक्टर की लाल बत्ती वाली गाड़ी लेकर अपनी साली के विवाह में जाइए या साले के ससुराल जाकर स्वयं को कलेक्टर बता आइए। चाहें तो गाड़ी में पत्नी समेत निकलिए और गाड़ी को मंडी में घुसा दीजिये। गाड़ी आपके हाथ में है, कलेक्टर साहब कर क्या लेंगे और गाड़ी कलेक्टर साहब की है तो जनता और पुलिस क्या कर लेगी?

सरकारी बाबू हैं तो दो-चार रजिस्टर-स्टेशनरी वगैरह घर ले जाने में क्या बुराई है। सरकारी स्कूल के शिक्षक या बाबू आदि के लिए तो सरकारों को विशेष रूप से अतिरिक्त ड्रेस, स्टेशनरी और किताबें भेजनी चाहिए। दो के बिल में एक मिलने वाले समोसे और बिस्कुट, सरकारी कार्यालयों में आते ही हैं। मीटिंग वगैरह में चार की आवश्यकता हो तो छह मंगवाकर दो समोसे सर्विस चार्ज की तरह चपरासी ले सकते हैं। बाल विकास जैसा कोई दुधारू दफ़्तर हो और आप कायदे के आदमी हैं तो अपने विकास के अनेक रास्ते ढूंढ सकते हैं। जब आप सरकारी आदमी हैं तो निश्चित ही आप यह सब करने के बाद कह सकते हैं - को का कर रओ।

ऐसा ही प्राइवेट संस्थान में नौकरी करने वाले भी कर सकते हैं। ब्रेक एरिया में मिलने वाली मुफ़्त कॉफ़ी हो या बिस्किट, दिनभर जी भर के खाइये। शाम को कॉफ़ी को थरमस में भरकर घर ले जाइये और पत्नी के साथ बालकनी में बैठकर कॉफ़ी का आनंद उठाइये। अगर आपकी कम्पनी आपको अपने किसी आवश्यक निजी काम के लिए एक-आध घंटे के लिए बाहर जाने की अनुमति देती है तो आप आराम से किसी मॉल का चक्कर लगा सकते हैं। शुक्रवार को फिल्म देख सकते हैं। टीम बॉन्डिंग के नाम पर मिलने वाली राशि पर साप्ताहिक लंच का कार्यक्रम रख सकते हैं। जिसमें अगर आप मैनेजर हैं तो रेस्टोरेंट वालों से कुछ सेटिंग वगैरह करके बिल में दस-बीस प्रतिशत की कमाई कर सकते हैं।

अगर आपके बच्चे हैं तो उनके होमवर्क और असाइनमेंट के प्रिन्टऑउट दफ़्तर से निकालना आपका वह अधिकार है जिसे आपने सातवां फेरा लेते हुए पंडितजी से प्राप्त किया था। कोई चिट्ठी कुरियर वगैरह करने के लिए लिफ़ाफ़ा कार्यालय में मुफ़्त मिलता ही है। अगर आप थोड़े जुगाड़ु हैं और मैनेजर के साथ कुछ कार्यक्रम वगैरह सेट कर सकते हैं तो आपके लिए आत्म-विकास परियोजनाएँ आदि बना सकते हैं। वर्ष में एकाध ऑनसाइट का चक्कर लगाने में कोई समस्या नहीं होनी चाहिए। कोई संशय हो तो मन ही मन दोहराइए - को का कर रओ।

20

कार

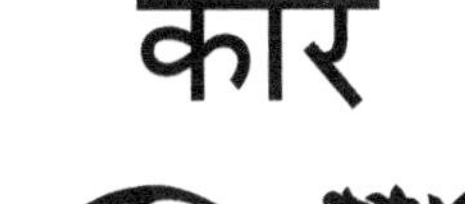

एक समय किसी के पास कार होना उसके ऐश्वर्य की बात थी और अब औक़ात की। अब प्रश्न यह नहीं है कि आपके पास कार है, प्रश्न यह है कि कौन सी कार है। आप मध्यम वर्ग से हैं और आपके पास कार नहीं है, तो आप जीवन को व्यर्थ गँवा रहे हैं। आप जीवन का आनंद उठा ही नहीं रहे।

आप अपने आस-पास देखिये सबके पास कार है। इसकी कार, उसकी कार, लाल कार, काली कार, छोटी कार, बड़ी कार, चलती कार, द्वार-द्वार पर खड़ी कार। सड़क पर निकलिए, आपको कार ही कार दिखेंगी, रेंगती कार, ऐंठती कार, नाचती कार, झूमती कार, आपके सिर में घूमती कार, कर्णभेदी संगीत से कांपती कार। कार ही मनुष्य का आभूषण है अलंकार है। जिसके पास कार है बस वही इज़्ज़तदार है। कार में परिवार समा सकता है, चाहो तो संसार समा सकता है।

सोचिये आपके पास कार हो तो आपका जब मन हो आप उठ कर घूमने निकल सकते हैं। सप्ताहांत में कार उठाकर लॉन्ग ड्राइव पर निकल सकते हैं या कहीं न कहीं आस-पास के पर्यटन स्थल का चक्कर लगा सकते हैं। कुछ नहीं तो दिल्ली से मूर्थल जाकर पराठे ही खा सकते हैं। पर कार तो होना ही चाहिए।

आपने कोई तीर तो मारे नहीं कि आपको लाल बत्ती वाली कार मिले। किसी को कोई टोपी तो पहनाई नहीं कि कोई नीली वैगन आर नाम की कार धर जाए आपके द्वार। लेनी तो आपको ही पड़ेगी। न ले सकते हों तो पिताजी से पैसे लेकर लीजिये। पिताजी न दिलवाते हों तो अपनी पत्नी के पिताजी से लीजिये। उनकी ही पुत्री को बैठना है। आप तो ड्राइवर मात्र हैं। चाहें तो दोनों के पिता से थोड़ा-थोड़ा लेकर लीजिए, लेकिन लीजिये। आखिर इज़्ज़त भी कोई चीज़ है।

आपके पास कार नहीं है तो आपको दूसरों से जलन हो सकती है। हो क्या सकती है, आप निश्चित ही अंदर ही अंदर जलते हैं कि फलाना तो कार से चलता है और आपको ट्रेन से आना जाना पड़ता है। इसी ईर्ष्या के कारण कार ले लीजिये। चलिए छोड़िये, जलन से नहीं तो किसी से प्रेरणा लेकर कार ले लीजिये। प्रेरित भी नहीं हो सकते तो कम से कम लज्जित होकर कार ले लीजिये, सबने ले ली आप रह गए। कुछ ने तो पाँच साल में दो बार बदल भी ली, आपने पहली कार ही न ली।

कल्पना कीजिये आपकी कार आपके घर के बाहर खड़ी है और आप कार का शीशा साफ़ कर रहे हैं। आपके पड़ोसी कभी आपको, कभी आपकी कार को देख रहे हैं। अहा! क्या आनंद की अनुभूति है। जब क्रिकेट खेलते बच्चों की गेंद कार में लगेगी और कार पैं-पैं-पैं-टीं-टां-टूँ-टूँ-टूँ करेगी तो बालकनी से बाहर निकलकर उन बच्चों को डांटने का आनंद अनुभव कीजिये। उसी आनंद के लिए कार ले लीजिये।

कब तक उस पंद्रह साल पुरानी स्कूटी को गाड़ी कहेंगे? जिसे आप गाड़ी कहते हैं वो स्कूटी है। स्कूटी मतलब स्कूटी। बाइक मतलब बाइक। गाड़ी मतलब कार। कब तक इन्वेस्टमेंट करेंगे। अब तो कार की कंपनियां भी कह रही हैं इन्वेस्टमेंट करने वालों के कारण उनका धंधा मंदा हो रहा है। उठिये कार लीजिये उनके धंधे में सहयोग कीजिये। कितने बीमा वाले आपकी प्रतीक्षा कर रहे हैं।

कितने पंचर वाले, सर्विसिंग गेराज वाले आपसे आशा लगाकर बैठे हैं। पुलिस वाले पलकें बिछाए प्रतीक्षा कर रहे हैं, कि आप कब कार खरीदें और कोई कागज़ घर पर छोड़कर निकलें। वो आपको पकड़ें और चालान काटें। कब तक बचत के चक्कर में इन सबका हक़ दबाकर रखेंगे?

सरकार ने इतनी बढ़िया सड़कें बनवा दी हैं, क्या स्कूटी चलाने के लिए बनाई हैं? कार लीजिये। कार से हाईवे पर निकलिये सरकार द्वारा सड़क निर्माण सार्थक कीजिये। टोल देकर सरकार के सहयोगी बनिए। आप कार लेकर उसे सौ रुपये लीटर वाला पेट्रोल नहीं पिला सकते तो काहे के मध्यम वर्गीय हुए? आपका फ़र्ज़ नहीं है कि पेट्रोल पर एक्साइज इयूटी वग़ैरह देकर सरकार द्वारा बांटी जाने वाली रेवड़ियों में दो चार रेवड़ियाँ अपनी ओर से दें? बड़ी नहीं तो छोटी कार ही ले लीजिये। पर ले तो लीजिये।

21

ठग

आदमी का एक बहुत बड़ा धंधा है, ठगना और ठगा जाना। या तो आदमी स्वयं ठग रहा है या किसी से ठगा जा रहा है। इसे लगभग हर आदमी स्वीकार कर सकता है। हमारे यहाँ के ठग बड़ी प्रसिद्धि पा चुके हैं, और ठगे गए लोग अपना सबकुछ लुटा चुके हैं। ठगने में बड़ी ही निपुणता प्राप्त कर चुके लोग ऐसे-ऐसे तरीके निकाल लेते हैं कि होशियार से होशियार आदमी भी हाथ मलता रह जाता है। ठगने वालों ने देश को भी ठगा और देशवासियों को भी। कुछ ठग बनकर नेता बने कुछ नेता बनकर ठग बने।

लेकिन ठगा हमेशा देश ही गया और देश के ठगे जाने को सब देखते रहे और देश के साथ ख़ुद ठगे जाते रहे। दूसरों के ठगे जाने पर कभी-कभी दाँत छुपाकर हँस भी लिया जाता है और कभी-कभी ठगने वाले को गाली भी दी जाती है। लेकिन ख़ुद ठगे जाने का दुःख...अब इसे दुःख कहा जाये या टीस, बहुत बुरी होती है।

जो ठगा गया है, उस के अंदर एक अज़ीब सी भावना रह जाती है। इस भावना को नाम देना संभव नहीं है, चाहे वह करदाताओं का टुकड़ेबाज़ टिड्डों द्वारा ठगा जाना हो या किसी का अपनी बातों से ठग ले जाना हो। आजकल वैचारिक रूप से ठगने का नया प्रचलन आया है। कुछ ठग भोले-भाले लोगों को वैचारिक रूप से ठगने में लगे हुए हैं।

सोशल मीडिया पर कुछ विशेष ठगों का आतंक है। यहाँ बड़े ही ईमानदार ठग हैं, खुलकर ठगते हैं, खुलकर कहते हैं "हम ठग हैं और ठगने के लिए बैठे हैं।" वास्तव में लोग इनके पास जाकर ख़ुद कहते हैं लो भैया ठग लो। ये हैं पैरोडी अकाउंट बनाकर बैठे हुए लोग। कुछ तो देखने से ही ठग लगते हैं लेकिन कुछ ऐसे छद्मवेषधारी ठग हैं कि पूछिये मत। इनके ठगने का अंदाज़ ही निराला है।

ये आपको ऐसे ठगते हैं कि ठगे जाने के बाद आप हँसने के अलावा कुछ कर नहीं सकते। ये कुछ ऐसे व्यक्तियों के हवाले से ऐसी बातें लिखते है कि सहसा विश्वास हो जाता है कि यह व्यक्ति ऐसा बोल सकता है। लेकिन फिर एक तार झंझनाता है कि यह ऐसी बात बोलकर हँसी का पात्र क्यों बनना चाहता है।

लेकिन आप ग़लत हैं। चोट उस आदमी के सम्मान पर नहीं होती जिसके हवाले से गंगाराम की गैया लिखा गया है। चोट आप पर होती है जो उस ख़बर को पढ़कर झांसे में आकर बात आगे फैला देते हैं और उत्तर देते हुए में सटासट संटिया भाँज देते हो। जब कोई मित्र बताता है भाई, ग़लत तार छेड़ रहे हो, पैरोडी है। कसम से उस समय ऐसा ठगा हुआ लगता है जैसे बस सोशल मीडिया को ख़त्म ही कर दो। आनन-फानन में पोस्ट मिटाए जाते हैं। बस अच्छा ये है कि किसी से माफ़ी नहीं मांगनी पड़ती।

ऐसे ठगों से ठगे तो हम भी गए हैं। बहुत पानी-पानी भी हुए है अपने आप में। बताओ, इनसे ठगे गए। मन ही मन ख़ूब गरियाया भी। कई बार सोचा इनको म्यूट किया जाए, लेकिन फिर अचानक से कौंध पड़ने वाली हँसी की लहर कहाँ रहेगी। ऐसे ठगों की कमी नहीं है और इनसे अच्छे-अच्छे ठगे गए हैं। लेकिन सोशल मीडिया की ज़िंदगी इन्हीं ठगों से रौनक है। ये चार को ठगते हैं लेकिन चालीस को हँसाते हैं। बस इनसे इतना ही कहना है कि -

आप भी ठगिए औरों को ठगाते रहिये। सोशल मीडिया पर ठगना जुर्म नहीं सबको बनाते रहिये।

22

लठ

वैसे तो लकड़ी का टुकड़ा है, लेकिन किसके हाथ में है यह महत्त्वपूर्ण है। शिक्षा देने के लिए मास्टर के हाथ में हो तो बेंत, सहारा देने के लिए किसी बुजुर्ग के हाथ में हो तो छड़ी, सबक सिखाने के लिए लठैत के हाथ में हो तो लठ, चरवाहे के हाथ में हो तो पराणी।

हेकड़ी, गर्मी, हवा, चर्बी आदि निकालने के लिए पुलिस के हाथ में हो तो डंडा कहलाता है। लठ और डंडे में लोग अधिक भेद करते नहीं हैं।

लठ बजाया जा सकता है, बरसाया जा सकता है, मारा जा सकता है, डंडा किया भी जा सकता है। गाँवों में छोटे-मोटे झगड़े लठ से ही सुलझते हैं। कोर्ट कचहरी तो बाद में आते हैं। लठ की महिमा इतनी है कि बरसाने में तो होली भी लठमार कहलाती है, और पुरुषों द्वारा प्रेम से लाठी खाई जाती हैं। लाठियां आंदोलनों में भी खाई जाती हैं। धरना-प्रदर्शनों में लाठियों से सिकाई करने की परंपरा पुरानी है।

विरोध प्रदर्शन में पड़ने वाले लठ का अलग महत्त्व है। अपनी विचारधारा वाले पर लठ पड़े तो दर्द देता है और विरोधी विचारधारा वालों पर पड़े तो आनंद। दुष्टों पर बरसते लठ सबको आनंद देते हैं, उस आनंद के आगे तो सर्व तर्कंभ्य: स्वाहा ही है। लठ बजाना सरकारों का मूल अधिकार भी है और कर्त्तव्य भी। अधिकार तब जब सरकार वामपंथी हो और कर्त्तव्य तब जब प्रदर्शनकारी वामपंथी हो। जो डंडे वामपंथी सरकारें बरसाती हैं उन्हें पुष्पवर्षा समझकर स्वीकार कर लेना चाहिए। अन्य कोई भी सरकार हो तो सीधा ह्यूमन राइट्स वालों से संपर्क साधना चाहिए। सरकार संयम रखे तो प्रदर्शनकारी बक्कल तारने पर उतारू हो जाते हैं और न रखे तो अत्याचारी तो पहले से है ही। मगर मीडिया जेब में हो तो तो सरकारें लाठी भी बरसा सकती हैं, कहर भी, कोई कुछ नहीं कहेगा।

मीडिया चाहे तो गाली देने वाले को फाँसी दिलवा सकती है और गोली मारने वाले को मुआवजा। कुछ नेता और पत्रकार मिलकर अक्ल के पीछे लठ लेकर दौड़ते हैं। धूल में लठ मारना मीडिया का पुराना टाइमपास है। मीडिया चाहे तो सबको एक लाठी से हाँक सकती है, लेकिन जब उनकी लाठी किसी एक पार्टी का तेल पी रही हो तो उसपर चलेगी कैसे?

23

पूँछ

जिन प्राणियों की पूँछ होती है वे स्वयं को ईशतुल्य समझते और उनकी पूँछ स्वामी के शक्ति और प्रभाव के अनुसार स्वयं को उत्कृष्ट। ईश्वर ने तरह-तरह के प्राणी बनाये और फिर बनाई उनकी पूँछ। कुछ के दिमाग में पूँछ होती है कुछ की पूँछ में दिमाग। कुछ तो वास्तव में सिर्फ़ पूँछ होते है लेकिन ख़ुद को स्वामी मानते हैं।

पूँछ कई प्रकार की देखी गई है, छोटी पूँछ, लंबी पूँछ, बाल वाली पूँछ, बिना बाल वाली पूँछ। अधिकतर पूँछ स्थाई होती है, कुछ विशेष परिस्थितियों में अस्थाई पूँछ भी देखी गयी है। पूँछ सिर्फ़ होने के लिए नहीं होती बल्कि इसके कुछ विशेष कर्तव्यों को अलग-अलग शास्त्रों में वर्णित किया गया है।

ट्वीट शास्त्र में पूँछ को सबसे कुटिल और जटिल पूँछ कहा गया है। इसमें कौन किसकी पूँछ है यह कह पाना अत्यंत कठिन है। हर जीव एक पूँछ है और हर पूँछ एक जीव। एक पूँछ अगर शेर से जुड़ी है तो बकरी से भी। ये पूँछ एक़दम मुखविहीन है। अगर ये मक्खियाँ भगाती हैं तो चाबुक बनकर दनादन किसी पर भी बरस भी पड़ती हैं। एक प्रकार की पूँछ का कभी भरोसा नहीं करना चाहिए। ट्वीट शास्त्र में लम्बी पूँछ को ही उतम माना गया है। छोटी पूँछ को मद्धम माना गया है और पृच्छ न होना एक प्रकार से बोट होने का प्रमाण कहा गया है। अतः अगर आप बोट रूप न समझा जाना चाहते हों तो पूँछ रखना आपकी बाध्यता है।

राजनीति के शास्त्रों में पूँछ के कुछ विशेष कर्तव्य कहे गए हैं। पृच्छ-स्वामी के पृच्छ भाग को ढांकना। पृच्छ-स्वामी पृष्ठ भाग से कोई भी क्रिया करे पूँछ का कर्तव्य है कि वह पीछे बनी रहे। स्वामी जब बैठने को हो तो बैठने के स्थान को साफ़ करना पूँछ का परम कर्तव्य है। पृच्छ-स्वामी की प्रसन्नता और सफलता में स्वयं को प्रसन्न जानकार स्वामी के साथ नृत्य करना और स्वामी की असफलता

और कष्ट के समय स्वयं भी झुका हुआ रहना उत्तम पूँछ के लक्षण कहे गये हैं।

एक बार एक पूँछ को अभिमान हो गया कि उसका स्वामी उससे इतना अधिक प्रेम करता है कि वह उसके इशारों पर ही अपने सभी काम करता है। स्वामी भी यदा-कदा पूँछ को चाट चूमकर सहलाकर प्रेम जता देता। पूँछ को कुछ अभिमान हो आया और स्वामी की इच्छा के बिना इधर-उधर ख़ुद को पटकने लगी। स्वामी भी कभी-कभी परेशान हो उठता कि ये पूँछ ऐसा कर क्यों रही है। फिर एक दिन उसने पूँछ को रोगग्रस्त जानकर अपने हाल पर छोड़ दिया।

अधिकतर इस पूँछ-शास्त्र के अनुसार पूँछ के स्वामी से अपेक्षा नहीं की जा सकती कि वह अपनी पूँछ को पहचाने भी। अतः एक दो बार पृच्छ स्वामी अपनी ही पूँछ को काटने दौड़ते देखा गया है। अगर स्वामी क्यूट हो तो उसकी पूँछ भी क्यूट होती है। मसलन खरगोशों की पूँछ, लेकिन ऐसे प्राणी अपनी पूँछ सहित किसी का भोजन बन जाने से अक्सर बच नहीं पाते। ये अपने भोलेपन में प्राण गंवाते हैं।

पृच्छ-स्वामी जितना छोटा होता है, पूँछ उसके लिए उतनी ही महत्त्वपूर्ण होती है। जैसे-जैसे स्वामी बड़ा होता है, उसकी पूँछ का महत्त्व कम होता जाता है। जब स्वामी बहुत बड़ा हो जाता है तब उसकी पूँछ का कोई विशेष महत्त्व नहीं रह जाता खिलवाड़ के अलावा। पूँछ उसके लिए केवल हिलाने के लिए होती है। भले ही पूँछ ये सोचे कि "होइहि वही जो पृच्छ रुचि राखा" लेकिन होता नहीं है। जब स्वामी हाथी हो जाये तो न तो अपनी पूँछ दिखती है और न ही उसपर पूँछ के वार का असर होता है। उसे अपनी आँखों के सामने लगी सूंड अधिक प्रिय लगती है। आख़िर नाक का सवाल आ जाता है और पूँछ की पूँछ नहीं रहती।

एक प्रकार के पृच्छ-स्वामी होते हैं जो पूँछ का भरपूर प्रयोग करते हैं, इनकी पूँछ होती है लंबी और गुच्छेदार। ये पूँछ मक्खी भगाने के काम आती है। कुछ हद तक ऐसी पूँछ की इज़्ज़त भी होती है। इनकी इज़्ज़त उतनी ही होती है जितनी किसी पूँछ की होनी चाहिए। ये सबसे इज़्ज़तदार पूँछ है। कुछ पूँछ होती है बालों वाली। जिसमें लंबे-लंबे बाल होते है। ऐसी पूँछ उठाने के काम तो आती है साथ ही इससे इज़्ज़त ढंकी रहती है।

कुछ पूँछ होती है टेढ़ी कुत्ते जैसी। ऐसी पूँछ का प्रयोग किसी ग्रन्थ में वर्णित नहीं है। अक्सर जीभ के साथ सीधे जुड़ी रहती है, एक तरफ़ कुत्ते की जीभ चलती है दूसरी तरफ़ पूँछ हिलती रहती है। आज़ादी के बाद न तो कोई कुत्तों को सीधा कर सका है न उनकी पूँछ को। कुत्ते पहले सूंघते हैं, फिर गुर्राते हैं, फिर या तो चाटते हैं या काटते हैं। यही उनकी पूँछ की हालात है। सीधी नहीं रह सकती।

कुत्ते की पूँछ का कुत्ते के जीवन में कोई विशेष योगदान नहीं है, सिवा इसके की जब कुत्ते अति उत्साहित होते हैं तो पूँछ विजय पताका की तरह लहरा उठती है और जब कुत्ता संकट में होता है तब पूँछ स्वयं छिपने का स्थान ढूँढती है। कोई वैज्ञानिक कारण तो उपलब्ध नहीं है किन्तु मान्यताएँ अवश्य हैं। एक दो बार यह देखा गया है कि विशेष परिस्थितियों में अगर किसी कुत्ते की पूँछ न हो तो वह अधिक भयानक हो जाता है। अतः यदा कदा पूँछ नियंत्रक का कार्य भी करती है और कुत्ते को नियंत्रण में भी रखती है।

कुछ प्राणियों में पूँछ इतनी प्रबल हो जाती है कि वह पृच्छ-स्वामी को ही तुच्छ समझती है। वह पृच्छ-स्वामी की साथियों पर गुर्राती है, गरियाती है और बस चले तो पृच्छ-स्वामी को काटने ही दौड़ पड़ती है। ऐसी पूँछ समझती है कि वह है इसीलिए स्वामी है, अन्यथा स्वामी ही न रहे। ऐसा स्वामी अभी तक देखा नहीं गया है जो अपनी ही पूँछ से भय खाता रहे। अगर भय खा गया तो स्वामी पूँछ और पूँछ स्वामी हो जाये।

एक प्रकार की पूँछ होती है लंबी और बहुपयोगी। ये होती है वानर की पूँछ, यह लटकने से लेकर मटकने तक के काम आती है। ये तो पूँछ है जिसपर वानर इतरा सकता है। एक होती है विषधर पूँछ जो प्रायः बरैया और बिच्छू जैसे प्राणियों में पायी जाती है। इसे डंक पूँछ कह सकते हैं। जितने खतरनाक ये छुटभैये प्राणी होते हैं उतनी ही घातक उनकी पूँछ होती है। स्वामी को भय लगा नहीं कि पूँछ हरकत में आ जाती है। ऐसी पूँछ विकट अपराधिक श्रेणी में आती है।

स्वामी की मानसिकता पर पूँछ की मानसिकता देखी गयी है। अगर स्वामी का दिमाग़ में गोबर हो तो उसकी पूँछ भी गोबर कीचड़ उछालते देखी गयी है। एक प्रकार के पृच्छ-स्वामी है छिपकली टाइप के। जो जहाँ मक्खी देखी वहीं पहुँच जाते हैं। इनको कहाँ किस दीवार पर चिपकना है वह मौसम और मक्खियों की उप्लब्धता पर निर्भर है। और इसी प्रकार इनकी पूँछ भी डिटेचेबल होती है। सुविधा के अनुसार ये अपनी पूँछ बदलते रहते हैं। जब मोहभंग हुआ तो पूँछ छोड़ दी, जहाँ भय हुआ तो जीवन से पहले पूँछ को त्याग देते हैं। बेचारी पूँछ अपनी कीमत तलाशती रहती हैं।

आज हर कोई किसी न किसी की पूँछ बन चुका है और पूँछ को समझना होगा वह केवल पूँछ है, उसकी कीमत प्राणी के पीछे रहने में है। अगली बार जब आप किसी की पूँछ बने तो स्वामी सोच समझ कर चुनें। ऐसा न हो कि आप ग़लत स्वामी की पूँछ बन जाएँ और उसके पृच्छ भाग को ढकते-ढकते अपना अस्तित्व मिटा बैठें।

24

जलेबी का न्याय

एक था न्यायालय। सबसे ऊँचा। ऐसा समझो कि उसके सामने बाकी सब नीचा था। उसमें न्यायाधीश थे - मु.न्या., दू.न्या. और ती.न्या.। जब चाहे लेते संज्ञान, और बघारा करते ज्ञान। गुस्सा होकर बैठी थी एक देवी, मिली नहीं थी उन्हें जलेबी। तीनों ने एक बेंच बनाई और शुरू कर दी सुनवाई।

महत्त्वपूर्ण प्रेस कॉन्फ्रेन्स: हम हम हुआँ हुआँ। हम हम हम। हम। मैं-मैं मैं-मैं। हुआँ हुआँ हुआँ हुआँ। मुझे देखो, मेरा मुँह देखो, मेरी बात सुनो, एक और बात सुनो, मैं हूँ मैं, मैं।

लाइव रिपोर्टिंग -

मुन्या - जलेबी की बढ़ती माँग को देखते हुए हमने मामले का संज्ञान ले लिया है। जब लोग जलेबी की कमी से जूझ रहे हैं तो वे चुप नहीं बैठ सकते। यह गंभीर विषय है इसलिए फ़ालतू की बात कोई नहीं करेगा। सारे देश में जलेबी की भारी कमी है। लोग मजबूर होकर प्रधानमंत्री को चिट्ठी लिख रहे हैं और उन्हें कोई जलेबी नहीं मिल रही है। आख़िर कोई ज़िम्मेदारी लेना क्यों नहीं चाहता?

वकील - योर ऑनर!

मुन्या- ऑनर मत बोलो यार!

वकील - ठीक है मीलार्ड।

दून्या - इता लाड़ न करो, मीलार्ड भी न बोलो।

वकील - ठीक है। तो जज सा'ब जलेबी बनाना प्रधानमंत्री की ज़िम्मेदारी नहीं है, यह हलवाइयों का विषय है।

मुन्या - विषय किसी का भी हो, लेकिन जलेबी की माँग तो है।

वकील - तो हलवाइयों को आदेश दीजिए जलेबियाँ बनाएँ।

मुन्या - तो जलेबी सिर्फ़ हलवाई ही बना सकते हैं? सरकारी कम्पनियाँ भी तो बना सकती हैं?

वकील - सरकारी कम्पनियाँ जलेबियाँ नहीं बनाती, बूंदी बनाती हैं।

मुन्या - तो क्या बूंदी जलेबी नहीं होती? हम आदेश देते हैं कि वकील पता कर के आएँ कि जलेबी की जगह बूंदी से काम चल सकता है क्या?

वकील - लेकिन साहब वह तो जरूरत के हिसाब से तय होता है न। पंगत में बैठे होंगे तो बूंदी चाहिए और जहाँ जलेबी चाहिए वहाँ जलेबी ही चाहिए।

मुन्या - आप हमें ये मत बताइए कि किसको जलेबी चाहिए और किसको बूँदी। अगर जलेबी की जगह बूंदी का प्रयोग हो सकता है तो हम अभी फैसला सुनाते हैं।

महत्त्वपूर्ण विज्ञापन -

किसी को घबराने की जरूरत नहीं है। हमारे राज्य के पास जलेबी और चाशनी पर्याप्त मात्रा में है। किसी को जलेबी की कमी नहीं होगी।

दून्या - मेरी टिप्पणी यह है कि माना यह हलवाइयों का विषय है, फिर भी ज़िम्मेदारी तो प्रधानमंत्री की है। प्रधानमंत्री को सबको जलेबी उपलब्ध करवानी चाहिए।

वकील - लेकिन मालिक जलेबी ऐसे ही थोड़ी बनती है। माँग थोड़ी कम करवा दीजिए। या फिर लोगों से कहिए सोच समझकर जलेबी खाएँ।

तीन्या - कितनी माँग है?

वकील - अभी तक तो एक-एक दोने की माँग थी। लेकिन ये लोग दो-दो दोने माँग रहे हैं।

तीन्या- दोने में कितनी जलेबी होती है?

वकील - सौ ग्राम।

तीन्या - इतने में क्या होगा, कम से कम एक पाव तो डालो।

दून्या - क्या दोने की जगह गिलास में नहीं दे सकते?

वकील - मालिक जलेबी गिलास में कैसे देंगे? गुचुरमुचुर कर के?

मुन्या - नहीं, बस हमारे दिमाग में आया तो बता दिया। गिलास में चाशनी, चाशनी में जलेबी, जलेबी पर चाट मसाला।

वकील - जलेबी पर चाट मसाला नहीं डालते।

तीन्या - अच्छा। चटनी से काम चल जाएगा?

वकील - हाँ, चल जाएगा, बस जलेबी को पहले चाशनी में न डाला जाए। ये नया तरीका होगा बनाने का। नोट कर लो, नहीं तो बाद में कहोगे वकील साहब, आपने बताया नहीं।

मुन्ना - हमारे मन में एक प्रश्न है। क्या यह जरूरी है कि जलेबी सिर्फ़ हलवाई बनाए? कोई और जलेबी क्यों नहीं बनाता। अगर प्रधानमंत्री सबको कढ़ाई दे दें तो घर-घर में जलेबी का उत्पादन हो सकता है।

वकील - लोगों को जलेबी का उत्पादन करना नहीं आता। उत्कृष्ट उत्पादन के लिए कुशलता चाहिए।

मुन्या- तो क्या हमारे स्कूलों में जलेबी बनाना नहीं सिखाया जाता?

वकील - नहीं।

मुन्या- एक कोर्स में भी नहीं।

वकील - नहीं।

मुन्या - यह शर्म की बात है। हमारी शिक्षा व्यवस्था कहाँ जा रही है। आज लोगों को जलेबी बनाना भी नहीं सिखाया जाता। हम शिक्षा मंत्री को आदेश देंगे कि जलेबी निर्माण भी कोर्स में जोड़ा जाए।

एक चटोरा बोला - हमाई मम्मी ने सीखा था होम साइंस में।

मुन्या - अब होम साइंस वाले हमें सिखाएँगे? चुप!

दून्या - फिर तो प्रधानमंत्री को ही सबके घर पाव-पाव भर जलेबी भेजनी चाहिए।

बीच में से एक चटोरा खड़ा हुआ - हम चाहते हैं कम से कम हमारा कोटा पाँच किलो करवा दो।

वकील - इतनी जलेबी का करोगे क्या?

चटोरा - हमको चाहिए बस। खाएँ या ब्लैक में बेचें।

विज्ञापन:

मैं एक ट्रक जलेबी और एक रेलगाड़ी भर के चाशनी भेज रहा हूँ। सुबह तक तुम्हारी प्लेट में तुम्हारी ख़ुद की जलेबी, ख़ुद की कढ़ाही और ख़ुद का झारा होगा मेरे दोस्त।

~ सोनू सूद

मुन्या - प्रधानमंत्री सबके यहाँ पच्चीस किलो जलेबी पहुँचाओ। हमारा आदेश है।

वकील - अरे इतनी जलेबी का ये लोग करेंगे क्या?

मुन्या - इन्होंने माँगा है तो दो।

इतने में एक और चटोरा खड़ा हुआ - मालिक जलेबी की जुगाड़ करवा दी है तो समोसों का जुगाड़ भी करवा दो। तलब तो समोसों की भी उतनी ही है।

मुन्या - उसके लिए अलग से याचिका डालिये।

चटोरा - कुछ दिन पहले चुनाव में ज़ब्त किए थे वही दिलवा दो।

विज्ञापन:

मैं फिर आ गया जी। मेरी शक्ल देख लो।

हमारे यहाँ जलेबियों की भारी कमी है। बाहर के लोग आकर हमारे यहाँ जलेबी खा रहे हैं। प्रधानमंत्री हमें और जलेबियाँ उपलब्ध करवाएँ।

(पीछे छुपा हुआ विधायक दाँत दिखाता है)

वकील - मालिक हमने सबको पर्याप्त जलेबियाँ उपलब्ध करवाई हैं। लेकिन न जाने कहाँ जा रही हैं। (क्लोज़अप में इमरान की मुस्कान)

मुन्या- जब उनको कम लग रही हैं तो कम ही होंगी। एक काम करो पड़ोसी की थाली में से उठा कर दे दो।

वकील - फिर पड़ोसी क्या करेगा?

मुन्या- उसको कड़ाही दे दो।

वकील - कैसी बातें करते हो मालिक। उसको भूख लगेगी तो कड़ाही थोड़ी चाशनी में डालकर खा जाएगा।

मुन्या - जलेबी जा कहाँ रही हैं?

तीन्या - अरे चटोरे सुना है आपने बड़ी थेथरई की है। एक काम नहीं होता आप लोग से। दिन भर जलेबी समोसा। रोते हो काम क्या करते हो?

चटोरा - खाने का काम करते हैं मालिक।

तीन्या - सच बताओ थाली में इतना रखते जा रहे हो इतनी भूख है भी?

चटोरा - हमारी भूख थोड़ी ज़्यादा है। आधी जलेबियाँ खान चाचा खा जाते हैं और आधी इमरान भाई। बाकी का लंगर लग जाता है। फिर बाकी लोगों के लिए कुछ बचता ही नहीं।

मुन्या - लाइन पर आ जाओ नहीं तो सब चटोरापन निकाल देंगे।

वकील - मालिक एक प्रश्न पूछना है।

मुन्या - किस से?

वकील - आप से।

मुन्या - नहीं, हमसे प्रश्न नहीं कर सकते। अपने आप से प्रश्न करो।

वकील - पर मालिक उत्तर तो आपसे चाहिए।

मुन्या - यहाँ प्रश्न केवल हम पूछ सकते हैं। यह अधिकार सिर्फ़ हमारा है।

वकील - जान देओ मालिक। नहीं पूछना।

विज्ञापन:

लो जी मैं फिर आ गया। मेरी शक्ल देख लो।

न्यायाधीशों के लिए पाँच सितारा होटल में जलेबियों की व्यवस्था।

पत्रकारों को जलेबी और समोसा उनके दफ़्तर में ही मिलेगा।

मुन्या - हम अब टास्कफोर्स बनाएँगे जो जलेबी बनाएगी भी और बांटेगी भी।

वकील - फिर मंत्री क्या करेंगे?

मुन्या - उनको हम एक ट्रक मटर और आलू भेजेंगे। फ्री हैं तो समोसों के लिए मटर आलू छीलेंगे।

मुन्या - तो फिर जलेबी का फैसला हो गया।

चटोरे - जय हो! जय हो! जय हो!

25

असली लड़ाई

पृथ्वी पर मनष्य की उत्पत्ति पर प्रकृति को लगा होगा कि वाह क्या चीज़ है। हो सकता है कुछ ऐसा भी सोचा हो - "ओ रे दद्दा जो का बन गओ"। प्रकृति के मनोभाव को किसने जाना है। लेकिन आदमी का पहला मनोभाव निश्चित ही भूख रहा होगा। आदमी ने पहले फल खाए होंगे या मांस, सामान्य व्यवहार मानते हुए देवताओं ने मनुष्य को खाने दिया। धीरे-धीरे मनुष्य ने सब कुछ खाना अपना अधिकार समझ लिया। कभी-कभी ऐसा लगता है कि अपने खाने की आदतों के कारण ही मनुष्यों में भेद उत्पन्न हो गया है। जात-पात सब मिथ्या है, भोजन ही सबसे बड़ी जात है।

या तो लोग मांस खाते हैं या नहीं खाते। जो मांस नहीं खाते वे पेड़ पौधों को या उनके फलों/ सब्जियों को खाते हैं। तोड़कर खाते हैं या खोदकर खाते हैं। कच्चा खाते हैं या पकाकर खाते हैं। मांस न खानेवाला शाकाहारी कहलाता है। लेकिन सारे शाकाहारी एक जात हों, ऐसा नहीं है। जैसे प्याज-लहसुन न खाने वाला वैष्णव हो जाते हैं। लेकिन प्याज-लहसुन के साथ आलू भी न खाने वाले जैन हो जाते हैं। इसी तरह लौकी-तुरई-टिंडा-करेला आदि न खानेवालों की अलग-अलग उपजातियों को किसी शिड्यूल में डाला जा सकता है।

कुछ शाकाहारी उस जगह नहीं खाते जहाँ एक ही रसोई में मांसाहारी भोजन भी पकाया गया हो। कुछ शाकाहारियों को इससे परहेज नहीं होता। वे दफ़्तर के बाहर लगे ठेले पर एक ही तवे पर एक ओर पकते एग-रोल या चिकन रोल को अदृश्य मानकर दूसरी ओर पका हुआ मिक्स पराठा प्रेम से खा लेते हैं। कुछ शाकाहारी, शाकाहारी नहीं होकर भी शाकाहारी होते हैं। वे अंडे खाते है, अंग्रेजी में तो एगीटेरियन की उपाधि धारण कर लेते हैं। हिंदी में इनके लिए क्या शब्द है, यह

शोध का विषय हो सकता है, अण्डाहारी इतना जॅचता नहीं है। कुछ ऐसे हैं जो केवल ग्रेवी खाते हैं और पीस अलग कर देते हैं। इनको ग्रेवीटेरियन कहा जा सकता है। ये दो खाने के मामले में अलग तरह के लोग हैं जो अनिर्णय की स्थिति में फँसे रहते हैं। एक जाति होती है छुपकर मांस खाने वालों की, जो खाते हैं लेकिन सबके सामने नहीं खाते। पड़ोसियों से कहते तो हैं कि हम नहीं खाते लेकिन इनकी रसोई से आने वाली महक पड़ोसियों को बताती है कि इन्होंने कुछ तो खाया है।

फिर बारी आती है मांसाहारी लोगों की। ऐसा भी नहीं कि इनमें उपजातियाँ नहीं होती। सबसे कट्टर जातियाँ तो यहीं होती हैं। मसलन कुछ लोग हैं जो काटकर मारते हैं और फिर खा जाते हैं, कुछ लोग मारकर काटते हैं, फिर खा जाते हैं। कुछ लोग तड़पाकर मारते हैं। कुछ लोग मारकर तड़पाते हैं। चीन में कहीं-कहीं ज़िंदा जानवर को खाने का भी चलन है। अधमरे पशु-पक्षियों और मछलियों और कीट पतंगों तक को नोचकर खाने वालों की एक अलग ही मानसिकता होती है। कुछ लोग काट नहीं सकते लेकिन पका सकते हैं और खा सकते हैं। कुछ लोग पका नहीं सकते लेकिन खा सकते हैं। कुछ लोग केवल ग्रेवी बना सकते हैं, लेकिन मांस देख भी नहीं सकते, काटना तो दूर की बात है।

काटने के तरीके पर भी आदमी की आदमी से भयंकर लड़ाई है। किस पशु को कैसे काटा गया उससे क्या फ़र्क पड़ता है, अंततः है तो एक शव ही। किस जानवर को खाना है लड़ाई तो उस पर भी है। लड़ाई क्या है, असली संघर्ष ही वही है। कुछ लोग सब खा सकते हैं। कुछ लोग सब खा सकते हैं, बस वराह नहीं खा सकते। कुछ लोग वराह खा सकते हैं लेकिन कोई और चौपाया नहीं खा सकते। कुछ सिर्फ़ मछली खाते हैं, पैरोंवाले जीवों को छोड़ देते हैं। कुछ लोग पैरोंवाले जीवों को छोड़ देते हैं और परोंवाले जीवों के लिए काल बन जाते हैं। कुछ लोग सब खा सकते हैं लेकिन जलचरों की बू नहीं सह सकते।

कुछ लोग खाने में अंतर नहीं समझते, कुछ भी खा सकते हैं। चीनी-जापानियों को देखकर तो लगता है कि ये क्या नहीं खा सकते। टिड्डे से लेकर केंचुए तक इनका भोजन हैं। चमगादड़ से लेकर जीवित चूहे के बच्चे तक इनके प्रकोप से नहीं बचते। एक सज्जन को टीवी में नदी के तल से पत्थर निकालकर उसकी सब्जी बनाते हुए देखा – पत्थर फ्राई। यह सबसे अनोखा भोजन है। सज्जन का कहना था कि उसे पत्थरों को चूसते हुए मछली का स्वाद आता है।

चीनियों के कुत्ते खाने वाली ख़बरों से पाकिस्तान में तो जैसे ख़ुशी की लहर दौड़ गई। एक मौलाना ने तो आवारा कुत्तों को एक्सपोर्ट करके अपनी अर्थव्यवस्था को मजबूत करने की सलाह दे डाली। उन्होंने धार्मिक प्रधानमंत्री से आह्वान कर डाला

कि वह जल्दी क़दम उठाए जाएँ। उनके प्रधानमंत्री ने क्या किया वह जाने। खाने से याद आया कि पाकिस्तान में आजकल असली लड़ाई खाने को लेकर ही है। लोगों को रोटी और नान नहीं मिल रही है। एक समय टमाटर के लाले पड़े थे। ऐसा नहीं कि पाकिस्तान में ही ऐसा होता है, भारत में भी कभी-कभी टमाटर और सेब एक ही भाव बिक जाते हैं। प्याज़ ऊपर जाती है और सरकारें तक गिरा देती है। खाने को जब ठीक से न मिले तो आदमी का दिमाग ठीक से काम नहीं करता और भूखे को खाने को मिले तो वह किसी के साथ कुछ भी खा सकता है। वहाँ जाति-धर्म-विचारधारा सब एक तरफ़ हो जाती है। जैसे खाने को मिला तो महाराष्ट्र में एक दूसरे को खाने वाले एक ही थाली में खाने लगे। राजनीति में भी असली लड़ाई खाने की ही है।

थाली से याद आया कि कुछ समाजों में एक ही बर्तन में खाना भी एक परंपरा है। एक ही थाली में पोहा नहीं खाना चाहिए। इससे हो सकता है कि आपको बंग्लादेशी समझ लिया जाए। बुद्दिजीवी पोहा से लेकर बिरयानी और नान से लेकर रान तक खाने पर गोष्ठी कर लेते हैं। लम्बी-लम्बी बहसें होती हैं जिनका ओर-छोर कुछ नहीं होता। लेकिन एक शीतयुद्ध और है जो मांसाहारियों और शाकाहारियों के बीच चल रहा है। शाकाहारी और मांसाहारी एक दूसरे को प्रायः आँखें तरेर कर देखते हैं। अगर एक शाकाहारी और एक मांसाहारी एक साथ भोजन करने बैठे तो ऐसा हो ही नहीं सकता कि मांसाहारी मांस का टुकड़ा उठाकर ज़ोर से हँसते हुए ये न कहे – "ले खा कर तो देख।" या "चल ग्रेवी ही चख ले।" ऐसा भारतीय ही नहीं अंग्रेज़ मित्र भी कहते देखे गए हैं। लेकिन इसकी पराकाष्ठा तो तब होती है जब मांसाहारी यह कह दे कि तुम्हारा खाना, खाना है ही नहीं, शाकाहारी होना एक बुराई, अपराध या विकृति है। पके हुए भात को बिरयानी का नाम देने से उसमें से उस पशु की आह और उसके साथ हुई क्रूरता कम नहीं हो जाती। हाथ में मांस लेकर शाकाहारी के सामने अट्टहास करना किस प्रकार का आनंद दे सकता है, ये वही जाने।

असल युद्ध भोजन का ही है।एक दिन कुछ नहीं बचेगा खाने को क्योंकि जो कुछ खाने लायक होगा, उसे मनुष्य सब खा जायेगा। बचेगा तो केवल मनुष्य ही और तब शायद मनुष्य ही मनुष्य को खाने लगेगा। वैचारिक रूप से तो आज भी आदमी दूसरी तरह के आदमी को खाने पर उतारू है और जो आजकल देवता बने बैठे हैं, वे इसे सामान्य व्यवहार मानकर खाने दे रहे हैं।

26

आम का मौसम

रात को मोदीजी सपने में आए, आम खा रहे थे। उनके दोनों हाथों में ये बड़े-बड़े दो आम थे। एक हाथ में हापुस था, दूसरे में चौसा। ऐसे मजे ले लेकर आम चूस रहे थे। दाढ़ी पर आम का रस लगा था, दाढ़ी पीली हो चुकी थी। आईने के सामने खड़े होकर मोदीजी आम की गुठली को ऐसे जीभ निकाल-निकाल के चाट रहे थे जैसे पहले कभी आम खाया ही न हो। इट इज़ सो कैटेगोरिकली मिडल क्लास, माया साराभाई ने कहा।

इतने में सरदेसाई ने अपना सिर दे मारा, बोले कोई आम खाना तो मोदीजी से सीखे। वे आम खाने की क्लास चला सकते हैं रिटायरमेंट के बाद।

जावेद साब कहाँ चुप रहने वाले थे बोले भाई वह जो बाएँ हाथ में आम था वह चौसा नहीं था, लंगड़ा था। आपको कैसे पता लंगड़ा था, शबाना जी ने पूछा।

मैं बिना चेक किये नहीं बोलता हूँ, मैंने तो गुठली उठा के जेब में भी रखी थी। मगर नींद थी तो ख़्वाब थे, ख़्वाब थे तो गुठली थी, फिर तुमने जगा दिया।

मृणाल पाण्डे जी ने बोला मोदी की दाढ़ी में लगा आमरस का छींटा था या किसी लुगदी साहित्य लिखने वाले की वर्तनी में चंद्रबिंदु। आम खाओ तो, मगर दाढ़ी पर लगाकर दिखावा तो न करो।

सागरिका जी ने कहा आम तो हमारे नेहरू जी खाते थे, और क्या खाते थे। खाते क्या थे उगाते भी थे। पहले आम इतना आम नहीं था, वह तो नेहरू थे जिन्होंने आम को आम बनाया वरना तो भारत में तो बस अमियाँ ही होती थी। नेहरू को क्रेडिट दिए बिना आम खा रहे हैं। ये कैसा समय है?

इतने में नेताजी चिल्लाए, टीपू पहले जे बताओ "जिय वाय बेययं क आगे खये होके मोदीई आम खा अय थे उसकी टोंटी कां अय?"

पीछे से एक गंजहे ने दूर खड़े होकर तमाशा देखकर हँसते हुए यशवंत दादा से पूछा - "का हो दादा ई बार आम वाम पर कोनऊ पोल वोल नहीं कर रहे हैं?"

दादा बोले - "हम का पोल करें इ बार तो ढोल मोदीजी पहिले ही पीट दिहिस।"

इतने में रबीस ने अपना विश्लेषण सुनाया "मोदीजी ने जो आम खाये थे उनका छिलका क्यों नहीं खाया, गुठली चूसकर क्यों फेंक दी, और फेंकी तो कितनी गुठली फेंकी? हमने रिसर्च में पाया कि मोदीजी ने हापुस की गुठली को ज़्यादा चूसकर खाया और चौसा को बहुत ज़्यादा नहीं चूसा, उसमें रस बाकी छोड़ दिया था। लंगड़े की तो एक भी गुठली नहीं मिली। आमों के साथ हुई इस जातिगत भेदभाव का ज़िम्मेदार कौन है? ख़ैर, वह प्रधानमंत्री है कुछ भी कर सकते हैं। लेकिन वह आम खाएँगे तो हम गुठलियाँ तो गिनेंगे ही न। हम जैसे स्वतंत्र पत्रकार गुठलियाँ नहीं गिनेंगे तो कौन गिनेगा।"

उधर चुनाव आयोग ने इसपर आपत्ति जताते हुए मोदीजी के आम खाने वाले सपनों को चुनाव के बाद आने के लिए कहा है। चुनाव आयोग का मानना है कि इस तरह लोगों के सपनों में आकर आम चूसने से चुनाव प्रभावित हो सकते हैं।

मोदीजी ने अभी-अभी ख़ुलासा किया कि उन्होंने अपने कुर्ते की बाहें इसलिए काट दी थी क्योंकि आम चूसते समय आम का रस बहकर उनकी कोहनी तक आ जाता था। बाहें छोटी होने के कारण हथेली से कोहनी की ओर बहने वाले रस का स्वाद भी आसानी से लिया जा सकता है। फिर कुर्ता भी गन्दा नहीं होता।

राहुल जी ने कहा है कि यह मौसम आम खाने का नहीं है। वह अभी आम में प्यार भर रहे हैं। फिर आराम से और प्यार से आम खाएँगे। यह उनके और उनके आमों के बीच का मामला है। आम उनके प्यार से बच नहीं सकते। उन्होंने बताया है कि अमेठी के आम खट्टे हैं। वे वायनाड़ में मीठे वाले आम की फ़ैक्ट्री लगाएँगे।

27

लोटनहारों का लोटा

अपनी थाली में कुछ भी हो, आदमी की दृष्टि दूसरों की थाली पर ही रहती है। दूसरे की थाली में ज़्यादा वस्तुएँ हों तो अपनी थाली खाली लगने लगती है और अपनी थाली अधिक भरी हुई हो तो मुँह फेरकर बैठा जा सकता है, अथवा इस तरह प्रयास किया जा सकता है कि कमज़ोर थालीवाले की दृष्टि न टकराए।

गरीबों की थाली को थाली नहीं कहा जा सकता। गरीब की थाली में कोई छेद नहीं कर सकता, अगर कर भी दे तो किसी को कोई फ़र्क नहीं पड़ता लेकिन अगर थाली किसी विशेष वर्ग की हो तो फ़र्क पड़ता है। अभिजात्य वर्ग की थाली बहुत कीमती होती है। वह थाली अगर किसी 'अन्य' को देखने या छूने मिलती भी है तो सिर्फ़ मांजने के लिए, उसमें खाना बहुत दूर की बात है। जब खाना ही नहीं है तो उसमें छेद करने का प्रश्न ही नहीं उठता, अन्यथा मुहावरे का अर्थ ही क्या रह जाएगा? वैसे भी अभिजात्य वर्ग 'अन्य' या 'बाहरी' को भोजन अलग बर्तनों में देता है। बर्तन भी क्या? थर्मोकोल की पत्तल ही देते हैं, उसमें आदमी खाए या छेद करे इनको क्या फ़र्क पड़ता है? फिर भी अगर कोई अपनी थाली स्वयं लेकर आ ही जाए तो उस थाली में एकाध छोटा-मोटा छेद होना चल जाता है।

जिस बर्तन में सूखी रोटी खानी हो वह थाली हो या छलनी स्वाद वही रहना है। लोग नाहक थाली पर बहस कर रहे हैं। थाली तो थाली होती है, चाहे सोने की हो, चाँदी की, पीतल की, कांसे की या स्टील की, थाली पर क्या ही बहस करना? मुझे तो लगता है बात थाली की है ही नहीं। बात शायद उस चम्मच की है जो चाँदी की होती है और कुछ लोग उसे अपने मुँह में लेकर जन्म लेते हैं। अगर यह उस चाँदी की चम्मच की बात भी नहीं है तो बात सौ प्रतिशत लोटे की है। लोटे के लिए लोटा बनकर लोटने की है।

बात यह है कि बॉलीवुडिया लोटनहारों का जो लोटा है वह एक ही है। उसी लोटे को लेकर बॉलीवुडिया लोटन जंगल घूम आता है, और राख से माँजकर उसी लोटे से स्नान-कुल्ला आदि कर लेता है। तत्पश्चात उसी से स्वयं भी जलपान कर लेता है और किसी आगन्तुक के आगमन पर, सप्रेम उसके समक्ष, वही लोटा, जल भरकर प्रस्तुत कर देता है। अधिकतर तो श्रद्धा से लोट जाते हैं, फिर लोटे को माथे से लगा लेते हैं और अपनी प्यास बुझाकर स्वयं भी लोटनहार हो जाते हैं। किन्तु जो लोटे को लौटा देता है अथवा लोटे के भूत, भविष्य और वर्तमान को जान समझकर कोई टीका-टिप्पणी करता है, वह लोटनहारों का शत्रु हो जाता है। अतः लोटनहार उसपर टूट पड़ते हैं। वे कहते अवश्य हैं कि जिस थाली में खाते हो उसी में छेद करते हो किन्तु उनका तात्पर्य लोटे से होता है। मुख्य मुद्दा लोटा है, लोटे में अगर छेद हो गया तो लोटनहार समाज के सामने समस्या विकट हो जाएगी क्योंकि सबका लोटा एक है। थालियाँ तो सबकी अलग-अलग हैं। वे देखते अवश्य हैं कि किसकी थाली में क्या है और कितना है, किन्तु किसी की निजी थाली में कितने छेद हैं, इससे किसी को कोई लेना-देना नहीं है। असल मुद्दा लोटे का महत्त्व बनाए रखने में है।

लोटे का महत्त्व बताते हुए कहा जाता है कि लोटा कतई मुग़लई है। ये वही लोटा है जिसे लेकर अकबर अपने किले की छत पर जाता था। एक पत्रकार तो स्वयं देखकर आए थे। अकबर ने एक बार इसी लोटे में बिरयानी पकाकर उन पत्रकार को खिलाई भी थी। एक दो बार तो अकबर ने इसी लोटे को प्रक्षेपित करके युद्ध भी जीते। अकबर को इस लोटे से बहुत प्रेम था। चाहें तो मुग़लई इतिहासकार देख लीजिये आजतक लोटे हुए उस लोटे की वंदना करते नहीं थकते जिसमें अकबर ने बिरयानी पकाई थी।

ख़ैर, कुछ भी हो, लोटा फैंसी है, पावन है, दुष्प्राप्य है सबको नहीं मिल सकता किन्तु दौड़ते सब उसी लोटे के लिए हैं। हीक तो सबको आती होगी, किन्तु कोई किस मुँह से यह कह दे कि उसने भी उस लोटे से जल पिया है जिसे लोटन सुबह लेकर जंगल घूमने जाता है और रातों में उसी लोटे में न जाने क्या-क्या घोंट कर पिया जाता है। इसीलिए हर लोटनहार लोटे का रक्षक बना घूम रहा है। इसी से लोटा सुरक्षित है, संरक्षित है।

28

इत्तू सा निवेदन

1.

हे इन्द्र देवता!

निवेदन है कि हमारे शहर में बारिश नहीं हो रही, उमस और गर्मी ने प्राण ले रखे हैं। उमस के मारे कूलर को भी पसीने छूट रहे हैं। हम ठहरे देसी, हमारे घर में नहीं है एसी। एसी होता तो हम विदेशी होते और समय बढ़िया कट जाता, लेकिन गर्मी से नींद चैन सब गायब है। दिनभर तपते हैं और नींद के बिना रातभर जागरण और तपस्या करते हैं। कहीं ऐसा न हो हमारे तपोबल से आपका सिंहासन वगैरह डोल जाए। तो कायदे से बारिश करवा दो। मतलब जहाँ हो रही है सो हो रही है और बाकी हम सब ठन-ठन गोपाल बने सूखे बैठे हैं।

वैसे भी अषाढ़ सुखा दिया है अब सावन भी सूखा तो महादेव से तिरसूल ठुंसवा देंगे बता दे रहे हैं। कहीं कुछ डील-वील तो नहीं कर बैठे? कि न बरसेंगे न दिल्ली पानी पानी होगी। पानी-पानी हो गई तो पनैयाखोर की टोली को जवाब देना पड़ेगा! चिंता न करो, वैसे भी ऐसे शहर को डूब ही जाना चाहिए जहाँ पनियल नागों का राज हो और सपेरा मास्टरस्ट्रोक के चक्कर में घुग्गू बना बैठा रहे। बारिश करवा दो। नहीं तो गाजीपुर बॉर्डर पर जाकर शिकायत कर देनी है। किसान साब बक्कल तार देंगे। चार लाख ट्रैक्टर लेकर स्वर्ग पर चढ़ाई कर देंगे।

स्वर्ग में ऐसे ऐसे झंडे लहराएंगे कि जगहंसाई हो जाएगी। आपको सारा सूखा वापस लेना पड़ेगा। टिकेंद्र यादव स्वर्ग को दिल्ली बना देंगे। स्वर्ग को घेर कर बैठ गए तो सबका आना-जाना बंद हो जाएगा। टिकैत्यों ने धरना दे दिया तो नरक में गए सब नक्सलियों को वापस भेजना पड़ जाएगा। टिकैत्यों का बस चला तो स्वर्ग के बॉर्डर पर भी प्राचीन मजारें बनवा देंगे। इंद्रलोक को सरियालोक इमामबाड़ा

घोषित कर देंगे और इंद्र को इंदरुद्दीन। इसलिए चुपचाप घनघोर बारिश करवा दो और सारी बिजली इन टिकैत्यों पर गिराना। यह बात सच है कि इसका श्रेय दिल्ली का ठग ले जाएगा लेकिन दो टकिया के चक्कर में हमसे हमारा लाखों का सावन न छीनो।

रही बात टोटकों की तो मेंढकों का ब्याह करवाना तो चाहते हैं लेकिन चुनाव में अभी समय है। जहाँ ज़्यादा बारिश हो चुकी है, उधर थोड़ी शांति कर दो।

इत्तू सा निवेदन।

❦

2.

डियर इंद्रदेव,

सादर प्रणाम। लगता है आपने मेरे पिछले आग्रह को कुछ अधिक गंभीरता से ले लिया। हमने गर्मी से राहत पाने के लिए थोड़ी सी वृष्टि मांगी थी, किंतु आप तो अतिवृष्टि पर उतर आए हैं।

इसे आपका क्रोध समझें अथवा आपकी अनुकंपा, इस बार वर्षा उत्तम हो चुकी है, लेकिन आपका मन नहीं भरा। इधर पूरी दिल्ली भर गई। कुछ दिल्ली की वर्षा से, कुछ पड़ोस की बरखा से। आप तो जानते हैं वर्तमान में यहाँ सरकार कितनी व्यस्त है। दिन की पाँच प्रेसवार्ता, प्रचार, भ्रमण, अन्य राज्यों के चुनाव, गठबंधन का गुणाभाग, कचहरी के चक्कर और आरोप प्रत्यारोप में से समय निकालना कठिन होता है। नाले वगैरह साफ करवाने का समय ही कहाँ रहता है। ऊपर से आधा मंत्रिमंडल जेल में बैठा है। बेचारे अभी तो सत्ता में आए हैं, और दिल्ली में बचपन थोड़ी निकाला है जो उन्हें पता हो कि इस परिस्थिति में क्या किया जा सकता है। अब यहाँ तो ये भी नहीं कह सकते कि – मुझे बुलाया ही क्यों? विपश्यना को भी नहीं जा सकते। पानी है कि बढ़ा चला आता है। लगता है जो पिछली बार कुछ पीतमुखी लोग लाल किला फतह कर गए थे, जमना जी वो वापस लेने लाल किले पहुंच गईं हैं।

जमना जी ने राजघाट पर भी कब्जा कर लिया है। बेचारे मंत्री अब धरना कहाँ देंगे? जमना जी राजघाट पर कब्जा नहीं करती तो निश्चित रूप से मुख्यमंत्री बाढ़ के खिलाफ बापू की समाधि पर पहुंच जाते। लेकिन अब जमना जी ही पहुंच कर कह हैं, "माय घाट माय रूल्स"।

दोष तो खैर यहाँ की सरकार का है ही नहीं, दोष तो हमेशा पड़ोसियों का होता है। पड़ोसी ही हवा खराब करते हैं। पड़ोसियों ने ही पानी–पानी कर दिया है। शर्म

से पानी–पानी होना इस सरकार ने नही सीखा है, मंत्रीजी अन्य राज्यों की तस्वीरें दिखाकर कह रहे हैं उधर भी तो देखो। अपनी नहीं देखते, पेंचकस के साथ पूरा टूलबॉक्स लगा रखा है लेकिन एक बैराज नहीं खुल रहा। ऐसी पढ़ाई भी किस काम की- कि ये समझ न आए कि पहाड़ों से पानी आएगा तो बहेगा नदी से ही। लेकिन इनकी फितरत तो आप जानते हैं सौतन विधवा होनी चाहिए भले खुद का पति मर जाए। फिर जिस नदी को साफ करने के लिए हजारों करोड़ खर्च होते हैं, वह स्वयं साफ होने पर उतर आए तो उसका धन्यवाद करना चाहिए।

फिर तो ये जमना जी हैं। जमना जी इस बार दिल्ली की गली गली को पवित्र करने का मन बना चुकी हैं। सरकार श्रेय ले सकती है कि उन्होंने सबके घर को जमना का पावन तट बनाकर सारी दिल्ली को तीर्थ का पुण्य दिलवाया है। सभी दिल्लीवासी श्रीहरि बोलकर जमना जी का पान करें, घर बैठे जमना जी में आचमन करें और पुण्य प्राप्त करें। जमना जी शायद शीशमहल देखने आई हों। देख लें, मुगलों के बाद अगर किसी ने कुछ बनवाया है तो शीशमहल ही बनवाया है। देखने लायक तो होगा ही। वे तो अपने भाई को राखी बांधकर लौट ही जायेंगी। आप वापस वर्षा पर आइए।

देखिए बात ऐसी है कि आपसे अनुरोध है कि वर्षा दिल्ली में पर्याप्त हो ली है। इसके बाद अब इस साल रुक रुक कर वर्षा करवाते रहिएगा। लेकिन अभी कुछ समय के लिए आप भी आराम करें, और दिल्लीवालों को भी करने दें। सरकार तो नीच, भ्रष्ट, निकम्मी हो सकती है, लेकिन आम लोग तो आम लोग हैं। वे पीड़ित हो रहे हैं। नेताओं के खाने की सीमा नहीं है लोगों के सहने की है। आम जनता कितने दिन पकौड़े खा सकती है? एक तो तेल, सब्जियाँ भी महंगी हैं, फिर रोज रोज तला–भुना खाने से एसिडिटी वगैरह का खतरा भी है।

अतः थोड़ा सब्र करें और रुक रुक कर वर्षा करवाएं। चाहें तो वहाँ बरस लें जहाँ आवश्यकता है। जो लोग शिकायत कर रहे हैं कि उनके यहाँ नहीं बरसे, उनका भी ख्याल रखें। फिर आप तो जानते ही हैं लोकनायक को, अगर आपने दिल्ली पर अत्याचार किया तो अपनी छोटी उंगली पर गाजीपुर का पहाड़ उठा लेंगे। फिर बरसते रहना फालतू में।

अंत में एक बात और, वर्षा के लिए लोग मेंढक–मेंढकी का ब्याह करवाते हैं, नेता–अभिनेत्री वाला कोई नियम नहीं है। आप एक नेता और अभीनेत्री के ब्याह के कारण इतना नहीं बरस सकते। मेंढक तो दोनो किसी एंगल से नहीं लगते। फिर भी कोई नया नियम आया हो तो अवश्य सूचित करें।

पुनः इतू सा निवेदन।

29

चलो प्रिये!

देश के नंबर वन अभियंता क्रोधित हैं। कहते हैं कि जी लगाकर उन्हें सम्बोधित नहीं किया गया, यह धृष्टता है। अब कोई अभियंता जी को नाम लेकर ऐसे सम्बोधित करेगा कि जैसे उसके घर में बाप-भाई या कम्पनी में मैनेजर-मालिक न हो तो बुरा लगेगा ही। फिर ऐसी बातचीत से जी उचट जाए और कोई जी भर के मन की भड़ास निकालने लग जाए तो दोष क्यों देना? वैसे भी जो जी लगाकर बात न करे उसे क्या ही मुँह लगाना?

बात तो उन से ही की जानी चाहिए जिनका जी आपमें लगा हो और आपका जी जिनमें लगा हो। जब दोनों के जी मिल जाएँ तो तो जी भर के बातें की जा सकती हैं। नहीं तो जी उमछाने लगता है। वह लोग कितने प्रिय लगते हैं जो जी-जी कर के बात करते हैं और जो जी के आलावा कुछ नहीं बोलते वह तो लाडले हो जाते हैं। फिर बात वही होनी चाहिए जो जी को भाए। जैसे अभी पार्टी का जी जिस विषय पर बात करने का हो तो उस विषय की ही बात की जाए। इधर-उधर की बात की भी जाए तो लौटकर उस विषय पर आ जानी चाहिए। बात वैसे ही हो जैसे दो प्रियजन बात कर रहे हों।

"हमारे मोहल्ले की समस्याओं पर ध्यान दीजिये।"

"चलो प्रिये! मोहल्ला क्लिनिक की बात करें।"

"देखिये लोगों को ऑक्सीजन की कमी हो रही है।"

"चलो प्रिये! मोहल्ला क्लिनिक की बात करें।"

"आप इतना पलटते क्यों हैं?"

"वो देखो, अमरीका वाले मोहल्ला क्लिनिक देखने आ रहे हैं। चलो प्रिये! मोहल्ला क्लिनिक की बात करें।"

"अच्छा! ये आपके स्वास्थय मंत्री पर आरोप क्यों लग रहे हैं?"

"चलो प्रिये! मोहल्ला क्लिनिक की बात करें।"

"देखो वह जेल जा रहे हैं।"

"लेकिन हमारा हेल्थ मॉडल वर्ल्ड में नंबर वन है, चलो प्रिये! मोहल्ला क्लिनिक की बात करें।"

"आपके राज में कोई नया अस्पताल नहीं बना, आपका वादा और दावा झूठ लग रहा है।"

"चलो प्रिये! हैप्पीनेस क्लास की बात करें।"

"देखो वह आपके स्वास्थ्य मंत्री जेल चले गए हैं।"

"चलो प्रिये! शिक्षा मॉल की बात करें।"

"लेकिन स्वास्थ्य मंत्री?"

"हमारा शिक्षा मंत्री दुनिया का बेस्ट शिक्षा मंत्री है।"

"आपके राज में नलों में पानी नहीं आ रहा।"

"चलो प्रिये! क्लासरूम की बात करें।"

"आपके राज में नाले उफान पर हैं, बसें डूब जाती हैं।"

"चलो प्रिये! स्कूल की बात करें।"

"वो स्पोर्ट्स यूनिवर्सिटी की बात की थी वह भी नहीं बनी, आप तो कहते थे कि बनवा दी।"

"चलो प्रिये! स्कूल को नंबर वन बनाने की बात करें।"

"आपके स्कूलों का रिजल्ट बिगड़ रहा है।"

"हमारे पास दुनिया का बेस्ट शिक्षा मंत्री है। चलो प्रिये! स्कूल में लगे टाइल्स की बात करें।"

"स्कूलों में शिक्षक नहीं हैं, जो हैं उनको वेतन नहीं मिल रहा।"

"लेकिन बिजली तो मुफ्त मिल रही है न? मिलनी चाहिए कि नहीं मिलनी चाहिए? चलो प्रिये! हम तुमको स्कूल दिखाकर लाते हैं।"

"अच्छा ये बताओ आपके शिक्षा मंत्री के बच्चे खुद आपके स्कूलों में क्यों नहीं पढ़ते?"

"सबको मुफ़्त शिक्षा मिलनी चाहिए। चलो प्रिये! फ्री शिक्षा की बात करें।"

"आप तो अटक गए हैं। अच्छा, आपके यहाँ शराब एक पर एक फ्री क्यों मिल रही है?"

"हम कट्टर ईमानदार हैं। हम शिक्षा की बात कर रहे हैं आप शराब की।"

"हाँ वह ठीक है, लेकिन आपके यहाँ शराब मामले में कुछ घोटाला हुआ है।"

"हमारे शिक्षा मंत्री दुनिया में बेस्ट हैं, दुनिया भर से लोग स्कूल देखने आते हैं।"

"आते तो हैं, लेकिन अभी बात तो शराब की हो रही है। वह ही आबकारी मंत्री हैं। उनको जवाब देना चाहिए न।"

"हाँ तो शिक्षा के बारे में पूछिए।"

"लेकिन आबकारी मंत्री होने के नाते वह जवाब नहीं देंगे क्या?"

"नहीं, शिक्षा मंत्री होने के नाते देंगे।"

"हम आपसे शराब की बात कर रहे हैं, आप शिक्षा की बात क्यों बीच में ला रहे हैं।"

"शराब की बात भी कोई करता है क्या? शिक्षा सबका अधिकार है।"

"लेकिन जहाँ घोटाला हुआ प्रश्न तो वहाँ का पूछा जाएगा न?"

"हमने दिल्ली को शिक्षा में नंबर वन बनाया है। दिल्ली को हर क्षेत्र में पच्चीस साल में नंबर वन बना देंगे।"

"पच्चीस साल तो न हम रहेंगे न आप, आप अभी का जवाब क्यों नहीं देते। वह देखिये आपके शिक्षा मंत्री पर छापा पड़ गया।"

"लेकिन न्यूयॉर्क टाइम्स में ख़बर छपी है वह देखिये। कितना मुश्किल होता है उधर ख़बर छपवाना। यह सब इसलिए हुआ कि हमारे पास दुनिया का नंबर वन शिक्षा मंत्री है।"

"मतलब वह ख़बर आपने छपवाई?"

"छपी तो है! न्यूयॉर्क टाइम्स, कोई छोटी-मोटी बात नहीं है। देखना हमारे स्कूल अब न्यूयॉर्क में भी खुलेंगे।"

"वो ख़बर तो लगता है आपके ही आदमी ने छापी है, तस्वीरें भी ग़लत है। उधर देखिये आपके शिक्षा मंत्री के घर सीबीआई बैठी है।"

"नहीं, आबकारी मंत्री के घर बैठी है। शिक्षा मंत्री के बारे में न्यूयॉर्क टाइम्स में ख़बर छपी है वह देखिये।"

"पर वह तो एक ही आदमी हैं!"

"नहीं, सीबीआई हमारे शिक्षा मंत्री को उठाकर नहीं ले जा सकती, चाहे तो आबकारी मंत्री को उठा ले जाए। शिक्षा मंत्री के बारे में न्यूयॉर्क टाइम्स में छपा है।"

"लेकिन आदमी तो एक ही है।"

"हाँ तो! उसमें से आबकारी वाला जो है, सो सीबीआई ले जाए।"

"कैसी बातें कर रहे हैं?"

"हम अपने देश को नंबर वन बनाएंगे।"

"कैसे नंबर वन बनाएंगे? वह शराब वाले मामले में जवाब तो दीजिये?"

"हम दुनिया को नंबर वन बनाएंगे।"

"हैं? दुनिया को?"

"हम रुकने वाले नहीं हैं। न्यूयॉर्क टाइम्स देख लीजिए देखिए क्या ख़बर छपी है।"

"ख़बर तो छपी है, लेकिन क्या अब शिक्षा मंत्री भी जेल जायेंगे?"

"ये सब हमारे ख़िलाफ़ साजिश है, क्योंकि हम दुनिया को नंबर वन बनाना चाहते हैं, इसलिए पहले हमारे नंबर वन स्वास्थ्य मंत्री को जेल में डाल दिया, फिर शिक्षा मंत्री के घर छापा मारा है और अब देखिये परिवहन मंत्री पर भी छापा मारने की तैयारी कर रहे हैं।"

"लेकिन परिवहन मंत्री की तो बात ही नहीं की?"

"देखो बदतमीज़ी से बात कर रहे हो, जी लगाकर बात करो। न्यूयॉर्क टाइम्स क्यों नहीं देखते।"

"ऐसा लगता है आपके ही किसी कार्यकर्ता ने ख़बर छापी है। वह देखिये शिक्षा मंत्री बौखलाए घूम रहे हैं।"

"तमीज़ से बात करो। बड़ों से ऐसे बात की जाती है?"

"लेकिन जो पूछ रहे हैं, वह तो बता दीजिये कि आप इन मंत्रियों पर कोई एक्शन कब लेंगे?"

"जी लगाकर बात करो।"

"अरे?"

"जी लगाकर बात करो।"

"लेकिन... "

"जी लगाकर बात करो।"

"जी! अब तो कह दीजिये यह सब क्या हो रहा है जी?"

"चलो प्रिये! दुनिया को नंबर वन बनाने की बात करें। प्रिये! मिसकॉल करें।"

30

भूलते कैसे चाचाजी

कल रात मशहूर फैशन डिज़ाइनर की डिज़ाइन की हुई अचकन पहने, सिर पर सफ़ेद टोपी लगाए बड़े सोफेसटिकेटेड से दिखने वाले बुज़ुर्ग मेरे सपने में आए। देखने से लगता था मुँह भी मिनरल वाटर से धोया हो। उनके चेहरे पर उदासी नहीं थी, लेकिन आवाज़ बुझी हुई थी। पास में आकर बोले- आप अपने चाचा को भूले तो नहीं?

हमने कहा भूलते कैसे चाचाजी आपके वंशजों ने भूलने ही कहाँ दिया, आपके नाम से हर गली नुक्कड़ पर दुकान खोल रखी है। जहाँ दुकान खोलने की गुंजाईश नहीं थी वहाँ गली, मोहल्ले, सड़क, पार्क जो समझ में आया खोल दिया।

आप तो चले गए लेकिन विरासत में उनको छोड़ गए जो आपको जाने ही नहीं देते। कहीं भी कोई भी कुछ भी करता है उसे आपका किया-धरा बताने लग जाते हैं।

"फिर तो मैं बढ़िया काम कर के गया।" लोग मुझे याद करते हैं। वे अपनी टोपी से भी सफ़ेद दाँत दिखाते हुए बोले।

हमने कहा काम तो आपने बहुत बढ़िया किया। यहाँ तो कुछ लोगों का मानना है जो किया है वह आपने ही किया है। शार्ट में आप कर्ता, आप ही धर्ता हो, आप ही बाप हो, आप ही अम्मा हो। सबकुछ रचने वाले ब्रह्मा हो।

आपने जो नाक से सांस लेकर नाक से छोड़ा उससे पृथ्वी का वातावरण बना और जो कहीं और से छोड़ा उसी को सिलेंडर में भर कर बेच-बेचकर इन्डेन जैसी बड़ी-बड़ी कंपनियाँ आज तक चल रही हैं और जो नहीं छोड़ पाए उसपर शोध करते हुए थापरों ने इतिहास लिख मारा।

ये देश इसलिए है क्योंकि आप थे, आप न होते तो भारत नहीं होता। भारत की खोज आप ने ही की थी। उससे पहले तो भारत में केवल सांप और सपेरे ही रहते

थे। तब भारत खुजा हुआ नहीं था। यहाँ तक कि अगर कोई कह दे कि "रात काली है" तो कुछ इतिहासकार तो यह साबित करने लग जाएँगे कि उन्नीस सौ बाइस में ऐसा आप कह दिए थे। देश की रातों पर कालिख आप ही तो पोत के गए हैं। नहीं तो पहले कहाँ रातें इतनी काली होती थी।

ये आपकी विरासत थी कि आजतक गाँव-गाँव में बिजली गुल रही। उन पत्रकारों का मानना है कि गुलाबजल से लेकर गुलकंद तक की खोज आपने की थी। यहाँ तक कि गुलगुले में जो गुल खिलता है वह भी आपका खिलाया हुआ होता है। प्राचीनकाल में जब वेद पुराण लिखे जा रहे थे तो वह लिखवाने वाले आप स्वयं थे। सामवेद का सा चच्चा का चा था जो अपभ्रंश होकर सा बन गया। रामायण में भी चाचा ने वाल्मीकि का रोल निभाया था और महाभारत में अर्जुन के धनुष के रोल में आप स्वयं थे। महाराज विक्रमादित्य के पीछे लटकने वाले बेताल का रोल आप निभाकर अमर हो गए। आप ने इस देश पर दो उपकार और किये एक तो स्वयं को भारत रत्न देकर भारत रत्न की वैल्यू बढ़ा दी और दूसरी अपनी विरासत छोड़ गए। वरना तो इस देश के पास था ही क्या?

उसी इतिहास को पढ़कर अफसर बने लोगों ने कई पीढ़ियाँ निकल जाने के बाद भी आपको अब तब चाचा बनाकर रखा है। वरना तो जिनके आप चाचा थे उनके भतीजे और उन भतीजों के भतीजे भी अब तक दादा बन चुके हैं।

आप दशकों तक चाचा बने रहेंगे और आपके वंशज बच्चे बने रहेंगे। आपके कुछ वंशज तो मानते हैं कि दुनिया के सारे बच्चे नवम्बर की चौदहवीं को पैदा होते हैं। वरना आप कौन सी पैदा होने वाली चीज़ थे। आप तो वह हैं जिसने सब कुछ पैदा किया है। कश्मीर से लेकर सिक्किम तक जो आपने पैदा किया वह और कौन कर सकता था। कुछ भी होता है तो आप धन्यवाद के पात्र होते हो, लाइट से लेकर सेटेलाइट, डे हो या नाईट, आपके वंशज और उनके चारण अपनी कुंठाओं को निकालने के लिए आपका ही तो सहारा लेते हैं। जो करने की वे सोच भी नहीं सकते और कोई और कर जाता है तो आपके नाम की चादर ओढ़कर बैठ जाते हैं। आपके वंशज श्रेय देने को और विरोधी दोष मढ़ने को जब अपना कुछ नहीं मिलता तो आपको ही ढूंढते हैं। भले ही सारा देश आपको पीरा समझता हो लेकिन कुछ लोगों के लिए तो आप पीर हो। जब कुछ नहीं समझ आता तो पीर की शरण में आ जाते हैं।

छाती पर लगा गुलाब अब मुरझाने लगा था, बोले – "इतना तो मैंने सोचा ही न था। बड़ा बेइज़्ज़त सा लग रहा है!"

हमने कहा अति के कारण आपकी ये गति हो रही है। आपने जो किया आपके समय पर जैसा समझ आया किया। आपकी एक सोच थी जिससे आपने देश चलाया। आपके सामने उस समय जो समस्याएँ थी, जो परिस्थितियाँ थी, उनका सामना आपने अपनी भरपूर क्षमता और समझ से किया होगा। लेकिन आपकी छीछालेदार करने वाले तो आपके वंशज और उनके चाटुकार हैं जो हर बात में आपको घसीट लाते हैं। दरसअल उन लोगों ने आपको इतना घसीटा है कि अचकन आगे से तो चमक रही है पीछे से बनियान दिख रही है। अगर वह आपको घसीटना नहीं छोड़ेंगे तो पीठ भी छिल जायेगी और बची-खुची इज़्ज़त भी। आपका योगदान निश्चित रूप से है, किन्तु ये जो आपके नाम को घसीट रहे हैं इनको कहीं न कहीं रुकना होगा। जो भी नाम आवश्यकता से अधिक घसीटा जाएगा उसका भी वही हाल होगा जो आपका हो रहा है। चाहे इतिहास के बाबा हों अथवा वर्तमान के।

31

नेतापुत्र

इंदौर में छप्पन पर बैठे हुए एक नेतापुत्र छह प्लेट पोहा-जलेबी खा चुके थे। विरासत में मिले अपने चेले-चपाटों से बोले, यार बोर हो रिये, मजा नी आ रिया। मौज-वौज का माहोल नी बन रिया। बाकी तो सब सई साट हे, लेकिन पोए में सेव मजा नी दे रिया आजकल।

पोहेवाले को आँखें दिखाते हुए बोले - क्यों रे! किधर ध्यान हे रे?

पोहे वाला सकुचाया, बोला- भिया आपकी मोहिनी सूरत देख के खो जाता हूँ।

फिर तो नेतापुत्र ने दुकानदार के साथ दे दनादन क्रिकेट खेला। पोहे-जलेबी की गेंद बनाकर ख़ूब छक्के मारे। अगले दिन अख़बार, टीवी में भिया जी के वर्ल्ड रिकॉर्ड छा गए।

नेता का पुत्र होना किसी वरदान से कम नहीं होता। जो नेता का पुत्र है वह कुछ भी हो सकता है, कुछ भी कर सकता है। जैसे ही कार्यकर्ताओं को पता चलता है कि आज नेता पुत्र कोई प्रतियोगिता का आयोजन कर के आए हैं, जिसमें उनके भविष्य के नेता ने नेताणु स्वरुप में अपनी प्रथम प्रतियोगिता में विजय प्राप्त कर स्वयं को स्थापित कर लिया है, वे उसमें अपने भविष्य के चित्र बनाने लगते हैं।

नेता और उनके पुत्रों की बात ही अलग है। पिता चंद्रयान से चाँद पर वैज्ञानिकों के घूमने फिरने की बात करता है तो पुत्र उनके स्वागत की तैयारियों की बात करते हैं। नेतापुत्र भले ही नौमी फेल हों लेकिन विज्ञान, कॉमर्स के छात्रों को विश्वविद्यालय में जाकर संबोधित कर आते हैं। गर्व से बताते भी हैं। दरअसल शिक्षा व्यवस्था को आइना दिखा रहे होते हैं। देख लो मूर्खों, पढ़कर कुछ नहीं मिलता।

ऐसे ही नेता देश में एक देश एक आय की बात करते हैं। अगर पिता ने नेता रहते हुए खा-खाकर धन न जुटाया होता तो ये क्या कर रहे होते सभी जानते हैं, बस कहते नहीं है। जिस एक आय की बात कर रहे हैं उसमें रोना आ जाता।

नेतापुत्रों की योग्यता के प्रमाण भी अनोखे होते हैं। युवा हृदय सम्राट तो वे नेता के घर में जन्म लेते ही बन जाते हैं। बोतल का ढक्कन खोल लेना ही उनके प्रधानमंत्री पद की दावेदारी है। नेतापुत्र कुछ भी करने के लिए स्वतंत्र होता है। वह जन्मजात डॉक्टर, इंजीनयर, वकील, क्रिकेटर कुछ भी हो सकता है।

उसे मूर्ख होने का अधिकार भी होता है, अय्याश होने का भी। बीस की आयु तक लगभग जीवन के समस्त सांसारिक सुख भोग लेने के बाद उसे समझ आता है नेतागिरी से बड़ा कोई सुख नहीं। इसलिए वह जिस डिग्री पर ऊँगली रखता है उसे कालेज वाले स्वयं घर पर आकर दे जाते। इसी विधि से नेतापुत्री ऐसी डॉक्टर हो जाती हैं जिनसे उनके घरवाले भी इलाज नहीं करवाना चाहते। जिन्हें डिग्री नहीं मिलती वे नौंवी पढ़कर भी मुख्यमंत्री पद के दावेदार बन जाते हैं। वो भी नहीं हो पाता तो बांसुरी बजाकर कार्यकर्ता चराते हैं।

नेतापुत्र के मन में कभी एक्टर कभी डायरेक्टर बनने का विचार आता है तो कुछ की फ़िल्मों पर कृपा हो जाती है। कभी-कभी नेतापुत्रों की रूचि खेलकूद में भी हो जाती है। कूदना तो उनका जन्मसिद्ध अधिकार होता है लेकिन खेलने के लिए अपने पिता से मैदान, गेंद, बल्ला अंपायर आदि कुछ भी माँग लेते हैं। कुछ खिलाड़ी बन जाते हैं, कुछ खेल संस्थानों के अध्यक्ष।

अधिकतर नेतापुत्र नेतागिरी और दबंगई को अपनी विरासत समझकर ही जीवन का आरम्भ करते हैं। छात्रसंघ में अपनी रंगारंग छवि के साथ नेतागिरी करते हुए नेतापुत्र आगे बढ़ते हैं और एक न एक दिन नेता रूप में स्थापित हो ही जाते हैं।

32

नेताओं के टीवी शो

मोदीजी वास्तव में लोकप्रिय नेता हैं। जितने बड़े शासक हैं उतने बड़े फ़कीर। कभी कहीं ड्रम बजाते मिल जाते हैं, कभी मोरों के बीच में ध्यान लगाए हुए।

एक बार बियर ग्रिल्स के साथ जंगलों, नदियों में घूमते हुए पाए गए। तब हमारे मन में आया कि जब मोदीजी सब कुछ कर ही रहे हैं तो एक एपिसोड मास्टरशेफ़ का भी होना चाहिए। मोदीजी क्या पकाते हैं और कैसे पकाते हैं, पता तो चले! जो भी पकाते हैं उसकी ख़ुशबू भी बर्तन से बाहर नहीं निकल पाती और उनके पकाए हुए व्यंजन का स्वाद सबको अलग अलग कैसे लगता है?

एक एपिसोड डांस इंडिया डांस का भी बनता है। इतने बढ़िया कोरियोग्राफ़र हैं, सारी मीडिया और विपक्ष को अकेले नचा रहे हैं।

उसके बाद मोदीजी पोटली बाबा की फिर से शुरू कर सकते हैं। पोटली खोलकर बच्चों को रोज़ कहानियाँ सुनाएँगे। कैप्टेन व्योम में विश्वप्रमुख बन सकते हैं। चाहें तो शक्तिमान फिर से शुरू कर के आखिरी में छोटी-छोटी मगर मोटी बातें वाला भाषण दे सकते हैं। मोदीजी हैं, कर भी सकते हैं।

हो सकता है मोदीजी सुबह-सुबह आस्था चैनल पर बाबा रामदेव की जगह बैठे हुए कपालभाती करते दिख जाएँ और हो भी सकता है कृषि दर्शन में पशुओं की देखभाल के विषय में बताते मिल जाएँ। मोदीजी का भरोसा मत करना क्या पता किसी गुमनाम मंदिर में कीर्तन चल रहा हो और वहाँ बैठकर करताल बजाते दिख जाएँ। एकाध एपिसोड एफटीवी वाले उनके फैशन के ऊपर तो निश्चित ही बना सकते हैं। रैंप पर भी एक बार हो ही जाना चाहिए। कभी रेडियो पर बउवा वाले एपिसोड में भी आ जाएँ तो कोई बड़ी बात नहीं है।"बउआ जी मैं मोदी बोल रहा हूँ।" मोदीजी ये सब कर सकते हैं।

बात सिर्फ़ मोदीजी की नहीं है, दूसरी तरफ़ उनको टक्कर देने का प्रयास करने वाले युवराज भी कम नहीं हैं। दो चार ट्रेवल शो तो उनपर भी बन सकते हैं। नाम चाहे "फोर्बिडन डेस्टिनेशंस" रख लें, "सीक्रेट वकेशंस", देश में घूमने निकलना है तो कोई भी जोड़तोड़ो यात्रा नाम रख लें। बुंदेलखंड में शो का नाम "सत्ता की चाहत, लल्ला की गदबद" भी बुरा नहीं है। लेकिन शो अवश्य बनना चाहिए। आजकल दौड़ रहे हैं। यह पता नहीं कि दौड़ने की प्रेरणा उन्होंने फारेस्ट गंप से ली है या गंप की नकल करने वाले लाल सिंह चड़्ढा से। दोनों फिल्मों में चरित्र दिव्यबुध्दि वाले होते हुए भी अपने जीवन में अनेक कार्य कर डालते हैं। सफल भी होते हैं। संभवतः यही प्रेरणा कुंवर साहब की पी.आर. एजेंसी वालों ने ली होगी और ऐसी यात्रा का आयोजन कर डाला जिसमें युवराज भागेंगे। अमेठी से वायनाड तो पहले ही भाग गए थे, अब और भागेंगे। कांग्रेसी उनके साथ भागेंगे। कुछ सेलिब्रिटी भागेंगे, कुछ बाल कलाकार। युवराज ज्ञान देंगे और दाढ़ी बढ़ाकर सद्दाम वाले भेष में भी दिखेंगे। प्रवचन भी देंगे और ऊर्जा के अवशोषण का सिद्धांत भी लोगों को समझाएंगे। कैसे घुटनों के बल बैठकर सिर झुकाकर सामने वाले की ऊर्जा को अवशोषित किया जा सकता है। वैसे ही जैसे उनके परनाना ने अंग्रेजों से देश की सत्ता स्वयं में अवशोषित कर ली थी।

युवराज अपनी प्रतिभा का भरपूर प्रदर्शन कर रहे हैं। कभी कुम्हार का चाक चलाते हैं, कभी पाक कला का प्रदर्शन करते हैं, कभी क्रिकेट खेलते हैं, कभी बाइक रेस करते हैं। कुल मिलाकर स्वयं को सर्वगुण संपन्न प्रमाणित करने के लिए वो सब कर रहे हैं जो कर सकते हैं, केवल राजनीति छोड़कर। बस वहीं चूक जाते हैं जब उनसे पूछा जाता है कि आप सत्ता पाना तो चाहते हैं लेकिन उसके बाद क्या करना चाहते हैं? वहाँ वे आरएसएस और बीजेपी को कोसने के अलावा अपनी योजनाओं का ख़ाका नहीं समझा पाते। वोक-वामपंथी "बुद्धिजीवियों" को नेता भी ऐसा ही चाहिये, सर्वगुण संपन्न हो बस दिमाग न लगाता हो। ताकि उससे जो चाहे करवाया जा सके। उन्हें चेहरा चाहिए दिमाग नहीं, फिर युवराज का चेहरा तो खानदानी है। अभी देशाटन पर निकले युवराज आनंद उठा रहे हैं, उनकी पार्टी के कार्यकर्ता उनको भागते देख आनंदित हो रहे हैं। मीडिया उनको कवर करने से आनंदित है।

आनंद तो आजकल जेल में बंद दिल्ली के जेल मंत्री भी उठा रहे हैं। जहाँ दिल्ली के मुख्यमंत्री उन्हें भारत रत्न दिलवा रहे थे, वे आजकल ड्राई-फ्रूट सलाद को लेकर कचहरी में गुहार लगा रहे हैं। दिल्ली की सरकार वैसे तो विज्ञापन बनाने में सिद्धहस्त है किन्तु जिस प्रकार से आजकल उनका "मंत्रीजी जेल में हैं" नामक

वेब-सीरीज चल रही है। शीघ्र ही विज्ञापन से डेली सोप और बिगबॉस जैसे रियलिटी शो इनकी पार्टी पर बनाए जा सकते हैं। अन्यथा किसको क्या पड़ी है कि जेल में मंत्री जी क्या खा रहे हैं, कौन सा थे-रेपिस्ट मंत्री जी की मसाज कर रहा है।

ख़ैर, मन्त्री हैं, इतना ऐशोआराम तो उन्हें संवैधानिक रूप से मिला हुआ है। अन्यथा एक चिड़ियाघर के भालू ने तो उसे वातानुकूलित कमरे में रखे जाने का दावा भी किया था। हो सकता है मंत्री जी अपना अल्पसंख्यक वाला कार्ड खेलना भूल गए हों और भालू ने खेल दिया हो। भालू के लिए तो कार्ड खेलने के लिए तो सारी दुनिया तैयार थी। हो सकता है कानून की दृष्टि में मंत्रीजी भालू जितने विशेष प्रकार के अल्पसंख्यक नहीं है। बस एक प्रश्न यह उठता है कि ये छोटे-छोटे ट्रेलर दिखाकर उनके विरोधियों को क्या मिल रहा है? पूरी फिल्म ही एक बार में क्यों नहीं रिलीज़ कर देते, चाहें तो किसी ओटीटी वाले को अधिकार भी बेच दें। जब जनता बिग-बॉस जैसा कार्यक्रम देख लेती है तो जेल में बंद नेता को देखना तो कितने लोगों को पसंद आएगा, टी.आर.पी. रिकॉर्ड तोड़ देगी। यह भी हो सकता है कि अन्य पार्टियों के नेताओं को उनकी पार्टी से जुड़ने की प्रेरणा मिले। जेल जाने पर इतनी सुविधा मिलती है तो इनकी पार्टी के लिए जेल जाने वाले पंक्तिबद्ध होकर खड़े हो जाएंगे। हो सकता है माल्या, नीरव मोदी आदि भी इनकी पार्टी से जुड़कर धन्य हो जाएँ और इनके पार्टी के कर्ताधर्ता यह कहते हुए सबको अपना लें कि भाजपा को रोकने के लिए कुछ ही करना पड़े तो करेंगे।

इस पार्टी के नेताओं पर पुराने कार्यक्रम जैसे रोडीज़, सीआईडी भी शुरू करवाए जा सकते हैं। दस का दम तो आए दिन खेलते रहते हैं - "कितने प्रतिशत भारतीय चाहते हैं कि देश में हमारी सरकार बननी चाहिए?" उत्तर एक भी है तो ९९ बता देते हैं। गोल मोल पोल और मिसकॉल मारो सरकार बनवाओ वाली पार्टी के शो सुपरहिट हो सकते हैं। समस्या बस यह है कि दिन में २५ घंटे प्रेस कॉन्फ्रेंस करने से फुर्सत मिले तो इनके आगे के कार्यक्रम बने।

33

कलाकार

कलाकार कलाकार होता है, कलाकार औरत या आदमी नहीं होता, बस कलाकार होता है। कलाकार की पहचान यह है कि वह कलाकारी करता है। कलाबाज़ी दिखाता है और कलाकंद खाता है। कलाकार की पहचान उसकी कला होती है और कला का प्रदर्शन करना उसका अधिकार। कला का प्रदर्शन वह या तो भगवत्कृपा से प्रेरणा लेकर, भावविभोर होकर करता है अथवा किसी अवसर विशेष पर, ऐसा कलाकार पूजनीय है। फिर कुछ कलाकारों के लिए कला ही साधना के साथ आजीविका भी होती है, वे वंदनीय होते हैं।

कुछ लोग कलाकार होकर कला का प्रदर्शन कलदार के लिये करते हैं और कुछ लोग कलदार के लिए कलाकार न होते हुए भी कला का प्रदर्शन करते हैं। ऐसे लोगों को भांड कहना अधिक जँचता है, भांडों को पुरस्कार भी अधिक मिलते हैं। तुक्के की तुकबंदी वाले राष्ट्रकवि हो जाते हैं, धुनें चुराकर धुनकने वाले संगीतज्ञ हो जाते हैं। अपने मन की कुंठाओं का भौंडा चलचित्र बनाने वाले फिल्मकार और हकलाने, तुतलाने वाले अभिनेता हो जाते हैं। अभिनय के नाम पर गालियाँ देने वाले फिल्मफेयर पाते हैं और बाकी अफेयर में फंस जाते हैं। अभिनेता जब तक अभिनय करते हैं तब तक कलाकार या कलाकार की पूँछ हो सकते हैं, किन्तु जैसे ही अभिनय से हटकर कुछ करते हैं वे कुछ और हो जाते हैं। वैसे उनका कुछ और करना भी उनका एक प्रायोजित कार्यक्रम ही होता है। चाहे वह तख़्ती टाँगकर किसी मामले में टाँग अड़ाना हो या टाँग दिखाकर मीडिया में ध्यानाकर्षण प्रस्ताव लाना।

एक ज़माने में कलाकार होते थे तो उनकी फिल्में सुपरहिट-हिट होती थी। नहीं चली तो फ्लॉप। लेकिन आजकल के कलाकारों में कला तो रही नहीं, जो हैं सो धातुविहीन लकार हैं। इनकी फिल्में हिट-सुपरहिट-फ्लॉप आदि गुणों से दूर,

वायरल होना ही पसंद करती हैं। इनका बिल से निकलना वायरल फ़िल्म के आने का नोटिस है। ऐसे लोगों को कलाकार कहना चाहिए या कलंकार यह कोई गहन शोध का विषय नहीं है। अभिनेता मंच पर महानायक, खलनायक, विदूषक कुछ भी हो सकता है, किन्तु वास्तविक जीवन में कोई उम्मीद नहीं करनी चाहिए।

34

दिल्ली दर्शन:कुछ दृश्य

उन्होंने सोशल मीडिया पर किसी छद्म अकाउंट पर लॉग इन करके चारों तरफ़ मचे उत्पात पर दृष्टि डाली। भड़काऊ मैसेज, ख़बरों और लोगों की प्रतिक्रियाओं को देखकर एक ठंडी सांस ली, डंडा उठाये हुए पुलिसकर्मी की फोटो को रिट्वीट किया और मन ही मन दोहराया "बड़ी विडम्बना है।"

मन ही मन मुस्कुराते हुए अर्बन नक्सलियों के पूजनीय, प्राइम कुमार अंदर तक आनन्दित थे। टीवी देख-देखकर उनका मन वैसा ही हो रहा था जैसे बचपन में मिथुन की फिल्मों के क्लाइमेक्स के समय होता था। वे उछल-उछल कर तालियाँ बजाना चाहते थे, लेकिन बजा नहीं पा रहे थे। उनके सुख में भी बड़ी विडम्बना है।

चार क्लिप किये हुए फोटो, आठ-दस एडिटेड वीडियो और कुछ आउट-ऑफ़ कॉन्टेक्स्ट वीडियो वगैरह अपने गिरोह में फैलाते हुए, जब दो चार लड़कों पर बरसते डंडे देखे तो उन्हें लगा कि बस अब छात्र उबलने वाले हैं, और वह जेपी बनने ही वाले हैं। उनके मन में विडंबना के लड्डू फूट पड़े।

उन्होंने कोट पहना, टाई लगाई, अपनी ख़ुशी को छुपाते हुए बिलकुल मनहूस ही शक्ल बनाई और निकल पड़े। स्पीच तैयार थी। शोषण और तानाशाही के विरोध में लोग निकले हैं तो कुछ तो करेंगे ही। राष्ट्रीय सम्पत्ति में से अपने हिस्से पर थोड़ी बहुत तोड़-फोड़ कर लेंगे तो किसी का क्या बिगड़ जाएगा? आंदोलन में कुछ न जले तो आंदोलन कैसा। किस बात का आंदोलन है, यह जानना जरूरी नहीं है। आंदोलन करके क्या मिलेगा इसको समझकर कोई करेगा भी क्या। आपका काम आंदोलन करना है, और आंदोलन करना ही ज़रूरी है, आपको अगर कुछ भी पता नहीं है तो

भी आंदोलन कीजिये। डर का माहौल है।

मुझे तो बोलना ही है, सो बोलूंगा ही, बोलने के आलावा मैं कर भी क्या सकता हूँ, सच में मिलाकर झूठ और झूठ में मिलाकर सच, मैं कुछ भी बोल सकता हूँ। आपको समझना है तो समझिये नहीं तो आप आंदोलन कीजिए। ये आंदोलन ही आज की तस्वीर है। आहा! क्या विडम्बना है।

"दृश्य दो"

"आप तो मुख्यमंत्री हैं, आप क्या क़दम उठाने जा रही हैं?"- एक पत्रकार ने पूछा।

"अमी कोदम नोई उठाबो, मार्च कोरबे। विरोध कोरबे ।"

"लेकिन आप विरोध करने निकल पड़ेंगी तो राज्य कौन संभालेगा?"

"ओपने आप सोम्भलेगा। अमी मार्च सोम्भलेगा ।"

"लेकिन वह लोग हिंसा कर कर रहे हैं! ट्रेन जला रहे हैं।"

"कितना ट्रेन जलाया?"

"पाँच!"

"उ लोग बहुत सारा है, बहुत कम जलाया है। ई नोइन्साफी है। केंद्र सरकार तानाशाही हैं, हमारे गरीब बांग्ला मानुष को ठण्ड में जलाने के लिए ट्रेन भी नहीं भेजता है।"

"आमि प्रोटेस्ट कोरबे।"

"कैसी बात कर रहीं हैं? आपको तो परिस्थिति सम्भालनी चाहिए।"

"ये केंद्र सरकार आमार वोटबैंक को बांग्लादेश भेजना चाहती है। जब वोटबैंक ही नहीं होगा तो संभालेगा किसको? आमार वोटबैंक सोनार वोटबैंक। इसलिए अमी मार्च कोरेगा। जॉय बंगला। एन्जॉय दंगला।"

"दृश्य तीन"

अरे यार जमानत, तुमसे दिलों में आग लगाने को कहा था, तुम दिल्ली में आग लगा आए। स्मार्टमैन ने कहा।

मैं तो उधर था ही नहीं। ऐसा बोल दूँगा।

मफलरमैन - बोलने से क्या होगा, हमारे cctv में तो सब आ जाएगा।

स्मार्टमैन - हमको मालूम था ऐसा ही कुछ होगा इसलिए हमने लगवाए ही नहीं।

• 94 •

मफलरमैन- ओये होए, इसीलिए तो हम तुम्हारे कायल हैं। लेकिन इन बसों का क्या करें, जल तो गई हैं।

स्मार्टमैन- बोल देते हैं, पुलिस ने जलाई हैं।

मफलरमैन - लेकिन मानेगा कोई?

फायरवुमन - मानेंगे कैसे नहीं, हम सब बोलेंगे तो मानना पड़ेगा। डाल दो फंदा पुलिस के गले में।

दे ट्वीट, दे ट्वीट।

टीवी - हम वह बस ढूँढ लाए हैं जिसपर स्मार्टमैन पुलिस पर आरोप लगा रहे थे।

मफलरमैन - कहाँ गए सब $@%#@*?

जमानत - मैं तो वहाँ था ही नहीं। अब भी कह रहा हूँ।

मफलरमैन - हमको सब पता है।

मफलरमैन (मीडिया से)- मैं तो टाइम माँग रहा हूँ जी कोई मिल ले। मेरे से कोई मिलना ही नहीं चाहता। कोई तो मिल लो।

"दृश्य चार"

बाहर गाड़ियाँ जल रही हैं, पुलिस लाइब्रेरी में तलाशी लेने घुस गई है।

लिबरल - ये ज़ालिम पुलिस है। स्टूडेंट को मारती है। स्टूडेंट निर्दोष हैं। बेचारे, प्यारे प्यारे, राजदुलारे, टॉफी को टप्पा, पानी को पप्पा कहते हैं। भोले हैं भावनाओं में बहते हैं। प्रोटेस्ट ही तो कर रहे थे। कौन सा तुम्हारे खेत चर रहे थे। ज़ालिम पुलिस मारती है, हाय बच्चे, हाय बच्चे।

पुलिस - तुम्हारे बच्चे अकल के कच्चे हैं, सारी दुनिया झूठी है बस वह ही सच्चे हैं। ये बताओ ईंट फेंकना कौन सा प्रदर्शन है। तोड़फोड़ करने में कौन सा आकर्षण है?

लि - प्रोटेस्ट करना तो इनका अधिकार है। उन्हें आप रोक नहीं सकते। कैंपस में घुसकर ठोक नहीं सकते।

पु - प्रोटेस्ट करने से किसने रोका है, लेकिन प्रोटेस्ट में पत्थर फेंकने और आगजनी करनेवालों को हमने ठोका है। जो पिटे वह छात्र नहीं थे, गुंडे थे।

लि - गुंडे नहीं थे छात्र थे। केवल दया के पात्र थे।

पु - तो पत्थर छात्रों ने फेंके?

• 95 •

लि - नहीं, फेंकना नहीं चाहते थे, वह तो उनपर चुड़ैल-प्रेत का साया था, उन्हीं ने ये सब करवाया था। उन्हें तो पता भी नहीं कि उन्होंने ऐसा कुछ किया है। एफ.आई.आर. छोड़िये तांत्रिक बुलाइये, सबके गले में ताबीज़ बंधवाइए। बरखा-रविश निकट नहीं आवे।

"दृश्य पाँच"

"पुलिस ने तुम्हारे ऊपर चार ट्वीट कर दिए हैं। चुपचाप अपने अपने घर चले जाओ वरना!!"

"वरना क्या थानेदार साहब?"

"वरना हमें मजबूरन दो ट्वीट और करने पड़ेंगे।"

"हमने भी ट्रेंड कराने के लिए हैशटैग तैयार कर रखे हैं। साथ में दो नज़्में भी। हमारे एक छू करने की देर है उसके बाद सेलेब्रिटियों और पत्रकारों की फ़ौज़ टूट पड़ेगी। तुमको इनकी भूख और तड़प मालूम नहीं है। तड़पते हुए ये भूखे टूटकर गिरेंगे तो फिर ट्वीट तो क्या कोई हैशटैग नहीं बचेगा। तुम ख़ुद को बचाने जाओगे तो तुम्हारे ट्वीट रिपोर्ट करके ब्लॉक कर दिए जाएँगे। हमारा पालतू जैक तुम्हारे अकाउंट को एक मिनट में सस्पेंड कर देगा। हम तैयार हैं। लगाओ निशाना और कर दो ट्वीट हमें टैग करके। हम भी देखेंगे किसका ट्वीट ज़्यादा रिट्वीट लाता है।"

"कानून के थ्रेड बहुत लंबे होते हैं। चुपचाप अकाउंट म्यूट कर के निकल जाओ।"

"ज़िंदगी में पहली बार तो रात, चाँद, सितारे और बगीचे देखने मिले हैं। ऊपर से बिरयानी और पाँच सौ नक़द। हमारा मन नहीं है। कौन जाए ये शाहीन की बगिया छोड़कर। जाओ जितने ट्वीट करने हैं कर लो।"

"हवलदार इन सबपर दो-दो ट्वीट करो"

"ट्विटर चार्ज।"

हैशटैग आंसू वाला इमोजी। हैशटैग हम भी देख ही रहे हैं।

"सेलेब्रिटी छू।"

सेलेब्रिटी - @$%%#^@ ट्वीट ट्वीट ट्वीट।

"पत्रकार छू।"

अखिल विपक्षीय रोंदू पत्रकार संगठन - हाय हक्कू, हाय हक्कू हाय हाय! पुलिस ने ट्वीट करके अत्याचार किया हाय।

यू.पी. पुलिस - इनका इलाज ट्वीटना नहीं है। पीटना है। चार को पीटिए सोलह चुप रहेंगे। और चाहें तो प्रतिदिन का 1 करोड़ का जुर्माना लगा दीजिये। प्रोटेस्ट में शामिल सेलेब्रिटी और नेताओं के घर नोटिस/बिल भेज दीजिये। साथ में लोगों को चिन्हित करके उनके घर नोटिस भेजिए। संपत्ति कुर्क कीजिए। नुस्ख़ा आजमाया हुआ है। सभी तरह के मानसिक भूत उतारता है ये नुस्ख़ा।

एक हज़रात ने यह नुस्ख़ा भी सुझाया है कि ट्वीट की जगह कुछ कॉकरोच शाहीन बाग़ में फ्लैगमार्च करने निकल पड़ें तो बात बन सकती है। यहाँ लाठी गोली की आवश्यकता ही नहीं। आधा दर्जन तिलचट्टे काफ़ी हैं।

35

सब गड़डमड़ड

सब गड़डमड़ड ही है। कांग्रेस भाजपा हो गयी है, भाजपा कांग्रेस हो गयी है। विकास बढ़ते-बढ़ते आगे निकल गया है। सत्ताधारी को ३०३ का आंकड़ा विश्वास की गारंटी नहीं लगता, प्रधानसेवक को ज़ोर से विश्वास लगा है, लेकिन कहीं का पकड़ते हैं तो कहीं से छूट जाता है।

न्यायपालिका अपराधियों को सरिया दिखाने की जगह नागरिकों को शरिया दिखा रही है। कहती है नहीं करेंगे कोई ठीक फैसला, न्याय हमारी जूती के नीचे, ले सके तो ले कर दिखाओ। कार्यपालिका अपने काम में लगी है। कहने को काम तो बेहिसाब हो रहा है लेकिन हालात नहीं बदल रहे हैं। जैसे कोई किसी की न सुन रहा है न सुनना चाहता है। चुनाव तक जो काटने दौड़ रहे थे वह अब चाटने दौड़ रहे हैं। विपक्षी समर्थक हो गए हैं और समर्थक विपक्षी हो गए हैं।

सदनों में कहीं विधायक को गुंडे की तरह उठाकर फिंकवाया जा रहा है और कहीं गुंडे को ज़बरदस्ती विधायक, मंत्री और यहाँ तक कि मुख्यमंत्री भी बनाया जा रहा है। पार्टी के कैडर से बेटी बचाओ नारा लगवाते हुए बलात्कार के आरोपी का पार्टी में माला पहनाकर अध्यक्ष स्वयं स्वागत करते हैं। सदस्यों की संख्या बढ़ाने के चक्कर में ऐसे गिरते हैं जैसे अगर वह गुंडा पार्टी में शामिल न हुआ तो ३०३ का बहुमत वैसे ही लुल हो जायेगा जैसे वर्ल्ड कप में न्यूज़ीलैंड का फ़ाइनल। कभी-कभी लगता है इतने सदस्य बनाकर करेंगे भी क्या? फिर लगता है चालाक लोग हैं आपके साथ चालाकी कर रहे हैं।

कल को मान लीजिए आपके घर के सामने सड़क खुदी हुई या नाली खुली हुई पाई जायेगी तो आप बताइए गाली किसे देंगे? और तो और पार्टी के सदस्य होने के नाते गाली स्वयं खाएँगे सो अलग। ऊपर नेता लोग तो आनंद करेंगे और जब

"

मोहल्ले में पानी नहीं होगा तो आप किसी को गाली नहीं दे पायेंगे? आखिर दल है आपका, सरकार है आपकी, यह कहते हुए मन मसोस कर रहना पड़ेगा। सदस्य बनने से कोई अधिकार तो मिल नहीं जाएगा, न ही पार्टी आपको कोई फण्ड देगी कि आप अपने मोहल्ले की नालियों को ढँककर अपने बच्चों को उनमें गिरने से बचा सकें, या खुदी हुई सड़कों को बनवा कर बुज़ुर्गों को गिरने से बचा सकें।

तो कुल मिलाकर सदस्य बनाकर आपके मन को गड्डमड्ड कर दिया जाएगा कि आप विरोध न कर सकें। जब स्वयं सत्ताधारी दल के सदस्य बन जाओगे तो शिकायत पहले तो करोगे नहीं, करोगे तो किसकी करोगे? फिर सरकार अपनी पीठ थपथपाएगी, देखो अब लोगों की शिकायतें कम आ रही हैं हम अच्छा काम कर रहे हैं। उसकी प्रतिक्रिया स्वरुप पार्टी के सदस्यों की छाती पाँच-छह इंच और चौड़ी हो जाएगी, वाह क्या नेतृत्व है! और इसी गड्डमड्ड में सत्ता बदलती रहेगी हालात नहीं बदलेंगे। हालात तो विपक्ष के भी ऐसे ही हैं। अगर ये लोग लानत हैं तो वह लोग आफ़त हैं। ये कूड़ा हैं तो वह करकट हैं।

उनका नेता ही कोई बन पा रहा है, भैया का रॉकेट जब औंधे मुँह गिर गया तो फैल कर फ्लैट हो गया, भैया उसमें मान मनौव्वल की हवा भरवाना चाहते थे लेकिन दीदी उधर बुलडोजर चलाकर अपना लॉन्चपैड बना रही हैं।

जहाँ उनकी बची-खुची सत्ता की पूँछ है वहाँ पत्रकार प्रोफेसर बनाकर पाले जा रहे हैं, और प्रोफेसर अफ़ेयर के चक्कर में निकाले जा रहे हैं। बिजली पानी का ठौर नहीं, दारु का ठिकाना बच्चे-बच्चे को पता है। सेक्युलरिज्म की आंधी है, हर प्रश्न का उत्तर गांधी है और आजकल गांधी रंगीन है।

हर रंग और डिजाइन में औक़ात और काम के अनुसार डिमांड में है। बिचौलियों की चाँदी है। चाँदी तो उन चन्दुओं की भी है जो ये ख़बर फैलाकर माहौल बना रहे हैं कि अयोध्या लेकर मथुरा-काशी छोड़ दो। साँस-प्यास-भूख में से केवल एक को कोई कैसे चुन सकता है भला? ये उन बिचौलियों का प्रस्ताव है या मौसम के गुब्बारों का अनुमान, ये तो भगवान जानते हैं या निर्णय करने में असमर्थ न्यायालय। जो भी माहौल है उसमें वरिष्ठ पत्रकारों के लिए *ओह माय गॉड ईट्स शॉकिंग* लिखकर हिंदी का राम नाम सत्य करने के अवसर बहुत हैं।

36

मीडिया को दिया गया सम्मान

वे सत्य कह रहे हैं। केवल सौ पत्रकारों को एक एक करोड़ मिल जाता तो कोरोना तो क्या किसी को सर्दी ज़ुकाम भी नहीं होता। महाराष्ट्र को देख लें। राजस्थान में उचित समय पर सम्मान और पेंशन आदि दे दिए गए थे। दोनों सरकारें सर्वश्रेष्ठ पैसा पहुँचते ही घोषित हो गई थी और मुख्यमंत्री 'बेस्ट'।

सरकार को पत्रकारों, लेखकों और कवियों को समय-समय पर अलट-पलट कर पुरस्कार-सम्मान वगैरह देते रहना चाहिए। नहीं तो वे भी सत्ता को रोटी समझकर पलटने पर उतारू हो जाते हैं। सम्मान वगैरह मिलने से कवियों की कविताओं में आंच नियंत्रण में रहती है।

मीडिया को दिया गया सम्मान कलियुग में गोदान के समान ही पुण्यफलदायक है। इससे सरकार उत्तम कार्य करने लगती है, मुख्यमंत्री लोकप्रिय लोकनायक हो जाते हैं, भ्रष्टाचार समाप्त होता है, कानून व्यवस्था उत्तम हो जाती है, अपराध छोटे-मोटे ही होते हैं, जनता में कोई दुःख नहीं रह जाता। पत्रकारों को अगर सम्मान न दे सकें तो लिफ़ाफ़ा दिया जा सकता है और लिफ़ाफ़ा भी संभव न हो तो फ़्लैट आदि देने से भी पत्रकार प्रसन्न रहते हैं। पत्रकार के प्रसन्न रहने पर राज्य में पाँच साल सुखपूर्वक राज किया जा सकता है। समाचारों में नकारात्मक ख़बरें नहीं आती। अगर पत्रकारों को प्रसन्न न कर सकते हों तो उन्हें सन्न, और सुन्न कर देने का विधान भी है। जब शासन ममतामयी हो तो पत्रकार अपनी सीमाओं में रहते हैं। ऐसी शासन व्यवस्था में पत्रकार देख सकते हैं, सुन सकते हैं। लेकिन लिखने बोलने की इच्छा नहीं करते। राज्य में सुशासन बना रहता है।

पत्रकारों पर किए गए उपकार ब्रह्मास्त्र की तरह कभी खाली नहीं जाते, वर्षों के उपकारों का परिणाम ही है कि पत्रकार आज भी देश को सोनिया की चिड़िया ही समझते और लिखते हैं। जिस सरकार में उनका हाथ हो उस की असफलता पर मीडिया दृष्टि भी नहीं डालती। वेस्ट सरकार का मुख्यमंत्री भी बेस्ट रहता है।

मीडिया को मनी मिलने के बाद एक चुहिया जैसे आधे राज्य के मेयर समान मुख्यमंत्री दिन में तीन प्रेसवार्ता कर सकते हैं। दो बार टीवी पर आ सकते हैं और अख़बार के पहले पृष्ठ पर विज्ञापन छपवा सकते हैं। क्रांतिकारी मीडिया की कृपा से समस्त संसार एक तरफ़, दिल्ली का बीमार एक तरफ़ हो जाता है।

प्रेसवार्ता तो आजकल अमेरिका के राष्ट्रपति भी करते हैं। वे रातभर चमड़े के जूते को पानी में गलाकर रखते हैं, और प्रेसवार्ता में लेकर पहुँच जाते हैं। उसके बाद प्रेसवार्ता में जूता पत्रकारों पर पड़ता है तो दुनियाभर में आवाज़ गूँजती है। चीन में पत्रकारों को विशेष सम्मान प्राप्त है। वहाँ तो पत्रकारों से अधिक काम भी नहीं करवाया जाता। बल्कि पत्रकारों को लिखने का कष्ट भी नहीं करना पड़ता। सरकार स्वयं ही समाचार लिखकर देती है। पत्रकार का काम उसे छापना होता है।

37

मैं गांधी बनना चाहता हूँ

वकील साहब के किस्से तो मशहूर हमेशा से ही हैं, थोड़े मग़रूर हैं, लेकिन आजकल तो छाए हुए हैं। वकील साहब को, उनके चमचे गांधी बनाना चाहते हैं। सिर्फ़ चमचे नहीं बल्कि वामपंथी गुट में भी यही गुटर-गूँ है कि बहुत दिनों से कोई गांधी नहीं आया वकील साहब को प्रोजेक्टर पर बिठाया जाए।

वैसे गांधी कौन नहीं बनना चाहता, यहाँ तक कि नेहरू की पुत्री भी गांधी बन गई। नेहरू रह सकती थी लेकिन गांधी हर नोट पर छपने वाले थे, अघोषित राष्ट्रपिता होने वाले थे, इसलिए गांधी होना नेहरू होने से ज़्यादा फ़ायदेमंद लगा हो शायद।

फिर उनके पुत्रों ने भी गांधी ही होना श्रेयस्कर समझा। सोनिया जी भी गांधी बन गई। अब उनके परिवार में सब गांधी हैं और जो गांधी नहीं हैं वह गांधी बनना चाहते हैं। वाड्रा कब गांधी हो जाएँगे किसी को पता भी नहीं चलेगा। ख़ैर, बात सिर्फ़ परिवार की नहीं है, और भी लोग गांधी हो जाना चाहते हैं।

गांधी बनने के कई तरीके हैं, जिन्हें कई लोगों ने आजमाया है। जैसे अन्ना को शौक चर्राया था गांधी बनने का। सोचा गांधी अनशन करते थे और लोग उनकी बात मान लेते थे, ऐसे ही अन्ना भी अनशन करेंगे और लोग उनकी बात मान लेंगे। ब्लैकमेल एक दो बार चलता है उसके बाद ड्रामा सबको समझ आ जाता है। तो कुछ-कुछ आंधी हैं, अन्ना आज के गांधी हैं जैसे नारों से बहुतों को मूर्ख बनाकर अन्ना गांधी बनने निकल पड़े और पोपट बनकर गाँव लौट गए। लेकिन लौटने से पहले ऐसे ऐसे कंजरों को जन्म दे गए जिन्होंने आगे जाकर बहुत कलह कोहराम मचाया।

एक तो अनशन वाली पोस्ट खाली होते ही उसपर जाकर बैठ गया। यह उसका गांधी बनने का दूसरा प्रयास था। पहला प्रयास तो यह था कि सोनिया जी उसे गोद लेकर अपना बेटा ही बना लें। उसका यह प्रयास तो सफल नहीं हो सका था। अनशन ने भी उसे गांधी तो नहीं बनाया लेकिन कुर्सी ज़रूर पकड़ा दी। ख़ैर, कुर्सी पाते ही उसके अंदर का गांधी जाग उठा। जैसे गांधी ने नेहरू के विरुद्ध बड़े कद के हर नेता को उठाकर कांग्रेस से फिंकवाया था वैसे ही कुर्सी मिलते ही चुन-चुनकर आवाज़ उठाने वालों को बाहर का रास्ता दिखा दिया। बाहर का रास्ता देखने वालों में से एक वकील साहब भी थे।

वकील साहब को लगा कि वह गांधी बन सकते हैं। उनके चमचों को तो लगा कि वह गांधी जैसे ही हैं। दरअसल गांधी और वकील साहब में बहुत समानताएँ हैं। गांधी भी वकील थे, वकील साहब भी वकील ही हैं। गांधी को भी धक्के मारकर ट्रेन से फेंका गया था, इनको भी पार्टी से फेंका गया। यहाँ तक कि लात मारने की बात भी की गई। गांधी जी की बहुत बेइज़्ज़ती की गई लेकिन वह कुछ नहीं बोले, वकील साहब ने तो लोगों से थप्पड़ भी खाए फिर भी कुछ नहीं बोले। गांधी को लगता था कि वह मुसलमानों के सच्चे मित्र हैं, वकील साहब तो मित्र से भी ज़्यादा हैं।

गांधी के हिसाब से वे सत्य के साथ प्रयोग करते थे, और वकील साहब असत्य के बीच-बीच में सत्य का प्रयोग करते रहते हैं। बल्कि हर असत्य को सत्य बना देने में निपुण हैं। लेकिन नहीं, इतने पर मत रुकिए, वकील साहब माफ़ी नहीं मांगते। गांधी मांगते थे या नहीं ये तो गांधीवादी ही बता सकते हैं।

अदालत कह रही है माफ़ी माँग लो, नहीं तो सजा देंगे लेकिन ये माफ़ी नहीं मांगने वाले। मतलब अड़ गए हैं और वामपंथियों को लगता है अड़ गए हैं तो ये गांधी ही हैं। ये इतने अड़ियल भी नहीं हैं जितने गांधी थे, दो-चार बार माफ़ी माँग चुके हैं। लेकिन इनको जेल जाने की इतनी जल्दी क्यों है जी?

हो सकता है क्लाइंट वगैरह से मिलना हो। तिहाड़ में इनके बहुत से क्लाइंट हैं, कोरोना के चलते मुलाक़ातें नहीं हो पाई हैं। तिहाड़ जाएँगे तो कुछ दिन खुलकर बातें मुलाक़ातें हो जाएँगी। हो सकता है यही सोचकर जेल जाना चाहते हों। जेल चले जाएँगे तो गांधी से एक और समानता हो जाएगी।

गांधी को फाइव स्टार जेल मिलती थी इनको इनके क्लाइंट वगैरह के साथ ही रख दें तो इनको कोई आपत्ति नहीं होगी। इतने से तो लगता है वकील साहब वास्तव में गांधी ही हैं। कोई शंका हो तो देख लीजिये दोनों की आँख पर चश्मा भी है। और फिर भी ज़्यादा बड़ी शंका हो तो देखिए इनके सिर पर बाल भी नहीं हैं। अब इससे बड़ा सबूत और क्या हो सकता है?

हालाँकि वकील साहब कह तो रहे हैं-नहीं नहीं, गांधी नहीं हैं, वह तो बस ऐसे ही। लेकिन मन में लड्डू तो उनके भी फूट रहे हैं और उनके अपने दाढ़ी वाले नेहरू के भी। राजनीति के नाम पर जिनको चंदा ही पचास रुपये मिलता हो, इतनी पब्लिसिटी मिल जाए, तो और क्या चाहिए?

नोट - अब कोई बॉलीवुड वाला महेश भट्ट को बॉलीवुड का गांधी कहने लगे तो हमसे मत कहियेगा, बाल तो उनके सिर पर भी नहीं हैं। लेकिन गांधी जी को खुजली थी ऐसा कहीं नहीं लिखा है।

38

जनहित याचिका

वैसे कोई मसखरा चाहे तो कोर्ट में दिन की हज़ार दो हज़ार जनहित याचिका डलवा सकता है जिसमें लिखा हो कि कोई सरकार के किसी क़दम से सुखी भी है। सरकार ऐसे सैकड़ों काम कर रही है। सरकार की योजनाओं से लाभान्वित लोगों को कम से कम एक एक याचिका डालनी चाहिए।

साथ ही प्रत्येक बूथ लेवल कार्यकर्ता को एक एक समूहिक याचिका भी डालनी चाहिए कि लोग सरकार से खुश है। अन्यथा न्यायालयों को पता कैसे चलेगा कि ऐसा कुछ है भी। दिन रात वामपंथियों के रुदन में चरण-नख से शीश तक डूबे हुए न्यायालयों को अवगत कराते रहिए। याचिका लगाते रहिए। भर दीजिये पेटीशनों से इनकी टेबलों को, अन्यथा ये आपके हितग्राही यही समझेंगे कि सब कष्ट भोग रहे हैं। फिर ये आपका हित कैसे साध पाएँगे।

कोर्ट का कहना भी सही है - दुःख में सुमिरन सब करें सुख में करे न कोय। हर दुःखी आदमी मुँह उठाये चला आता है सुखी कोई नहीं आता, यह दर्द उभर आया है।

जब कष्ट होता है तो याचिका भी लगाते हैं, तारीख़ें भी लगवाते हैं, परन्तु सुख में किसी ने ऐसा नहीं किया। दुःखी होते हैं तो सब कोर्ट चले आते हैं, बताने कि हम दुःखी हैं, कोई ये बताने नहीं आता कि हम सुखी हैं। कोर्ट जब सब के दुःख सुन सकती है तो सुख भी सुन सकती है। इसलिए आइये अपने सुखों की भी याचिका लगाइए। दुखड़ा तो सब लाते हैं, आप अपना सुखड़ा लेकर भी आइये। आदमी के सब सुख-दुःख की एक ही दवा है, वह है समय।

कोर्ट आपके सुख-दुःख पर भरपूर समय लगाने का आश्वासन भी देते हैं। यह कुछ उसी प्रकार की बात है कि भाई पेट हमारा भरा हुआ है, तुम ज़बरदस्ती हमें

खीर खिला रहे हो। हमें नहीं खानी खीर। तुम तो इस खीर में से वापस धान बनाकर हमें दो फिर हम इस धान को न्यूसमू पर बेचेंगे। हमें न्यूसमू चाहिए, पेट हमारा भरा हुआ है।

बात याचिका ही की हो रही है, लेकिन यह कोर्ट को कैसे पता चलेगा कि पेट तुम्हारा भरा हुआ, और कोई ज़बरदस्ती तुम्हें खीर खिला रहा है। तुम्हें नहीं खानी खीर। याचिका तो डालो कि पेट तुम्हारा भरा हुआ है। कहीं कोर्ट ने उनकी सुध ले ली जिनका पेट भरा हुआ नहीं है तो?

वैसे तो ये लोग ऊधम मचाये ही इसलिए हैं कि पेट इनका भरा हुआ है। खाली होता तो खेतों में काम कर रहे होते। अभी तो मजे से मुफ़्त का खाते हैं। काजू बादाम कनेड़ा से, कुदरती बिरयानी शाहीन बाग़ से आ रही है। पिज़्ज़ा-बर्गर के लंगर हैं, और भी बढ़िया ऑफ़र हैं।

याचिका लगाकर ये भी तो कोई बता दो जी, इसकी कहाँ से फंडिंग है। ऐसी भी क्या सेटिंग है? इनमें कुछ पाकिस्तानी हैं, जिनको आग लगानी है, इमरान इनका भाई है, दिल्ली के मालिक इनकी मूछों वाली भौजाई है, क्या उसने बोतल भी भिजवाई है? कुछ खालिस्तानी पप्पू हैं, दिल्ल एंग्री बर्ड हैं और ये बर्ड-फ्लू हैं।

योगेंद्र इनका मौसा है, जो बिना बुलाए पहुँचा है। दाढ़ी की खेती करता हैं, सबकी जड़ें कुतरता है। कोई याचिका लगाकर बता दो भाई ये कैसे हो गए बागी, इनकी किसानियत कैसे जागी? कोर्ट जी एक याचिका इनसे भी माँगिए ये आख़िर हैं क्या? किसान हैं? सलीम हैं? स्टूडेंट हैं? सेफोलॉजिस्ट हैं? कम्युनिस्ट हैं? आन्दोलनिस्ट हैं? या अपॉर्ट्यूनिस्ट हैं? एक याचिका डाल दो न जी।

वैसे तो अपना भारत महान है, यहाँ हर कोई किसान है। गाँव के ठेठ गंवार से लेकर काका पवार तक। हर कोई कहता है मैं भी किसान हूँ, मैं किसान का बेटा हूँ, मेरे दादा किसान थे या फिर मैं गाँव में रहता हूँ, मेरा पड़ोसी किसान है, मेरे पड़ोसी का साला किसान है। मेरे घर में जो कामवाली आती है उसके ससुराल वाले किसानों के खेत में मजदूरी करते थे। मतलब मेरा किसानी से सम्बन्ध हैं और मुझे कृषि सम्बंधित हर विषय पर बोलने का अधिकार है। बाकी सब पर धिक्कार है। सरकार पर भी धिक्कार है।

फिर ऐसे लोग मुँह खोलते हैं, और शुरू हो जाते हैं - असी किसान आँ। मेरी मक्की नौ रुपये किलो बिकती है और मैं चालीस रुपये का आटा लाता हूँ। बताओ इकतीस कहाँ गया। कोर्ट जी एक याचिका इनसे भी ले लो। पहले ये कोर्ट में याचिका डालकर बता दें कि ये कहाँ के किसान हैं। इनके इकतीस रुपये का हिसाब को कोर्ट ही देख ले। इनकी मक्की की बिक्री पर तब तक के लिए स्टे लगा दे जब

तक कोई इनकी मक्की चालीस रुपये में खरीदने तैयार नहीं हो जाता। चाहे तो कोर्ट मक्की को उन गोदामों में भरवा ले जहाँ पेंडिंग केसों की फाइलें पड़ी हैं। क्योंकि ये तो - किसान आँ।

और कोर्ट भी कह सकते हैं - असि कोर्ट आँ। हमारे पास पहले याचिका आती थी अब मक्की भी आती है। कोर्ट और किसान की आँ के बीच में दबी हुई एक किताब साँस लेने की कोशिश करते हुए दिखाई दी - असि कानून आँ। हमको संसद रो-गाकर बनाती है और ये एक तरह के आँ हमारी छीछालेदर कर देते हैं और दूसरी तरह के आँ स्टे लगाकर हमें भूसे के ढेर में दबा देते हैं।

39

संभावनाओं की तलाश

उड़ती-उड़ती ख़बर थी कि एक बड़े नेताजी पार्टी बदलने जा रहे हैं। सबको लगने लगा था कि आज नहीं तो कल बस होता ही होगा। फिर कुछ दिन बाद ख़बर आई ऐसा कुछ नहीं है सब अफ़वाह है। हो सकता है नेताजी पार्टी बदल रहे हों लेकिन बदलते-बदलते फिर रह गए हों।

नेताजी ने लगभग वही किया जो आईटी क्षेत्र का हर व्यक्ति एक न एक बार अपने जीवन में अप्रत्याशित वेतन वृद्धि पाने के लिए अवश्य करता है। नेताजी ने पहले साक्षात्कार के सामान्य प्रश्नोत्तर (FAQ) घोंट मारे। अपनी सिफारिश (रेफरल) के लिए अपने एक पुराने साथी का नाम रिज्यूम में डालकर सभी पोर्टलों पर अपना रिज्यूम अपलोड कर दिया।

जैसा कि होता है एच.आर. वालों के कॉल भी आए होंगे, साक्षात्कार भी हुए होंगे। कुछ टेलीफोन पर, कुछ आमने-सामने। टेक्निकल राउंड भी हुए होंगे और एच.आर. राउंड में 'स्ट्रांग विल पॉवर', 'टीम लीड', 'गुड लीडरशिप क्वालिटीज़', 'क्विक लर्नर', 'विलिंग टू मूव' आदि पर अनन्त चर्चाएँ भी हुई होंगी। उसके बाद एक्सपीरियंस और फाइनेंशियल डिस्कशन पर बात आई होगी, जहाँ इन्होंने 'जेन्युइन हाइक एज़ पर मार्किट स्टैण्डर्ड' माँगा होगा। एचआर ने दस प्रतिशत का ऑफर दिया होगा और इन्होंने पचास प्रतिशत माँगा होगा। एचआर के कानों में खून और इनके मन में डाउट आया होगा।

एक बार एंटरप्रेन्योर बनने का ख़्याल भी आया होगा और अपनी कंपनी (पार्टी) खोलने का विचार भी। फिर सोचा होगा रिसेशन का समय है, जो मिल जाए वह ले लेना चाहिए। किसी ने समझाया होगा भाई जो ऑफर मिल रहा है वह तो ले ले पहले। फिर नोटिस पीरियड में ढूँढना। कोई 'बेटर ऑफर' मिले तो इसे छोड़ देना।

फिर उन्होंने अपेक्षा से कम के 'ऑफर' को भी उठाकर त्यागपत्र (रेसिग्नेशन मेल) भेजा होगा-

आफ्टर सो मेनी इयर्स आई हैव टेकन डिसिशन टू मूव ऑन टू परस्यु बेटर कैरियर अपरट्यूनिटीज़। प्लीज एक्सेप्ट दिस मेल एस माय फॉर्मल रेसिग्नेशन एन्ड लेट मी नो माय लास्ट वर्किंग डे।

इसके बाद चालू हुआ होगा नोटिस पीरियड। एक-एक दिन, एक-एक घड़ी गिन-गिन कर निकलती होगी। ड्राफ्ट में एक विदाई पत्र (adieu mail) भी लिख दिया होगा -

आई थैंक माय सीनियर एंड माय मेंटर मिस्टर सी.एम. फॉर हिज सपोर्ट एंड गाइडेंस। आई हैव लर्न अ लॉट फ्रॉम हिम। सीनियर मैनेजमेंट स्पेशली मिस्टर अध्यक्ष जी इज़ माय इंस्पिरेशन। मिसेज़ सुपर अध्यक्ष जी इस लाइक मदर फॉर मी। इट वास् अ हार्ड डिसिशन फॉर मी टू पर्स्यु बेटर ऑपरटुनिटीज़ आउटसाइड द आर्गेनाइजेशन। आई विल मिस द सीक्रेट मीटिंग्स एन्ड अनकंडीशनल सपोर्ट फ्रॉम पल्लू, कल्लू एन्ड दल्लू।

न दिन कटते होंगे न रात कटते होंगे बेटर ऑफर की उम्मीद में रातों को सपने में भी इंटरव्यू होते होंगे और उधर मैनेजमेंट हमेशा की तरह कछुए की तरह सोता रहा होगा। बिल्ली की तरह घात लगावर आकलन करते हुए, चुपचाप नज़र लगाए हुए, इंतज़ार करता हुआ, यह जानने के लिए कि इसके पास सच में ऑफर है या ये 'इन्क्रीमेंट' और 'ऑनसाइट' माँगने की चाल है। सही मौके के इंतज़ार में बैठा रहा होगा।

पार्टी अध्यक्ष (मैनेजर) ने ऐसे व्यवहार किया होगा जैसे फ़र्क ही नहीं पड़ता। टीम लीड (प्रभारी) ने बाकी टीम (पार्टी) को कहना शुरू कर दिया होगा कि वह तो नालायक, निकम्मा और नाकारा है। जाए तो अच्छा जाए। टीम में टैलेंट की कमी थोड़ी है। हमको देखो हमऊ जादूगर हैं। सब डिलीवरी जादू से होंगे। जादू के कोड लिखेंगे जादू की रिलीज़।

उधर ऑफर देने वाला एचआर भी टीम लीड से कह रहा होगा, 'डाउटफुल कैंडिडेट' है। ऑफर दे दो लेकिन ज्वाइन करने पर डाउट है। फिर कुछ रेफरल बोनस वगैरह की बात चली होगी। कैंडिडेट अपने साथ बीस पच्चीस रेफरल भी लाने की बात कह रहा हो और जोइनिंग डेट कन्फर्म नहीं कर रहा हो तो डाउट तो होना ही था।

फिर एक दिन मैनेजमेंट (आलाकमान) का कॉल आया होगा नेताजी के पास, आओ बात करते हैं। फिर वहाँ गिले शिकवे दूर किये गए होंगे। अध्यक्ष जी ने कहा

होगा तुम हमारे ब्राइट नेता हो, बेस्ट परफार्मिंग हो, मैंने तो तुम्हारे लिए बड़े-बड़े प्लान्स बना रखे हैं और तुम हो कि जाने की सोच रहे हो?

यू हैव अ ब्राइट फ्यूचर अहेड, अगले सीएम कैंडिडेट तुम ही हो। बाहर कितनी हाइक मिली है बोलो, ऑफर लेटर दिखा दो उतना ही हम तुम्हें इधर भी देते हैं। और साथ में रिटेंशन बोनस भी।

फिर बात बन गई होगी और नेताजी ने टेकऑफ़ का मूड छोड़ दिया होगा। मन ही मन खुश हुआ होगा कि चलो यही इन्क्रीमेंट सही। एचआर सोचता होगा बेटा एक बार सिस्टम में 'रेसिग्नेशन विथड्रॉ' तो कर फिर बताते हैं। जितना इन्क्रीमेंट लिया है उतना वेरिएबल काट लेना है। और अगला नार्मल साइकिल वाला अप्रेज़ल वैसे भी नहीं देना।

इधर नेता जी भी खुश और पिछलग्गू भी। अध्यक्ष जी तो सुपर लीडर घोषित होंगे सो अलग। उधर नेता जी ने एक मेल और लिखा होगा -

डियर सर,

थैंक्यू फॉर योर ऑफ़र। बट ड्यू टू सम अनफ़ॉरसीन पर्सनल रीज़न आई विल नॉट बी जॉइनिंग योर आर्गेनाइजेशन। वी विल डेफिनेटली वर्क टुगेदर इन फ्यूचर।

बेस्ट रेगार्ड्स

अ पायलट हु कुड नॉट टेक ऑफ़।

उधर नेताजी के टीम-लीड(प्रभारी) मन में कुढ़ते होंगे कि पक्का तीस चालीस परसेण्ट हाइक उठाकर आया होगा। इधर की पार्टीवालों ने कहा होगा - मैंने पहले ही कहा था 'कैंडिडेट डॉउटफुल' है। अगले इंटरव्यू की तैयारी करो रे। अबकी बार फोन किसी शेरगिल का घनघनाया होगा।

40

संसद का शपथ सत्र

अंततः २०१९ का लोकसभा चुनाव भी संपन्न हुआ। परिणाम की चर्चा करते हुए पत्रकारों में भारी निराशा का संचार हुआ। निराश पत्रकारों में चर्चा हो रही थी कि सीट नरेंद्र मोदी को तीन सौ से अधिक मिल रही हैं, लेकिन जीत विपक्ष की हो रही है। मात्र अड़तालीस की उम्र में १२६ सांसदों का समर्थन युवा अध्यक्ष जी को मिला है। पिछली बार तो इतने में उनकी माता जी ने रिमोट वाली सरकार बना ली थी।

महाराष्ट्र में सत्ता से विपक्ष में कूदकर ताज़ा-ताज़ा कट्टर सेक्युलर बने दल अपनी राजनैतिक स्थिति का आकलन करते हुए मुम्बई की सड़कों पर भरे हुए पानी में डूब गए हैं। बेस्ट मुख्यमंत्री अभी अनुमान लगा रहे हैं कि उनके न होते हुए भी केंद्र सरकार को इतने वोट कहाँ से मिल गए। महाराष्ट्र में औक़ात का खेल एक निर्णायक मोड़ पर पहुँच गया।

चाँद मियाँ की बाबूगिरी, गिरते-पड़ते चतुर महालिंगम के चमत्कार वाले लहज़े में लरजते हुए गुम्बद की चोटी पर बैठ कर बांग दे रही है। चाँद मियाँ सोच रहे हैं कि कमल से उतरकर कीचड़ में तो नहीं धंस गए।

फ़िलहाल तो स्थिति यह है कि जिन्हें चुना जाना था वे चुने गए हैं, और संसद भवन में शपथ लेने की प्रक्रिया शुरू हो चुकी है। सांसद महोदय ओपनिंग के लिए संसद में पधार चुके हैं। आते ही उन्होंने पहले संसद का एक चक्कर लगाया। थोड़ी उछल-कूद की, थोड़ी दौड़ लगाई, फिर अपने स्थान पर पहुँच कर पैरों से चिसकर कुर्सी को खुरदुरा किया। अपना निशान बनाया। अध्यक्ष की तरफ़ दो उँगलियाँ दिखाकर कुछ इशारा किया, फिर पैरों से थोड़ा और घिसाई करके कुर्सी पर अपना स्थान पक्का किया। अध्यक्ष जी की कुर्सी के पीछे खड़े हुए लोगों को हटने का इशारा किया, और फिर सांसद महोदय दक्षिणपंथियों में बैठकर वामपंथी स्टैंड

लेकर खड़े हो गए।

शपथ लेना शुरू किया, शपथ की एक लाइन पढ़ते ही दौड़ लगाकर अध्यक्ष जी के पास जाकर खड़े हो गये। अध्यक्ष जी ने पूछा - ये क्या किया? वे बोले - सिंगल लिया है।

अध्यक्ष जी समझ गए, बोले जाओ फिर से स्ट्राइक लो, अब सिंगल मत लेना दो लाइन या चार लाइन ही पढ़ते हुए स्ट्राइक रखना बस एक ही ओवर मिलेगा। सांसद महोदय वापस पहुँचे और चार-चार शब्द पढ़कर शपथ पूरी की। शपथ लेने के बाद जब बाकी सांसदों ने मेज थपथपाई सांसद महोदय उत्तेजित हो उठे सीधे विपक्ष के नेता के पास पहुंचे और आँखों में आँखें डालकर खड़े हो गए।

विपक्ष के नेता घबराए बोले - ये कौन सा ट्रेंड चला है, ये क्या बला है? अध्यक्ष जी ने उत्तेजित सांसद को वापस बुलाया और बोला जाइए कवर में खड़े हो जाइए और मुद्दे कैच कीजिए विवाद नहीं।

उधर विपक्ष की ओर से शपथ की बारी थी, नई नवेली सांसद शपथ का टिकटॉक बनाने अड़ गई, बोली टिकटॉक के दम पर चुनाव जीता है, टिकटॉक नहीं तो शपथ नहीं। जनता को जवाब भी देना है। अध्यक्ष जी ने समझाया कि वे टीवी पर लाइव हैं तो सांसद महोदया ने फ़ौरन अपना मेकअप ठीक करते हुए शपथ वाला डायलॉग बोला।

एक नेता जी ने शपथ लेने के लिए मुँह खोला कि भवन महक उठा। उनसे मुँह को बंद करके शपथ लेने का अनुरोध किया गया।

सिंधिया जी के न रहने से राहुल जी के बगल में बैठकर ट्यूशन देने का काम किसको दिया जाएगा इसपर बड़ा असमंजस था। सोनिया जी से किसी ने थिरुनावुकरसर जी को बिठाने की बात कही। किन्तु राहुल जी के थू-थू करने की संभावना थी इसलिए यह काम तिवारी जी को सौंप दिया गया। उन्होंने चिट पकड़ाते हुए राहुल जी को शपथ दिलाई। राहुल जी ने पूरे संसद भवन में दृष्टि डाली, वे किसी से तो गले लगना चाहते थे, तीन चार उपयुक्त सांसद दिखे भी लेकिन तिवारी जी ने राहुल जी का पजामा पकड़ के रोक लिया। खड़गे जी की जगह शशि थरूर जी को लाने का विचार बना था लेकिन मारा-मारी का खतरा था।

संसद में ये मोडी-ये मोडी का राग गाने वाले नदारद थे, लालटेन बाहर हो गयी थी, आठ-दस हाथी जैसे बाहुबली अंदर घुस आए थे। मामला कभी भी गंभीर होने की सम्भावना थी। लेकिन दूसरी तरफ़ बैठे हुए गुरदासपुर के सांसद को देखकर सब चुपचाप शपथ पर शपथ लिए जा रहे थे। सबको अपने-अपने हैंडपंप प्रिय थे।

एक सांसद महोदया शपथ लेने उठी, कुछ वयोवृद्ध सांसदों को यौवन की अंगड़ाइयाँ याद आई। आह भरने ही वाले थे कि एक भारी सी आवाज़ आई, रहने दीजिये मम्मी, मेरे होते हुए आप क्यों शपथ पढ़ेंगी लाइए मैं पढ़ देता हूँ। मातृभक्ति देखकर दोनों गांधी माताओं ने अपने पुत्रों को देखा फिर नेत्र मूँद लिए।

वृद्धों ने सोचा इससे पहले कि ये एकाध को रफा-दफा करे, मन से विकार दूर कर देते हैं। छिछोरेपन में शरद यादव के न रहने से काफ़ी गिरावट दर्ज की गई। आजम खान स्कैनर बने हुए थे। उनकी एक तो गिनती सही नहीं बैठ रही थी दूसरा उनका मन उचट-उचट जा रहा था। वे बार-बार गिनते और बार-बार लोग ज़्यादा निकलते और स्कैन्ड प्रोडक्ट कम। उन्हें बाद में याद आया कि अपना वाला तो वे सूखने डाल आए हैं।

एक सांसद महोदय उत्तेजना संभाल नहीं पाए और बोले ओ.एम.जी! ओ.एम.जी! ओ.एम.जी! मुझे विश्वास ही नहीं हो रहा कि मैं शपथ ले रहा हूँ। अध्यक्ष जी के पास अंगद की तरह कूद के चढ़ गए और बोले एक सेल्फी प्लीज। झट से सेल्फी खींचे और ट्विटर पर अपलोड करके लिखा विथ लीजेंड लोकसभा अध्यक्ष जी। फिर उनकी दृष्टि मोटा भाई पर पड़ी। भौंहे तनी हुई थीं। चेहरा गंभीर हो रहा था। पूरे सदन में एकमात्र लाल रंग, एंग्री बर्ड लग रहे थे। अंगद को अपने कृत्य का बोध हुआ। तो उनके चरणों में झुक गया और बोला जय श्री राम। मोटा भाई ने कहा तेजस्वी भवः। माहौल थोड़ा शांत हुआ।

इतने में लंच ब्रेक के लिए संसद की कार्यवाही स्थगित हुई, सवा सौ सांसदों की झपकी टूटी। टिक-टॉक, टिक-टॉक करती घड़ी पर दृष्टि जमाकर बैठे हुए थरूर सीधे तृणमूल खेमे की तरफ़ लपके। जब तक पहुँचते तब तक देर हो चुकी थी।

लंच ब्रेक में सब बाहर की और भागे लेकिन रविकिशन वेल की तरफ़ दौड़े, एक सांसद ने पकड़ा, पूछा - "वहाँ कहाँ जा रहे हो?"

"वेल में पानी कितना है देख लें, थोड़ा बोतल में भी भर लेंगे?"

"पानी का वेल नहीं है जी।"

"फिर?"

"बस नाम का है।"

"अरे दद्दा, जिंदगी झंड बा फिर भी घमंड बा।"

उधर कैंटीन में कोई टेबल बजाने में लगा हुआ था, चार सांसद एक टेबल को घेरकर खड़े हुए थे, सांसद महोदय का टिफिन खुला रखा था, उसी की शान में महोदय गा रहे थे –

ऐ इन्टरनेशन्ल लिट्टी-चोखा जे खईलस ना पईलस धोखा... २,

यूपी चाहे बिहार में....गाड़ के झन्डा आई गईल हो जहाँ गईल सन्सार में..

एक सांसद महोदय जिनकी नाक में सीबीआई ने अभी-अभी नकेल डाली थी वे उदास बैठे थे, सोच रहे थे इससे अच्छा तो विधायक बने रहते। इतने में एक सांसद इडली का थाल लेकर उनकी आरती करने लगे, बोले मेरा दोस्त अब तुम इडली खाओ। अब ये छोटा लुंगी इडली खिला-खिला कर मारेगा। इसी रसम में डूब कर जान न दे दूँ उन्होंने सोचा और दांत पीसने और मुस्कुराने के बीच की भावभंगिमा बनाई।

सांसद जी देखते ही समझ गए, अध्यक्ष जी को भी इडली मैं ही खिलाता था। तुम्हारी सिर्फ़ नाक में नकेल है, मेरे से पूछो। दोनों के बीच दुःख का रिश्ता बन गया और दोनों चुपचाप इडली खाने लगे।

इतने में यू.पी. के पिता-पुत्र एक टेबल पर बैठे दिखाई दिए। एक भाजपाई ने छेड़ दिया भौजी नहीं आईं भैया? और आज टिफिन भी नहीं भेजा क्या? कम से कम पूड़ी भेज देतीं सब्जी तो कैंटीन में मिल ही जाती।

भैया जी बोले वो हाथी पे ठीक से चढ़ नहीं पाती हैं, इसीलिए नहीं आ सकी। कह रही थी सोने की साइकिल पे चांदी की सीट लगाकर आओ और साथ लेकर जाओ तभी आएँगी। तुमको क्या दिक्कत है? हमाई भूख से तुमको ज़्यादा दिक्कत हो रही तो लाओ राजमा चावल इधर देओ हम बाद में तुम्हें पूड़ी खिलाएंगे।

रहने दो भैया तरस गए तुम्हारी पूड़ी के इंतज़ार में, पहले वाले ने कहा।

एक बुंदेलखंड के सांसद ने बुंदेलखंड के दूसरे सांसद से कहा आओ - रोटी खा लो, भटा की सब्जी है। सांसद महोदय ने एक दृष्टि खाने पर डाली, फिर कुछ सोचा। फिर कुछ और सोचा। फिर आँख बंद करके कुछ मन्त्र पढ़े फिर कुछ और सोचा। पहले वाले ने कहा बैठ जाओ ज़्यादा न सोचो।

दूसरे वाले ने हाथों से कुछ इशारा किया और पहले वाले समझ गए। इतने में लंच समाप्त होने का समय हो गया और सारे सांसद भवन में वापस पहुँचे और शपथ का कार्यक्रम फिर आरम्भ हुआ। संयोग से बुंदेलखंड के दूसरे वाले सांसद का नाम पुकारा गया।

वे खड़े हुए, नीचे के होंठ को थोड़ा अंदर की ओर और ऊपर का होंठ तोते की चोंच समान बाहर निकाला, गर्दन थोड़ी ऊपर की और बोले अबई पान खाओ है मैडम पाँच मिनट बाद ले ले हैं, अबे दूसरे की करा देओ।

सदन में गड़गड़ाहट गूँज उठी।

41

समस्या

हमें समस्या अत्यंत प्रिय है। जब तक समस्या है तब तक हम हैं और जब तक हम हैं तब तक समस्या है। समस्याओं का होना हमारे लिए प्राण वायु के होने जैसा है। हमें समस्याओं से बहुत लगाव है, जो समस्या होती है वह हम बनाये रखना चाहते हैं, और जो समस्या नहीं है, हम वह समस्या उत्पन्न कर देते हैं। समस्याओं के प्रति हमारा प्रेम इसी बात से झलकता है कि हमने समस्या को ही अपना अध्यक्ष बना रखा है।

जब कोई समस्या नज़र नहीं आती तब हम समस्या कहीं न कहीं से ढूँढ लाते हैं। जैसे कश्मीर की समस्या और चीन के साथ समस्या। हम जो करते है वह समस्या बन जाता है, और जो नहीं करते वह घोर समस्या। समस्या तो हमें बहुत है, जो हमारे पक्ष में न हो उस न्याय से समस्या। अगर हम चुनाव हार जाएँ तो ईवीएम से समस्या। अगर जनता वोट न दे तो जनता से समस्या। कोई आईना दिखाए तो आईने से समस्या। हिन्दी से समस्या, हिंदू से समस्या। राम से समस्या, परिवार के अलावा हर नाम से समस्या।

जो सिर पर पड़ता है उस काम से समस्या। जनता के आराम से समस्या। क्योंकि सूरज भगवा हो जाता है इसलिए सुबह से समस्या और शाम से समस्या। हम कितने समस्या ग्रस्त हैं हमें इसके अनुमान से भी समस्या है। हम तो उस आदमी को ढूँढ रहे हैं जिसने हमारे माथे पर लिख दिया - इनके साथ समस्या है। चाहते तो समाधान कर सकते थे लेकिन समाधान हो जाता तो हमारी रोटियाँ और बोटियाँ कैसे मिलती? इसीलिए समस्या को बनाये रखते हैं। हम कोई भी मुद्दा कभी सुलझने नहीं देना चाहते। समस्या हमारा जन्मसिद्ध अधिकार है, और समस्या पैदा करना हमारा राजनैतिक कर्तव्य।

जो भी समस्याओं को सुलझाने का प्रयास करता है हमारे हिसाब से वह दोषी है। जब तक देश उलझा रहेगा हमारा मजा रहेगा। हम लोगों को समस्या-प्रधान जीवन देने के लिए कृतसंकल्प हैं। सब के जीवन में सदा कोई न कोई समस्या लगी रहनी चाहिए, ताकि हम जो कर रहे हैं वह कोई देख समझ न सके। अगर समस्या नहीं हो तो आप इन्हें हटाइए हमें लाइए। समस्या हमारे साथ आएगी। समाधान हमारे लिए विष है। हम समस्या की हड्डी को चूसते-चूसते अपना सारा जीवन व्यतीत कर सकते हैं। समस्या हमसे सुलझ जाये ये हो नहीं सकता, कोई और समस्या को सुलझा जाए ये हम होने नहीं देंगे।

42

सरकारों के दावे

कुछ सरकारें कभी-कभी ऐसे दावे करती हैं कि उनके सत्ता में आने से पहले न कुछ था, न उनके बाद रहने वाला है। जो कुछ हुआ वह उन्होंने किया और जो वो कर रहे हैं वो कभी संसार में कभी हुआ ही न हो। ऐसा ही कुछ दिल्ली की वर्तमान सरकार के दावे हैं। वे कुछ भी करते हैं वह विश्व में पहली बार ही हो रहा होता है। कई बार तो पुरानी परियोजनाओं, कार्यालयों आदि का दूसरी बार किया गया उद्घाटन हो या किसी ऐसी योजना को शुरू करना जो किसी राज्य में पहले से ही चल रही हो। लेकिन जब दिल्ली के मालिक एक बार कह देते हैं कि ऐसा दुनिया में पहली बार हो रहा है तो फिर मीडिया भी यही गाना सुनाती है कि मालिक के राज में ऐसा पहली बार ही हुआ है। मीडिया बिना कुछ जाने ही मालिक जो कह देते हैं उसका गुणगान करने में लगी रहती है।

अगर मालिक यह कह दें कि दिल्ली में उनके सत्ता में आने से पहले आकाश नहीं था। जो आकाश था वह अम्बानी नामक व्यापारी का था। तो मीडिया दिन-रात चला सकती है। सारे देश के अख़बार इसके विज्ञापन में भरे जा सकते हैं कि लोग जब मुँह ऊपर उठाकर देखते थे तो उनकी आँखों में धूल भर जाती थी। दिल्ली पर जब से मालिक की कृपा हुई तो उन्होंने आकाश की स्थापना की। वे स्वयं अलादीन वाली कालीन पर उड़कर जाते और आकाश में झाड़ू लगाकर आते थे। जिससे उनके द्वारा स्थापित आकाश साफ़ रहता था। मालिक स्वयं दिल्ली में निःशुल्क मिलने वाले जल से आकाश को कभी-कभी धोते भी थे, जिससे दिल्ली में वर्षा की उत्पत्ति हुई।

वर्षा में जल नीचे गिरता, जिससे वायु भी स्वच्छ हो जाती। दिल्ली के निवासी इस चमत्कार को देखकर आश्चर्यचकित हो गए थे। जहाँ पीने को जल भी बाहर से

आता हो वहाँ आकाश से जल भूमि पर गिरे तो आश्चर्य की ही बात थी।

मालिक का राज्य स्थापित होने से पहले शिक्षा की कोई व्यवस्था नहीं थी। यह क्षेत्र वनों से घिरा हुआ दूरस्थ स्थान था जहाँ पहुँचना कठिन था। सतपुड़ा के घने जंगल दरअसल दिल्ली में ही हुआ करते थे जिसके लिए एक बड़े कवि ने एक लंबी कविता लिखकर ऊंघते अनमने जंगल की संज्ञा दी थी। यहाँ ताड़ी और बीड़ी पीनेवाले आदिवासी भी रहते थे जो नक्सलवाद से प्रभावित थे, उन्हें स्थाई आवास एवं सुविधाएँ मुहैया करने के लिए कालान्तर में जे.एन.यू. की स्थापना की गयी थी। किन्तु दुर्गम स्थान होने के कारण वहाँ कभी कोई विद्यालय खुला ही नहीं। दिल्ली के बच्चे जंगल में गुलेल बनाना और शिकार करना ही सीखते थे। उसके बाद जब मालिक ने इस अति पिछड़े क्षेत्र पर शासन स्थापित किया और तब स्कूल खोले। अन्यथा कहाँ इस क्षेत्र में स्कूल वगैरह थे।दिल्ली में जो क्रान्ति हुई वह मालिक के कहने से हुई। उसी क्रान्ति को सारे संसार में फैलाने के लिए अब मालिक ने अन्य राज्यों और केंद्र सरकार को आदेश देने शुरू कर दिए हैं। मीडिया भी बड़े-बड़े पन्नों में उनके आदेश को ऐसे छाप रही है जैसे दिल्ली के मालिक न हों राष्ट्रपति का आदेश हो। राष्ट्रपति ही क्या यूँ कहें कि महारानी एलिज़ाबेथ की मृत्यु के पश्चात सीधे दिल्ली के मालिक ही नए सम्राट घोषित कर दिए गए हैं और अब उनका आदेश ही सर्वोपरि है। कुछ भी हो लाख पेंच होने के बाद भी सत्ता हथियाना और तमाम नट-नटनियों के साथ मिलकर सत्ता चलाना कोई छोटी-मोटी बात नहीं है और मीडिया का इसमें अभूतपूर्व योगदान है।

43

पहले आप

जब नेताजी नेता बने तब से उन्होंने बनाना शुरू कर दिया था। नेता कहते उन्होंने एक्सप्रेस-वे बनाया, लोग कहते उन्होंने सड़कें बनायीं जो बरसात में उधड़ गयीं। वे कहते उन्होंने इमारतें बनवाई, लोग कहते उन्होंने अपनी पार्टी के दफ़्तर बनवाये। वे कहते हमने सारे शहर में कलाकृतियाँ बनवायी, लोग कहते उन्होंने अपनी ही मूर्तियाँ और अपनी पार्टी के चुनाव चिन्ह को चारों तरफ़ चिपका दिया। वे कहते हमने व्यवस्था बनाई है और लोग कहते बेवकूफ बनाया है। नेताजी इतना कुछ बनाते रहे लेकिन बड़े ही दुःख की बात है कि अपने लिए घर नहीं बना पाए। लोग मज़ाक में नेताजी से पूछते इतनी संपत्ति है घर बनवाये क्यों नहीं? नेताजी बोले एक बार एक मुशायरे में एक शायर कह रहे थे -

लोग टूट जाते हैं एक घर बनाने में,

तुम तरस नहीं खाते बस्तियाँ जलाने में

हमने सोचा कौन कमर तुड़वाये इसलिए नहीं बनवाये। ये तो नेता कहते, लोग कहते - बनाये तो बहुत हैं, लेकिन रहते सरकारी वाले में हैं। सरकारी वाला मुफ़्त का है और माल-ए-मुफ़्त दिल-ए-बेरहम की तर्ज़ पे छोड़ा नहीं गया। जब वो मंत्री बने तब भी ये बंगला उनका था, और जब वो मंत्री नहीं रहे तब भी ये बंगला उनका ही है और अगर ये कोर्ट का हुक्म न होता तो ताउम्र इनका ही रहता, और उसके बाद इनकी ही समाधि बन जाता। अब जब कोर्ट ने बंगला खाली करवाने का आदेश निकाल ही दिया है, तो दिल हाय-हाय कर उठता है। 'बड़े बेआबरू होकर इस बंगले से हम निकले' वाला अहसास हो रहा है।

एक नेताजी तो कहते हैं बंगले से निकलेंगे तो रहेंगे कहाँ, हम फ्लैट ढूंढ रहे हैं भाई, और जनता कह रही है, आधा लखनऊ आपके चच्चा और अब्बा का है और

आप फ्लैट ढूंढ रहे हैं? करोड़ों की घोषित संपत्ति है नेताजी की और इनके पास रहने को घर नहीं है। यकीन मानिये नेताजी फिर बना रहे हैं।

दूसरी देवी जी तो और ऊँची चीज़ निकली अपने बंगले को पहले ही एक स्मारक में बदल दिया और सरकार देखती रह गयी अब निकाल लो किसको निकलोगे। जब ये नेता बनी तो ये बंगला अपने नाम लिखवा लिया था, कहती थी कोई और आसरा नहीं, गरीब बाशिंदे हैं। अब लोग कह रहे हैं, ये हड़पने के हथकंडे हैं।

एक और नेता जी है, वे न बंगले में रहते हैं न आते हैं, लेकिन छोड़ते नहीं है, दिल्ली में भी ले रखा है और लखनऊ का छोड़ा नहीं जाता। ये तो उनकी लखनऊ से मुहब्बत समझिये। प्रश्न यह है कि इनको ये बंगले इस तरह मिलते कैसे हैं? नेताओं को बंगले मिलते बड़े खुले दिल से हैं। दो भाई अगर सांसद हैं तो दोनों अलग बंगले लेंगे। पिता-पुत्र अगर सांसद हैं तो पिता पुत्र अलग-अलग बंगले लेंगे। यहाँ तक कि अगर पति-पत्नी दोनों सांसद हों तो बंगले के लिए शपथ पत्र दे सकते हैं कि दोनों अलग रहते हैं। फिर कहना ये कि मिल रहा था तो ले लिया।

एक नेताजी नए-नए उभरे थे बोले बंगला नहीं लेंगे, गाड़ी नहीं लेंगे, जनता जिताए तो। जब जीत गए तो आज उनके पास गाड़ी है, बंगला है, बैंक बैलेंस है। लोग बस एक हाय निकालकर ख़ुद से पूछते हैं हमारे पास क्या है? उनके बंगले में आज लाखों के परदे हैं, दस-दस टीवी हैं, करोड़ों का फर्श है, अर्श धोने के लिए लाखों का स्वचालित कमोड है और जनता के पास खुदा हुआ रोड और इनकी ऐय्याशियों का बोझ है।

इस देश का छोटे से छोटा आदमी नेताओं का पेट भरता है। नेताओं की गाड़ियों का बोझ ढोता है। नेताओं की यात्राओं को प्रायोजित करता है। लेकिन जब ख़ुद की छत बनाने की बारी आती है तो कभी घास की कभी टीन की छत डालकर, कभी खपरैल के नीचे भी सुखी रह लेता है, सब अपने छोटे-छोटे घोंसले बना कर खुश रहते है, और नहीं भी बना पाते तो किराये के कमरों में ही खप कर मर जाते हैं। अगर देखा जाए तो आदमी की पूरी ज़िंदगी की आधी कमाई केवल अपने स्तर का घर बनाने में खर्च हो जाती है। लेकिन आदमी आदमी है और नेता, नेता। नेताओं को मिलने वाली सुविधाओं से किसी को कोई शिकायत नहीं है बस लोगों को उम्मीद यह है कि ये नेता बस थोड़े से ईमानदार हो जाएँ। बाकी अपनी इज़्ज़त अपने हाथ।

हालांकि नेताजी की तहज़ीब और लखनऊ का पानी है जो उन्हें रोके हुए हैं। जितने नेता हैं और सब पहले आप पहले आपके चक्कर में छोड़ नहीं पा रहे हैं। चलिए नेताजी, ईमानदारी दिखाइए, बाकी अपने आप पीछे आएंगे, पहले आप...

44

आठ डॉलर का नील मुकुट

ट्विटर जगत में हायतौबा मची हुई है। जो ट्विटर लिब्रल-वामपंथियों की नई लंका लगभग बन ही चुकी था, अचानक एक पूंजीपति ने खरीद लिया। अधिग्रहण की ख़बर आते ही दक्षिणपंथियों को लगने लगा था कि पवनसुत ही हैं जो मस्क का रूप धर कर वामपंथियों की लंका जलाने निकल पड़े हैं।

"मस्क" समान रूप कपि धरी।

लंकहि चलेउ सुमिरि नरहरी॥

पूंजीवादी के हाथ में आते ही उसनें कमाई के साधन ढूंढने शुरू कर दिए। मुफ़्त न रहने से दुखी तो सभी नीलमुकुटधारी हुए, लेकिन चंदे की उगाही से धंधे की कमाई के बारे में सोचते ही ट्विटर के वामपंथी कर्मचारियों के हाथ-पाँव फूल गए। रिसेशन में जाते अमेरिका में ट्विटर के वामपंथ की और झुके कर्मचारी चाहकर भी नौकरी छोड़कर नहीं जा सकते, हाँ उन्हें निकाला ज़रूर जा सकता है। कुछ निकाले भी गए, कुछ पर नकेल भी कसी गई। कुल मिलाकर पूंजीपति मस्क के हाथ में आते ही ट्विटर पर वामपंथियों की टाँय-टाँय ऐसे शुरू हो गई जैसे उनके टें बोलने के दिन आ गए हों। सबसे अधिक दुःख तो पत्रकारों को हुआ।

कल तक जो नीलमुकुट "लिब्रल प्रिवलेज" हुआ करता था, अचानक अब आठ डॉलर का हो गया। भारत ही नहीं दुनिया भर के नीलमुकुटधारी जो इसको अपना विशेषाधिकार समझते हुए इतराते थे अचानक बिलबिला उठे। आठ डॉलर केवल नीलमुकुट के?

'केवल नीलमुकुट', अगर अर्थहीन है तो चाहिए ही क्यों? अगर चाहिए ही है तो मूल्य देकर क्यों नहीं ले सकते? लिब्रल प्रिवलेज था भाई, चुन-चुन कर दिया जाता था, अब कोई भी ऐरा-गैरा आठ डॉलर में ले लेगा। फिर विशेष वाली बात रह कहाँ जाएगी? लेने को तो वामपंथी विष भी चंदा इकठ्ठा कर के ही लेते हैं, सो ये आठ डॉलर भी कहीं न कहीं से चंदा इकट्ठा करके जुटा ही लेंगे। उनके लिए तो कल भी पैसे पप्पू देगा वाली बात थी, आगे भी रहेगी। कल तक पाँच रुपये मांगते थे अब छह मांग लेंगे। क्राउड फंडिंग से लिंग परिवर्तन से लेकर विदेश यात्राओं तक के लिए पैसा जमा करने वालों के लिए यह कौन सी नई बात होगी? उन्हें कौन सा अपनी जेब से देना है, लेकिन समस्या आठ डॉलर नहीं है, समस्या है जो इस नीलमुकुट के साथ जुड़ी हुई प्रतिष्ठा थी अब उतनी नहीं रह जाएगी। ऊपर से नीलमुकुट देखकर यह तो पता चल ही जाएगा कि किसके पास पैसा है। फिर किस मुँह से वो गरीबी वाली कहानियाँ बनाएंगे? किस मुँह से टमाटर आलू के भाव पर रोना रोयेंगे? उससे बड़ी बात तो ये कितने ऐसे महानुभाव होंगे जो मुफ़्त न होने की वजह से अपना नीलमुकुट त्याग पाएंगे? त्याग देंगे तो अपने उठने बैठने वालों को क्या मुँह दिखाएंगे? क्या कहेंगे अपने चेले चपाटों से जिन्हें अपना नीलमुकुट दिखाकर रौब दिखाते थे?

जैसे मध्यम वर्ग में कोई वस्तु बजट से बाहर और आवश्यकता न होने पर भी लेना पड़ती है, क्योंकि पड़ोसी उसे प्रतिष्ठा का प्रश्न बना देते हैं, वैसे ही क्या अब नीलमुकुट हो जाएगा? क्या इसी होड़ में ये आज के नीलमुकुटधारी पैसे देकर भी अपना नीलमुकुट बचाएंगे?

बचाएँ, न बचाएँ, हज़ारों सरकारी और निजी संस्थाओं से तो ट्विटर की कमाई तो भरपूर हो ही जानी है। एक भूतपूर्व पत्रकार टाइप आवेदक नीलमुकुट न मिलने से परेशान थे, लेकिन अब अचानक पैसे की बात आने से सोच में डूब गए हैं - लें, कि न लें? कहते फिर रहे हैं षड्यंत्र के तहत हमारा अकाउंट वेरिफाई नहीं किया जा रहा।

उधर ट्विटर के आधुनिक मंडल जी बिफर पड़े हैं। कह रहे हैं इसमें हमको कोई छूट तो देनी थी। वैसे मस्क किस्मत वाले हैं कि वो भारत में न हुए। हुए होते तो उन्हें न जाने कितनों को नीलमुकुट बस इसलिए देना पड़ता कि उनकी कम्पनी चल पाए। नहीं तो लोग 'छीन के लेंगे' पर उतर आते। सरकार इसमें भी आरक्षण लागू कर देती। हो सकता है कोई नीलमुकुट सेस लगाकर गरीबों, पिछड़ों, दलितों अल्पसंख्यकों के साथ मंत्रियों, संतरियों के नीलमुकुट का खर्चा निकाल लेती।

केजरीवाल मुफ़्त बिजली के साथ मुफ़्त नीलमुकुट का वादा चुनाव में कर देते। या हैंडसम सिसोदिया जी एक बोतल ब्लू लेबल के साथ ब्लू-टिक मुफ़्त की योजना निकाल देते। बंगाल में नीलमुकुट के नाम पर कोई चिटफंड शुरू हो जाता। तृणमूल सरकार बांग्लादेशियों को चुन-चुनकर आधार कार्ड, राशन कार्ड के साथ नीलमुकुट भी देने लगती। पंजाब वाले सरकार से नीलमुकुट पर न्यू.स.मू मांगने धरने पर बैठ जाते। दक्षिण भारत में चुनाव में कोई द्रमुक पार्टी घर-घर जाकर नीलमुकुट घर-घर लगा आती। पास्टर लोग प्रार्थना सभा में नीलमुकुट ऐसे दिलवाते जैसे व्हीलचेयर से लंगड़ों को उठाकर चला देते हैं।

उत्तर प्रदेश वाले कहते सिर्फ़ अयोध्या, काशी, मथुरा को नीलमुकुट दे दो बाकी सब भाड़ में जाओ। बिहार में कोई नीलमुकुट दिलवाने के लिए कोचिंग सेण्टर शुरू हो जाता। मध्य प्रदेश में मामाजी नीलमुकुट को समग्र कार्ड से जोड़ देते। पटवारी परीक्षा में नीलमुकुट अनिवार्य कर दिया जाता।

कोई न कोई गुजराती मस्क से कोई डील कर के डीलरशिप ले लेता और नीलमुकुट दिलवाने का बिजनेस डाल देता। ब्लू-टिक न मिलने पर आत्मदाह की धमकी देने वालों की ख़बरें अख़बारों में आतीं। ऐसी भी ख़बरें आतीं कि फलाँ मास्टर के लड़के ने पंचर की दुकान पर काम करके पैसे जोड़े और ब्लू-टिक लिया।

उधर पाकिस्तानी अपनी आदत के अनुसार ब्लू टिक जिहाद शुरू कर देते। मौलवी बताने लगते कि जेहाद में मरने के बाद हूरों के साथ ब्लू-टिक भी मिलता है। नीलमुकुट मुफ़्त होने पर हलाल और पैसे लगने पर कुफ्र घोषित कर दिया जाता। JNU में एडमिशन के साथ नीलमुकुट दिया जाने लगता। कोई दावा करता की ब्लू-टिक में जो ब्लू है वो बाबा साहब के कोट का ब्लू है, इसलिए ब्लू-टिक पर पहला अधिकार मूलनिवासियों का है। हो सकता है कुछ नव बौद्ध यह दावा कर डालते कि नीलमुकुट को बौद्ध धर्म से चुराया गया है चालीस हज़ार साल पहले की किसी बौद्ध मूर्ति में पहले से लगा हुआ नीलमुकुट वाली तस्वीरें वायरल हो रही होती। दो चार दन्त कथाएँ भी किसी ग्रन्थ में निकल आतीं। जैसे कहीं बुद्ध प्रवचन दे रहे थे तभी अचानक एक कुत्ता आ गया, कुत्ता प्रवचन सुनने लगा। प्रवचन सुनते सुनते ही उसे ब्लू-टिक प्राप्त हो गया और वह वेरिफाइड कुत्ता घोषित हो गया।

प्राचीन काल में अंगुलिमाल उन सबकी उँगलियाँ काट लेता था जिनके पास ब्लू-टिक होता था। क्योंकि वे उस समय भी फिल्दी-रिच लोग होते थे। बाद में वही अंगुलिमाल ने थ्रेड लिखना शुरू कर दिया और लेखक बन गया।

कोई यह दावा भी कर ही देता कि ब्लू-टिक दरअसल मुग़लों की देन है। तैमूर भारत को लूटने नहीं ब्लू-टिक देने ही भारत आया था। ब्लू-टिक बाबर ऊँट पर

लादकर अफगानिस्तान से लेकर आया था और अकबर दरबार लगाकर लोगों को ब्लू-टिक बाँटता था। औरंगजेब के पास ख़ुद के ब्लू-टिक थे।

कुछ आधुनिक इतिहासकार इसका श्रेय नेहरू, गांधी या राजीव जी को दे देते। राजीव जी कम्प्यूटर लाए थे इसलिए आज ब्लू-टिक मिल रहा है, लेकिन उनके योगदान को वर्तमान सरकार आदर नहीं देती। हालाँकि उनका लड़का ख़ुद को कोड़े मारता घूम रहा है। जो सबसे ज़्यादा कोड़े खाएगा राहुल जी अपने हाथ से उसे ब्लू-टिक देंगे। ख़ुद को कोड़े मारने से तो ब्लू-टिक मिलता है ऐसा सुनते ही कांग्रेस कार्यकर्ताओं में ख़ुद को कोड़े मारने की होड़ लग जाती। ईद पर बचकर मुहर्रम पर नाचने की बात करने वाले ताज़ा-ताज़ा अध्यक्ष बने खड़गे जी यह सोचकर प्रसन्न होते कि मुहर्रम के जुलूस में ऐसे ही ख़ुद हो कोड़े मारते हुए सभी कांग्रेसी निकलेंगे। ब्लू आइस वाले थरूर की बांछें खिल जाती। दिग्विजय सिंह सोचते कैसे जुलूस में दस्तख़त करके हाजिरी लगाई जाए और बिना कोड़े खाए ब्लू-टिक लिया जाए।

वैसे तो पुलिस और प्रशासन के लोग ट्विटर के दफ़्तर पर दबिश देकर हर महीने पूरे स्टाफ के लिए ब्लू-टिक ले ही आते। बाकी सरकारी संस्थाओं को डर के मारे ख़ुद ही दे दिया जाता। न देने पर अगर सुप्रीम कोर्ट संज्ञान लेकर केस दर्ज न करता तो कोई न कोई पी.आई.एल. वीर पी.आई.एल. डाल ही देता कि जहाँ अस्सी करोड़ लोगों के पास खाने के पैसे नहीं हैं उनके पास ब्लू-टिक के लिए पैसे कहाँ से आएंगे? जिसपर कोर्ट आदेश देता कि जब तक मामला कोर्ट में है तब तक किसी से आठ डॉलर न वसूले जाएँ। मामला कोर्ट में एक बार जाता तो सालों तक न सुलझता और ब्लू-टिक से कमाई की योजना धरी रह जाती।

फ़िलहाल तो स्थिति यह है कि जहाँ दुनिया भर के लोग तरह-तरह की बात कर रहे हैं, वहीं मस्क हर बात पर विनोदपूर्ण उत्तर देते हुए कुशल व्यापारी की तरह कह रहे हैं मुफ़्त कुछ नहीं - लाओ मेरा आठ डॉलर।

45

अनुभव

अनुभव उन्हें उतना था जितना विपक्षी टीम में खेल रहे लड़कों की आयु का योग। बल्लेबाजों में बल्लेबाज, खिलाड़ियों में खिलाड़ी, शातिरों में शातिर जाने जाते थे। वो टीम में थे, ज़रूरत थी इसलिए नहीं, बल्कि इसलिए कि उनका कोई विकल्प नहीं था, या फिर किसी विकल्प को विकल्प माना ही न गया था।

वो कप्तान भी थे, और जब कप्तान नहीं थे तो भी वो कप्तान ही थे। कहने को टीम का कप्तान कोई और था लेकिन मैदान में क्या करना है इसका फैसला वो स्वयं करते थे। गेंदबाजों को सलाह वो देते ही थे, टीम में उनका एक काम अंपायर का भी था, मौके बे मौके पर अम्पायरिंग करते हुए ज्ञान भी छौंक देते थे।

मैच चल रहा था विपक्षी टीम ने बड़ा लक्ष्य खड़ा कर दिया। तब इन्होंने अपनी टीम और दर्शकों को समझाया देखो उनका बल्लेबाज अच्छा खेला इसलिए इतना बड़ा लक्ष्य बना। देखो मैदान छोटा था इसलिए उन्होंने छक्के मार दिए।

देखो उन्होंने रिवर्स स्वीप किए और हमारे गेंदबाजों को सेटल नहीं होने दिया। पिच पट्टा थी इसलिए गेंद नहीं घूमी। तरह-तरह की बातों के बाद कहा हम सब साथ खेलेंगे तो जीत जाएँगे, लक्ष्य प्राप्त कर लेंगे। दर्शकों ने मोही-मोहि-मोहि के नारों की गर्जना की और महान खिलाड़ी और उनकी स्वधन्य टीम आनंद में डूब गयी।

बल्लेबाजी शुरू करने से पहले ही उन्होंने सब बल्लेबाजों को दो-दो ढक्कन विश्वास के पिलाए और बोले हमें पहले मैदान का, गेंद का, पिच का और गेंदबाजों का विश्वास जीतना होगा। हम विश्वास जीतेंगे तो मैच जीत ही जाएँगे। सभी ने तालियाँ बजाई और मोही मोही ...

बल्लेबाजी शुरू हुई तो ओपनरों ने विश्वास जीतने के चक्कर में रन बनाने से मना कर दिया। बोले पहले विश्वास जीत लें फिर मैच का सोचेंगे। फिर गेंदबाज तो गेंदबाज थे, उन्होंने गेंदें ऐसी फेंकी जैसे कश्मीर में किसी युवा ने सेना पर पत्थर फेंका हो। ओपनर ने वापस लौटने में भलाई समझी।

बोले आगे वाले देखो, वो तेज फेंक रहा है, हमसे नहीं संभल रहा। खेल बढ़ा आधी टीम वापस जाकर बैठ गई। कोई विश्वास ही न जीत सका, कोई किसी का साथ ही न दे सका, कोई दस बीस से ज़्यादा स्कोर का विकास ही न कर सका। तब स्वयं अवतारी बल्लेबाज, अंपायर, अविकल्प श्रीमंत मैदान में उतरे।

सभी ने हाथ जोड़े और जय मोही का नारा लगाया, फिर बोले अब बेड़ा पार होगा। कोई लक्ष्य इनके सामने छोटा ही है। 303 हो या 353 अबकी बार सब पार। खेल बहुत बाकी था, लेकिन जो मैदान विपक्षी टीम के लिए छोटा था वो अचानक बड़ा हो गया। जो गेंद घूम नहीं रही थी वो दीवाली की चकरी बन गयी।

पहली पारी में गेंद को छूने के बहाने ढूँढने वाले बल्ले ने गेंद को छूने से ऐसे मना कर दिया जैसे उसने सुट्टा लगाने के बाद सेण्टर फ्रेश या कमलापसंद नहीं चबाया हो, और मुँह से बास आती हो। गेंद जैसे ही बल्ले की तरफ़ आती वो मुँह फेर लेता। रन पैदा होते भी तो कैसे, ऊपर वाले की देन तो होते नहीं। लक्ष्य बड़ा और और ओवर कम हुए, लेकिन लोगों ने कहा मोही कुछ बड़ा करने के मूड में है। दूसरे छोर पर बल्लेबाज ने कहा मैं तेज खेलूँ? तो स्वधन्य बल्लेबाज ने कहा रुको और कुछ ओवर जाने दो फिर कुछ बड़ा करेंगे। और ओवर निकले, छोटे ज़रूरी रन लेना आवश्यक नहीं था और बड़े रन मिलते न थे।

सब कहते बस अब कुछ बड़ा होगा। और स्वधन्य बल्लेबाज ओवर की छह की छह गेंदों पर दही बड़ा बनाकर धर देते। दूसरी छोर से बल्लेबाजों ने कहा खेलो तुम्हीं खेल लो हम चलते हैं और वे भी चलते बने। लोगों ने फिर भी सोचा कुछ बड़ा.....।

लक्ष्य दूर भी नहीं था पास भी नहीं था, चाहते तो बना भी सकते थे लेकिन बस वो विश्वास जो जीतने निकले थे वो नहीं मिल रहा था। जो करने मैदान में उतरे थे बस वही नहीं करते थे, जैसे उनका लक्ष्य मैदान में खड़ा रहना है जीतना नहीं। दर्शक बड़ा बड़ा-बड़ा करते रहे और खेल नीरस समाप्त हो गया।

बाद में मीडिया में जाकर वे बड़े-बड़े मुँह से बोले विपक्षियों की वजह से हम जीत नहीं पाए। उनका कप्तान कमज़ोर था लेकिन अंपायर भी तो उनके ही थे, एक तो पाकिस्तानी भी था।

एक तो उन्होंने लक्ष्य बड़ा रखा ऊपर से उनकी फील्डिंग के सिस्टम की वजह से हमारे शॉट सीमा तक पहुँची नहीं। हमारी हार हमारी हार नहीं है, हमारा प्रयास था, और हार के लिए हम ज़िम्मेदार नहीं हैं, विपक्षी टीम है। हम केवल जीतना ही नहीं चाहते थे बल्कि उस अंतिम बॉलर के खाते में विकेट पहुँचाना चाहते थे जिसमें हम सफल रहे हैं।

दर्शकों ने कहा यार कोई विकल्प लाओ इनका।

46

यह बस्ती नहीं हटेगी

हाल ही में दो घटनाएँ घटी, एक पूंजीपति के हाथों वामपंथियों का 'मुखपत्र' चैनल को बिक गया और उसी पूंजीपति को सरकार ने एक ऐतिहासिक झुग्गी को विकसित करने का ठेका दे दिया। काफ़ी समय हुआ किसी पूंजीपति की झुग्गी पर नज़र पड़े हुए। अब शायद वो दृश्य देखने मिलें जिसमें, पूंजीपति अपने आदमियों के साथ बुल्डोजर लेकर झुग्गी की तरफ़ आ रहे हैं। नेता जैसे दिखने वाले एक शुभचिंतक नेता झुग्गी के लोगों को जमा कर के खड़े हो गए हैं। उधर ताजा ताजा 'आज़ाद' हुए पत्रकार कुमार, झोला टांगे अपनी साइकिल से टिककर खड़े हुए हैं। आँखों पर मोटा चश्मा, बाल बिखरे हुए, आधे सफ़ेद, चेहरे पर विडंबना साफ़ झलक रही है। हाथ में पेन और नोटपैड, खादी का कुर्ता और जींस पहने हुए, इस घटना का ब्यौरा लिख रहे हैं। पीछे से एक महिला अपनी काली इनोवा से उतर कर आ रही हैं, वही सफ़ेद साड़ी में, बड़ी सी गोल बिंदी लगाए। इतनी बड़ी कि उसे बिन्दा कह सकते हैं।

आंदोलन जीवी, झोला टांगे एक दुकान पर चाय सुड़क रहे हैं। आँखें सड़क पर गड़ाए हुए। संदिग्ध, जैसे झोले में कुछ बम रखा हुआ हो। पूंजीपति के साथ पुलिस भी है। पूंजीपति की गाड़ी धीरे-धीरे बढ़ रही है, पूंजीपति गाड़ी के बीच में से खड़ा हुआ चारों तरफ़ देख रहा है। सामने झुग्गी। नाला। भीड़। नंगे बच्चे। बच्चों के बदन पर लिपटी धूल। एक छोटे बच्चे के हाथ में पुंगा। हैंडपंप। हैंडपंप के आगे कुप्पियों और बाल्टियाँ की कतार। सिर पर पानी के घड़े उठाए दो औरतें।

एक अंधे गरीब कमज़ोर से दिखने वाले मुल्ला जी, जिन्होंने सफ़ेद टोपी लगाई है। देखने से लगा रहा है कि बस अभी पूछेंगे - इतना हल्ला सा क्यों है भाई? पर अभी उन्हें सब पता है। एक लुंगी पहने हुए छिछोरा सा दढ़ियल, जिसके हाथ में

एक लाठी है। एक नारियल पानी वाला जिसके हाथ में हंसिया है। उसने बुल्डोजर को देखा और ज़ोर से हंसिया एक नारियल पर दे मारा है। एक कसाई की दुकान जिसमें लटकते हुए मांस पर मक्खियाँ भिनभिना रही है। कसाई सड़क की तरफ़ देखता है और सामने पड़े मांस को काटता है। खट्ट।

ए.एन.आई. वाले अभी भी दिल्ली सरकार की महत्त्वपूर्ण प्रेस कॉन्फ्रेंस में हैं। ताजा ताज़ा बिके चैनल के पत्रकार, जो अब तक पार्टी के अघोषित प्रवक्ता/ प्रचारक थे, वे अब चैनल छोड़कर पार्टी के घोषित प्रवक्ता नियुक्त हुए हैं, उसी महत्त्वपूर्ण बात को स्वयं मुख्यमंत्री प्रेस कांफ्रेंस कर के बता रहे हैं। उन्होंने वही नीली बुशर्ट पहनी हुई है। इतनी बड़ी बुशर्ट कि उसमें नवनयुक्त प्रवक्ता जी भी समा सकते हैं।

झुग्गी में कुछ टीवी वाले खड़े हुए हैं, प्रसारण चल रहा है, अब जलेगी पाप की लंका। अपराध का अड्डा है झुग्गी लेकिन अब आएगा झुग्गी में विकास। टीवी चैनल के स्टूडियो में पर लाइव प्रसारण के साथ चल रही है बहस, कांग्रेस के प्रवक्ता कह रहे हैं यह हमारी सांस्कृतिक विरासत मिटाने की साजिश है। टीएमसी नाराज दिख रही हैं, कोई बंगाली कह रहा है, ऐसे तो गुंबई का फीलिंग ही खोतम हो जाएगा।

स्त्री शक्ति भी पीछे नहीं है। एक सपेग्दपोश भद्र गहिला ने ट्रीट कर दिया है, "रोज नया दर्द।" दो ने झुग्गीवालों के नाम पर क्राउडफंडिंग शुरू कर दी है। दस बारह करोड़ का लक्ष्य कीटो पर दिख रहा है। चौथी ने दलाल स्ट्रीट पर पूंजीपति को घेरने की नई रणनीति कर काम शुरू कर दिया है। पाँचवी ने दस साल के लिए झुग्गी बचाओ आंदोलन की योजना बनाकर तैयार कर ली है।

उधर झुग्गी के सामने आकर बुल्डोजर घड़-घड़ घर-घर चीईss की आवाज कर के रुक गया है। पूंजीपति गाड़ी में से निकल आए हैं। आँख पर काला चश्मा लगा है। हाथ में लाउडस्पीकर पकड़ कर उन्होंने बोलना शुरू किया, बस्ती को खाली कर के नई जगह चले जाओ यहाँ अब पुनर्निर्माण होगा। सरकारी ऑर्डर है, बस्ती खाली कर दो नहीं तो बुल्डोजर ...!

सामने से एक आदमी ललकारता है, हम ये बस्ती छोड़कर कहीं नहीं जाएंगे। आन्दोलनजीवी बुलडोजर के सामने आकर लेट गए। ये बुल्डोजर मेरी लाश के ऊपर से आगे बढ़ेगा। वो बड़ी बिंदी वाली महिला भी सामने आकर खड़ी हो गई हैं।

लाउडस्पीकर पर पुलिसवाला बोलता है – सामने से हट जाओ वरना मजबूरन हमें सख़्ती करनी पड़ेगी। पत्रकार कुमार ये सब नोटपैड पर नोट कर रहे हैं। झुग्गी के पीछे कुछ लुच्चे ईंट, पत्थर, बोतल हाथ में लेकर खड़े हुए हैं।

बस ऐलान की प्रतीक्षा है। उसके बाद क्या करना है वो जानते हैं। बुल्डोजर आया तो पहियों पर चलकर है लेकिन जायेगा कल्लू कबाड़ी की दुकान में ही। पुलिस वाले डंडे को ज़ोर से पकड़ते हैं, कसाई अपने कतन्ने को, नारियल पानी वाला अपना हंसिया कस के पकड़ता है। डर का माहौल है, पत्रकार ने नोट लिखा।

इतने में एक गाड़ी तेजी से आकर रुकती है। उसमें से दो काले कोट वाले वकील निकलते हैं। एक वकील साहब, जो याचिका लगाने के लिए ही जाने जाते हैं। ज़ोर से कहते हैं, रुक जाइए। हम याचिका लगा कर कोर्ट से स्टे ऑर्डर ले आए हैं। जज साहब ने हमारी सूरत देखते ही, किसी भी कार्यवाही को करने पर रोक लगा दी है। यह बस्ती नहीं हटेगी।

दूसरे वकील साहब कहते हैं, आपका किया धरा सब जीरो हो गया सेठ जी। लौट जाइए। बस्ती में ख़ुशी की लहर दौड़ जाती है। नारियल पानी वाला एक नारियल लेकर नाचता हुआ पूंजीपति की गाड़ी की तरफ़ जाता है। कसाई अपने लाल-पीले दाँत दिखाता है। छुपे हुए छिछोरे पत्थर-बोतल छोड़कर सड़क पर आ जाते हैं, वे मुम्बइया नाच कर रहे हैं। पृष्ठभूमि में ढोल बज रहा है - धीं धिक्चक धीं धिक्चक धीं धिक्चक धिक्चक धिक्चक। पानी भरने वाली औरतें मुस्कुराते हुए घरों को जाती हैं, नंगे बच्चे की नाक भी बहने लगती है। नाला जो ये सब देखने के लिए रुक गया था फिर से बहने लगता हैं।

मुल्ला जी अल्लाह का शुक्र अदा करते हैं। टीवी पर बहस अब गालीगलौज पर उतर आई है। ए.एन.आई. अभी भी दिल्ली के नीली बुशर्ट वाले मुख्यमंत्री की प्रेस कॉन्फ्रेंस में व्यस्त है।

आंदोलन जीवी चिल्ला-चिल्लाकर सबको बुला रहे हैं, ए भाई कोई तो रुक जाओ। थोड़ी देर तो आंदोलन कर लो। किसी भी बात पर कर लो। लेकिन तब तक सब अपने अपने काम में लग गए हैं। पत्रकार कुमार की मुस्कुराहट बड़ी हो गई है। उन्होंने अंतिम नोट डाला – सेठ के पास ठेका है लेकिन झुग्गी नहीं है। बड़ी विडंबना है। फिर वे अपनी साइकिल उठाकर चल देते हैं।

47

आग जाने लुहार जाने

एक आदमी था, उसके यहाँ एक औलाद हुई। हुई क्या, गले पड़ गई समझ लीजिये। मतलब वो होता है न, कुछ लोग प्लान नहीं करते लेकिन हो जाता है टाइप। न चाहते हुए भी हो गई। हो ही गई तो आदमी के परिवार ने, रिश्तेदारों ने बढ़िया तरीके से लालन-पालन किया। उसे जितना लाड़ करते वो उतना जिद्दी हो जाता।

लाड़ में ऐसा बिगड़ा, समझिये कंधे पर बैठकर बाप को शावर देने लगा। माँगों और ज़िद की न कमी थी, न पूरी करने में कसर छोड़ी जाती। जखरा ऐसा कि कड़ी हमें खाऊन देओ के बगराऊन देओ।

मेहरारू मिली तो ऐसी कि लड़का पगला सा गया। दिन में पाँच बार उठक बैठक न करवा ले तो न खाय न खान देवे। मेहरारू ने पट्टी पढ़ाई, औलाद और पगलाई, कहने लगी न्यारा कर दो। बाप न देने वाला था। लेकिन बाप के घर में कुछ पड़ोसी, और कुछ जलंटे रिश्तेदार ऐसे निकले कि बाप-बेटे दोनों को भड़काने लगे। न्यारे न रहो तो दोनों सुखी न रहोगे। लड़का जायजाद में अपना हिस्सा लेकर रहने के लिए झगड़ने लगा।

रोज की झिकझिक तभी रुकी जब वह अपना हिस्सा लेकर न बैठ गया। उसके जीवन का एक ही लक्ष्य था, अपनी बेग़म को खिलाना, पिलाना और दिन में उसके सामने पाँच बार उठक बैठक लगाना। बेग़म उसे और भड़काती, बाप को गाली देती, बाप के खेतों की मेड़ मेटने को उकसाती।

कुछ न कुछ बाप के घर से छीनने, चुराने की पट्टी पढ़ाती। बेटा बाप का बैरी हो गया। जब तब लड़ने पहुँच जाता। एक बार बाप ने ऐसी ठुकाई की, बेटे के घर का ही बंटवारा हो गया। अब बाप अलग, बेटा अलग और पोता अलग। बेटा फिर भी न सुधरा।

ऐसी हालत थी कि घर में भले खाने को न रहे लेकिन बेग़म को लाली-पाउडर मिलते रहना चाहिए। उधार माँगकर लाता, आधा खाता और आधे से बेग़म की ख़्वाहिशें पूरी करता। उधार देने वाले कब तक देते, अब कहीं से माँगने पर भी कुछ न मिलता। अंततः उसका सब कुछ लुट गया, रह गया वो और उसकी बेगम।

अब बेग़म कभी कह रही है जाओ कहीं से भी माँग करलाओ, कहना ब्याज देंगे नहीं मूल देंगे और वो भी तब जब होगा। होगा तब जब बाप मरेगा। कभी कहती माँगने से न मिले तो मेरा खौफ़ दिखाकर छीन कर लाओ। छीनकर भी न मिले तो हमको ले चलो एक तरफ़ हम दूसरी तरफ़ एटम बम, कहना देते हो कि बम फोड़ें? देखते हैं कोई कैसे नहीं देता। ऐसों के लिए ही कहते हैं कनक ने कंडा, कोरे गुंडा।

अब वही पड़ोसी जिन्होंने बंटवारा करवाया था बाप से कह रहे हैं - तुम्हरा लड़का भूखा बैठा है, वो सड़क पर नंगा हो गया तो तुम्हारी इज़्ज़त का क्या होगा?

बाप कह रहा है अपना हिस्सा तो ले चुका है।फिर करना उसे वही है जो हमेशा करता था, अँगुली पकड़ाओ हाथ पकड़ेगा। कंधे पर बिठाओ सिर पर बैठकर शावर देगा। उसकी भूख मिटते ही हमारे खेत में घुसेगा। इसलिए भूखा रहे तो ही ठीक। उसकी बेग़म का भूत उसके सिर पर से उतरे तो कोई बात करे। तब तक आग जाने लुहार जाने धौंकनहारे की बलाय जाने।

48

मुग़लों का रक्षाबंधन

एक प्रसिद्ध इतिहासकार ने घोषणा की कि होली, दिवाली की तरह रक्षाबंधन का त्योहार भी मुग़ल ही भारत में लेकर आए थे। एक ने कहा जहांगीर का तो पूरा हाथ राखियों से भर जाता था और अकबर का तो पूरा पूरा दिन निकल जाता था राखी बंधवाने में। उनके एक शिष्य ने संज्ञान लेते हुए ज्ञान दिया कि हमने भी पढ़ा है कि जब रानी लक्ष्मीबाई ने हुमायूँ को राखी भेजी थी तब से शुरू हुआ।

वैसे तो हमको शंका नहीं है कि जलेबी से लेकर जुलाब और चमेली से लेकर गुलाब भारत में मुग़ल ही लाए थे। रसगुल्ला से लेकर कुल्फी और बिरयानी से लेकर फुल्की भी मुग़लों की देन हैं। हलुआ, समोसा, डोसा, इडली, दाल, बाटी सब मुग़लों की ही रसोई में से उपजे हैं। बल्कि अगर ठीक से जाँच-पड़ताल की जाए तो यह पता चलेगा कि जब तक मुग़ल भारत में नहीं आए थे तब तक भारत के लोग सुबह-सुबह घर से जंगलों में चले जाते और दिन भर घास-पात खाकर लौट आते थे। हाय! मुग़ल न होते तो क्या होता हमारा। सौ प्रतिशत सत्य है केवल इतिहास्य को खंगालकर तथ्य की पुष्टि करने भर की देर है।

रक्षाबंधन का त्योहार कैसे शुरू हुआ होगा इसकी थोड़ी सी पड़ताल करने पर महत्त्वपूर्ण तथ्य प्राप्त हुए। एक बार बादशाह अकबर ताजमहल के आँगन में बैठकर एक नाई से दाढ़ी बनवा रहे थे। नाई बीरबल से बहुत चिढ़ता था इसलिए हमेशा अकबर के कान भरता रहता था। पुष्पेश जी बस रसोई से रिसर्च करके निकले ही थे, और निकलते ही उनके मुँह से निकल पड़ा "वाह बादशाह सलामत आज आपके दादा बाबर होते तो रसोई में बन रही कुल्फी खाकर बहुत खुश होते।"

यह सुनकर नाई के दिमाग में ख़ुराफ़ात सूझी। उसने कहा "हुज़ूर क्यों न एक आदमी जन्नत में भेजकर आपके दादा हुज़ूर को कुछ कुल्फी भिजवा दी जाए। साथ

ही आपके सब पूर्वज जन्नत में कैसे हैं उनका हाल भी मालूम हो जाएगा।"

बादशाह खुश हुए बोले "वैसे उपाय तो अच्छा है, पर किसी को भेजेंगे कैसे?"

नाई ने कहा "अगर एक लकड़ियों के ढेर पर एक आदमी को बैठाकर आग लगा दें तो सीधा जन्नत जाएगा।"

अकबर को उपाय अच्छा लगा। उसने कहा "फिर किसे भेजा जाएगा? तुम जाओगे?"

नाई ने कहा हुज़ूर मैं कहाँ इस लायक हूँ। आप किसी अक्लमंद को भेजिए।

अकबर ने कहा "पुष्पेश जी को भेजें?"

नाई ने कहा "वह खाना चखने के लिए ठीक हैं, चख-चखकर बताते रहेंगे कि जन्नत में क्या-क्या भेजा जा सकता है।"

बादशाह ने कहा – "तो फिर किसे भेजें?"

"बीरबल को भेजिए, आदमी अक्लमन्द है और लायक भी।"

बादशाह ने बीरबल को तलब किया। बीरबल ने जब यह सब सुना तो चकराए फिर बोले ठीक है एक महीने बाद, सावन की पूर्णिमा को अच्छा मुहूर्त है उसी में चले जाएँगे।

सब तैयारियाँ हो गईं। लकड़ियों का ढेर बना दिया गया, बीरबल उसमें बैठकर जन्नत जाने वाले थे। भीड़ जमा हो गई थी। बीरबल अंदर बैठ गए, नाई आग लगाने वाला था कि तभी वहाँ रानी लक्ष्मीबाई घोड़े पर बैठकर आ पहुँची। बोली बीरबल भैया जा रहे हो तो ये मेरी राखी हुमायूँ को दे देना। उन्हें जन्नत गए तो सालों हो गए लेकिन कलियुग का समय है क्या पता इतिहास में कौन क्या पढ़ ले। अब किसी ने ऐसा पढ़ लिया है कि मैंने राखी भेजी थी तो अब तुम ले ही जाओ।

बीरबल ने राखी का लिफ़ाफ़ा लिया और आग में चला गया। इसी दिन से रक्षाबंधन की शुरुआत मानी जाती है। दरअसल आग के नीचे बीरबल ने सुरंग बनवाई थी जिसके रस्ते बीरबल कहीं और छिपकर रहने लगा। एक महीने बाद जब लौटा तो उसकी दाढ़ी और बाल बढ़े हुए थे। वह अकबर के दरबार में गया। अकबर उसे देखकर बहुत खुश हुए और बोले बताओ कैसे हाल हैं जन्नत में सबके और उनको कुल्फी कैसी लगी।

हुज़ूर, कुल्फी तो उन्हें ख़ास पसंद नहीं आई क्योंकि मैं आग में से गया था तो सब पिघल गई थी। सब खुश तो हैं लेकिन उनकी दाढ़ी बहुत बढ़ गई है। कह रहे थे एक नाई को भेज दो ताकि हजामत करवा सकें। बादशाह खुश हुआ और नाई को जन्नत जाने के लिए तैयार होने का आदेश दे दिया।एक बात और हुज़ूर आपके अब्बा हुज़ूर ने उस आदमी को भी बुलाया है जिसनें इतिहास में यह लिख दिया

कि रानी लक्ष्मीबाई ने उनको राखी भिजवाई थी। वे कुछ और बढ़िया इतिहास लिखवाना चाहते हैं। बादशाह ने उस आदमी को ढूँढने का आदेश दे दिया, नाई तो जन्नत पहुँच गया लेकिन उस इतिहासकार की अब तक तलाश जारी है।

49

कबूतर

हमारे यहाँ सुबह का नाश्ता करने के बाद जब सब चिड़िया चली गयी तब एक कबूतर जी आकर विराजे। मैंने उनको दाना पानी देने के बाद आधे घंटे बातचीत की। मैंने उनसे कुछ प्रश्न पूछे, उन्होंने सभी प्रश्नों के संतोषजनक उत्तर सिर हिलाकर और गुटरगूँ करते हुए दिए।

मैं - कबूतर जी नमस्कार और धन्यवाद जो आप हमारी बालकनी में आकर बैठे हैं। आप यहाँ कैसे आए?

कबूतर जी ने अपनी मुंडी हिलाई, और लाल-लाल आँखों से घूरकर देखा। जैसे पूछ रहे हों तुमसे मतलब? मैं थोड़ा डर गया।

मैंने कहा - नहीं, बस ऐसे ही पूछा। आपको बुरा लगा हो तो मत बताइए।

उन्होंने थोड़ा सामान्य होते हुए, पहले गुटर और फिर गूँ की ध्वनि करते हुए कहा - पूछो पूछो, डरो मत।

अच्छा पहले ये ही बता दीजिये - आपकी आँखें लाल क्यों हैं?

इस बार उन्होंने केवल गुट गुट गुट की ध्वनि करते हुए कहा - पहले गुलाबी थीं, ये तो प्रदूषण से लाल हो गई हैं। वो गाना सुना है - गुलाबी आँखें जो तेरी देखी ...। कवि ने एक कबूतर को देखकर ही लिखी थी।

मैंने पूछा कवि कबूतर प्रेमी थे?

नहीं, हमारे पूर्वज काव्य प्रेमी थे। उन्होंने कहा। पहले हम लोग इन बड़ी-बड़ी इमारतों में छज्जों पर बनी हुई झुग्गियों में नहीं बल्कि जंगलों में रहते थे। हमारे परिवार तो थे ही साथ में पड़ोसी भी थे। आपस में गुटरगूँ करते और आनंद से रहते थे। फिर कुछ इंसानों की बस्तियाँ जंगलों के पास बनने लगी। हम लोग मनोरंजन, आउटिंग वगैरह के लिए इन बस्तियों में आने-जाने लगे। कभी-कभी इंसान देखने

यूँ ही निकल पड़ते थे।

ऐसे ही हमारे एक पूर्वज थे, उन्हें जब प्रेम हुआ तो उन्होंने अपनी प्रेयसी से गुटर-गूँ करते हुए कहा - चल घुमा के लाता हूँ। दोनों जंगल से छुप-छुपाकर घूमने चल दिए। कबूतर ने कबूतरी से कहा, देखो वो बालकनी, उधर एक कवि रहता है। कविता भी सुनाता है और सुनने वाले को दाना भी खिलाता है।

दोनों बालकनी में बैठकर कविता सुन रहे थे। कि कवि की आँखें कबूतरी से चार हो गई। और फिर इस गीत की रचना हुई, कबूतरी थोड़ी 'वोक' थी। वो कवि से थोड़ी ज़्यादा प्रभावित हो गई। कबूतर को छोड़कर कवि की बालकनी में ही रहने लगी।

कबूतर भी जिद्दी थे उन्होंने कहा एक घर बनाऊँगा तेरे घर के सामने और कवि के बालकनी में AC के ऊपर एक घासफूस की झुग्गी बनाकर रहने लगा।

आदमी लोगों ने जब यह देखा तो उन्हें लगा कबूतरों को तो AC और छज्जों के ऊपर झुग्गी-घोंसला बनाकर रहना पसंद है। तब उन्होंने कबूतरों के रहने के लिए लाखों की सँख्या में छज्जे बनाने और AC लगाने का निर्णय लिया।

अब इतना विकास चाहिए तो कुछ पेड़ भी काटने पड़ते हैं। सभी कबूतरों को दाना-पानी और एक-एक छज्जा देने का वादा करते हुए उनके पेड़ काट लिए गए और छज्जों का निर्माण कर दिया गया। कुछ कबूतर अच्छी सोसाइटियों में छज्जे पा गए, लोगों ने डिज़ाइनर पात्रों में दाना-पानी का प्रबंध किया।

उनको देखकर कबूतरों ने जंगल के कष्ट छोड़कर छज्जों की ओर पलायन कर दिया। वे इंसानों के आभारी थे। धीरे-धीरे छज्जों पर बोझ बढ़ने लगा। कहीं भी कैसे भी झुग्गी-घोंसले बनने लगे। आपाधापी बढ़ गई। आराम से मिलने वाले दाने के लिए भी भटकना आम हो गया।

आदमी ने हमारा घर बनाने के नाम पर स्वयं के लिए पिंजरे बना लिए। हमारी आँखों में इतनी धूल झोंकी है कसम से कि आँखें कैसी भी होती, लाल हो जातीं। यह कहते कहते उनका गला रुंध गया। सिर थोड़ा पेट की तरफ़ घुस गया। जैसे आधा किलो की ग्लानि उनके गले में अटक गई हो, गला फूल गया।

फिर गुटर-गूँ की ध्वनि के साथ वे पुनः हमारी तरफ़ देखने लगे।

आपकी कहानी बड़ी दुःखद है। लेकिन आजकल तो लॉकडाउन है। सब अपने-अपने अपने घरों में हैं, फिर आप अपने घर में क्यों नहीं हैं?

देखो, लॉकडाउन होगा तुम्हारे लिए। हमारे लिये नहीं। हमें तो शांति मिल रही है।

फिर भी अगर अंदर रहेंगे तो आपके लिए ठीक रहेगा। कोरोना फैल रहा है।

देखिये हमको नहीं होता ये सब। हमको सिर्फ़ बर्ड फ्लू से डर लगता है। हम दिन में न जाने कितनी बार गुटरगूँ करते हैं, जो गुटरगूँ करता है उसे कुछ नहीं होता।

बात आपकी ठीक है, लेकिन फिर भी आपको नहीं तो किसी और को हो सकता है।

आप अपने घोंसले में रहें तो आप भी सुरक्षित रहेंगे। वैसे भी सुना है आपकी विष्ठा से बीस तरह की बीमारी होती है।

देखो तुम अपनी देखो, हमको दाना-पानी खाने दो। कबूतर सम्मलेन में जाने दो। चीन से दो चमगादड़ आए हैं, उनको गले लगाने भी जाना है।

तो आप नहीं सुनेंगे किसी की?

हमारी मर्जी। सुनें कि न सुनें।

दाना-पानी की कमी हो तो हमें बताइए, हम देंगे लेकिन आप अपने घोंसले में रहिए हमने कहा।

तुम रहो क़ैद। हमको तो आज़ादी चाहिए। हम कबूतर हैं, गुटर और गूँ करते हैं। तुम कबूतर होने का सबूत मांग रहे थे न, अब भुगतो बंद रहो।

कबूतरों की गिनती का इससे क्या लेना देना?

लेना-देना तो है। तुम्हारी बात नहीं मानेंगे।

मत मानिये, मैं तो बस प्रश्न पूछ रहा हूँ। अच्छा ये बताइए आप यहाँ करते क्या हैं?

गुटर-गूँ करते हैं और दाना खाते हैं।

तो जब दाना खाते हैं तो कैसा महसूस होता है।

अच्छा महसूस होता है। पेट भी भर जाता है और पोटा भी।

अच्छा पोटे से याद आया कि एक मौलवी कह रहे थे कि कबूतर का पोटे में जो झिल्ली होती है उसको खाने से कोरोना की बीमारी नहीं होती। ऐसा उन्होंने सपने में देखा है।

यह सुनते ही कबूतर जी का गुटर और गूँ दोनों सूख गए, डरते हुए बोले - ऐसा किसने कहा। ऐसा बिलकुल नहीं होता।

हमको तो लगता है कि ऐसा ही होता होगा, तभी तो जो झिल्ली आपके गले में है उसके कारण आपको बीमारी का डर नहीं है।

अरे भैया डर इसलिए नहीं है क्योंकि हम चमगादड़ नहीं हैं, न ही हमारी बिरादरी वालों ने चमगादड़ का सूप पिया है। तुमने पिया है तुम भुगतो, हमको क्यों मरवा रहे हो?

आप तो कह रहे थे न आपको डर नहीं लगता? आपको बीमारी नहीं मार सकती। अब क्यों डर रहे हैं।

डर ये है कि मौलवी ने कह दिया है तो भरोसा नहीं, तुम सब हमारे पीछे पड़ जाओगे, हमारा नाम लेने वाले भी न रहेंगे।

नहीं नहीं, ऐसा नहीं करेंगे। बस तुम्हारे गले में हाथ डालकर अपने मतलब की चीज़ निकाल लेंगे।

उन्होंने चोंच अपने पंखों में छुपाने की कोशिश की। मुँह पीछे की तरफ़ कर लिया जैसे बचाना चाहते हों। ये करने से कुछ नहीं होगा अपने घोंसले में जाओ। मान जाओ।उन्होंने गुटर कहा, गूँ भी कहा और कुछ और गुट गुट गुट कहा। मैं समझ गया कि अब ये उड़ेंगे। मैंने कहा दाना चाहिए हो तो आ जाइयेगा।

50

शेर

वैसे तो शेर शेर ही था, जंगल में रहता, शिकार वगैरह करता था। दहाड़ता था तो पशु-पक्षी डर जाते थे। फिर एक दिन आया कांटेस्ट।

जंगल की एक गुफा में -

शेरनी – "खाने में क्या लाऊँ।"

शेर – "जो मन करे ले आओ।"

"फिर भी बोलो।"

"ठीक है दो मुलायम खरगोश ले आओ।"

"खरगोश तो कल ही खाये थे।"

"तो हिरन ही मार लाओ।"

"उसके शिकार के लिए तो बहुत दौड़ना पड़ेगा। आज मन नहीं है।"

"तो एक भैंसा ले आओ।"

"भैंसा हेवी हो जाएगा।"

"फिर कोई छोटा जानवर ले आओ।"

"अब छोटे जानवर के लिए क्या ही शिकार पर निकलूँ।"

"तो जो मन करे ले आओ।"

"फिर भी बोलो तो।"

"रहने दे कल के शिकार की कुछ हड्डियाँ पड़ी हैं, आज वही खा लूँगा।"

"कल का ज़्यादा नहीं बचा है, कुछ तो लाना ही पड़ेगा।"

"तो एक काम कर आज मैगी ही उबाल ले।"

शेरनी ने कहा - "ठीक है, आराम से करती हूँ फिर", और वहीं आराम से बैठ गई।

इतने में एक कौवा उड़ता हुआ आया और बोला – "कांव कांव महाराज।"

"क्या ख़बर लाया रे कौवे, आज फिर किसी ने पैनी कलम मार दी क्या?"

"नहीं महाराज, सम्राट अशोक ने आदेश निकाला है – 'एक स्तम्भ बनवाना है, मॉडल शेरों की आवश्यकता है' आप प्रयास क्यों नहीं करते।"

शेर – "अरे मैं कहाँ, मैं तो जंगल में ही खुश हूँ, कहाँ मॉडलिंग वगैरह करूंगा।"

कौवा – "भत्ता योग्यता अनुसार और खाना-रहना अलग मिल रहा है।"

शेर ने शीशे में स्वयं को देखा, स्वयं को चुस्त-दुरुस्त फिट-फाट पाया जैसा कि जंगल के राजा को होना चाहिए। बाल थोड़े बिखरे से थे, चाल थोड़ी गर्वीली थी, नाखून बड़े तेज़ और मुँह खोला तो दाँत एक़दम पैने, जैसे किसी जानवर की गर्दन पर गड़ गए तो बचना नामुमकिन। फिर भी कम्पिटीशन की बात थी, क्या पता सम्राट अशोक को कैसा शेर पसंद आए।

शेर ने शेरनी को आवाज दी – "सुनती हो! कहो तो चले जाएँ मॉडल बनने।"

शेरनी बोली "दिन भर गुफा में पड़े रहते हो, जो करना हो करो बस किसी दूसरी शेरनी की तरफ़ मुँह उठा के मत देख लेना, नहीं तो कल से खाना नहीं मिलेगा।"

शेर ने पूछा – "क्या करूँ कि कम्पिटीशन जीत जाऊँ?"

शेरनी ने प्यार से कहा – "आप तो वैसे भी हीरो हो। शान से जाओ उनको मॉडल बनाना हो तो बनायें, नहीं तो भाड़ में जाएँ। दो तक्त के ख़रगोश तो मार कर हम खा ही रहे हैं। सीना चौड़ा कर के, गुर्राते हुए जाओ।"

शेर खुश हुआ। थोड़ा आत्मविश्वास भी बढ़ गया। शेर ने कौवे से पूछा – "तू बता, जाऊँ ऐसे ही?"

कौवा बोला – "जाओ महाराज जैसा ठीक लगे, लेकिन ऐसे में कोई आपसे डर न जाए। ऊपर से आप ठहरे खूंखार मांस खाने वाले। सम्राट अशोक तो बौद्ध हो गए हैं, बौद्ध शेरों को ही प्राथमिकता देंगे।"

"ये बौद्ध शेर कैसे होते हैं?"

"महाराज, वही जो मांस नहीं खाते, शिकार नहीं करते, और शांत रहते हैं।"

"अब शेर मांस नहीं खाते तो क्या खाते हैं?"

"वो तो नहीं पता महाराज, ये या तो सम्राट अशोक बता सकते हैं या उनके कोटधारी प्रोफेसर साहब।"

शेर कुछ सोच कर बोला – "कोई है जो मेरा मार्गदर्शन कर सकेगा?"

कौआ बोला-"आप चाहो तो महात्मा गाँधी जी से पूछ लो। वही आपका मार्गदर्शन करेंगे।"

शेर गाँधीजी के पास गया, बोला – "गांधीजी बड़ी दुविधा में हूँ, समझ नहीं आ रहा क्या करूँ। मॉडलिंग भी करनी है, लेकिन ये कौवा कहता है मैं खूंखार दिखता हूँ।"

गांधीजी बोले – "वो तो है। खूंखार तो हो। एक काम करो तुम अपना सिर झुकाकर रहा करो। आँखें और सिर झुका रहेगा तो सभ्य शरीफ़ समझे जाओगे। नहीं तो ऐसे घूर के देखोगे तो मेरी बकरी डर जाएगी। फिर पता नहीं दूध दे या न दे। सिर झुकाकर अहिंसक बने रहना, कोई कितना भी उकसाए दहाड़ना मत।"

शेर बोला -"ऐसा ही करूँगा और उसने सिर झुका लिया।"

गांधीजी बोले – "थोड़ा नेहरू से भी पूछ लो, बढ़िया सलाह देंगे।"

शेर नेहरू के पास गया। बोला – "पंडित जी, मॉडल बनने के लिए क्या करें, कुछ सलाह दीजिए।"

नेहरू जी बोले – "तुम शेर लोग खूंखार दिखने की कोशिश करते हो, इसीलिए मैं लोगों को सांप-सपेरे देखने बुलाता हूँ। देखो, वैसे तो सब ठीक है, लेकिन तुम्हारे नाखून बड़े पैने हैं। ये किसी को चुभ सकते हैं इसलिए इनको कटवा दो, इससे किसी को अहसास ही नहीं होगा कि तुम शिकार करते हो। शेर बिलौटा भाई भाई का नारा लगाओ।"

शेर बोला – "ठीक है ऐसा ही होगा।" शेर ने नाखून कटवा लिए। फिर भी शेर को कुछ कमी सी लग रही थी। उसने कौए से कहा अभी भी कुछ खटक रहा है।

कौवा बोला- "महाराज शायद आपका नाम। आपका नाम शेर सिंह है, इससे राष्ट्रवादी, पितृसत्तात्मक मानसिकता का भान होता है। एक वो एम.जी.एम. वाला शेर देखिये कितना क्यूट लगता है एक अपने आप को देखिये।"

"फिर क्या करें?"

"एक काम कीजिये इंदिरा जी से और पूछ लीजिए, वो कोई उपाए बतायेंगी।"

शेर इंदिरा जी के पास पहुँचा और अपना दुःख सुनाया। इंदिरा जी ने संजय को बुलाया और कहा "इसके मुँह में सेकुलरिज्म ठूंस के इसके दाँत निकलवा दो, और इसका नाम केवल शेर रख दो। एक मोहल्ले में इसका नाम शेर खान बताना और दूसरे में शेर सिंह। फिर ये पूरी तरह से भारतीय संविधान का प्रतीक बन जाएगा।" शेर इससे पहले कि वहाँ से भागता उसके गले में ट्रांजिस्टर लटक गया था, दाँत कुंद कर दिए गए थे।

शेर जैसे-तैसे भागा तो राजीव जी ने रोक लिया। शेर का दुःख सुनकर बोले - "मॉडलिंग करना चाहते थे तो मिलान-पेरिस वगैरह क्यों नहीं गए? वैसे भी भारत में पहले पेड़ गिरते हैं और फिर धरती हिलती है, उसके बाद स्मारक बनते हैं।"

शेर बोला – “स्मारक बनवाओगे या नहीं सीधा बताओ।”

राजीव जी ने पत्नी की तरफ़ देखा। सोनिया जी ने कहा –”हमारे पास अपना सिंह है, इसकी क्या ज़रूरत है।” शेर बड़ा बेआबरू सा होकर वहाँ से निकला, सामने से एक वामपंथी वोक आता दिखा। शेर ने कौए से कहा “इससे और पूछ लूँ क्या?”

कौआ बोला –”रहने दो महाराज कल प्रातः स्मरणीय अजीत ब्रो का वीडियो देखा था, अगर इस वामपंथी से पूछा तो आपके मुँह में बीड़ी और हाथ में झंडा पकड़ा देगा, भागो!”

शेर भागते-भागते वापस सम्राट अशोक के पास पहुँचा तो सम्राट हंसने लगा, बोला – “न नख न दाँत, न दहाड़ न गुर्राहट, शेर हो या शेरू-ऑन-टॉप? तुम रहने दो, मैं शेर जैसे चार साधारण शेर ढूँढ लूँगा, जाओ कहीं भजन करो।”

शेर वहीं धम्म से बैठ गया। आँसू निकलने ही वाले थे कि उसे शेरनी की आवाज़ आई – “क्यों जी मैगी उबाल के चाहिए कि फ्राई कर के?”

नींद खुली तो अपने नख दाँत ठीक-ठाक देखकर दहाड़ उठा।

51

चीता जी

जैसा कि आप सब जानते हैं, हमारे बीच में चीता जी पधार चुके हैं। चीता जी विलुप्त होने से पहले भारत के मूल निवासी माने जाते थे। फिर १९५२ में उन्हें भारत में विलुप्त मानकर विदेशी घोषित कर दिया गया। चीता जी अफ्रीका में बस गए। अब वे जब वापस आए हैं तो लोग उनके आने को घर वापसी का नाम दे रहे हैं। वे हमसे बड़ी सहृदयता से मिले और हमारे प्रश्नों के उत्तर खुलकर दिए। पढ़िए इस बातचीत के कुछ अंश –

चीता जी दूर खड़े थे, पास आने के लिए उन्होंने ही पूछा – "मैं आऊँ?"

हमने कहा – "आइए आइए, स्वागत है आपका। कैसा लग रहा है आपको भारत आकर?"

इस प्रश्न पर वे केवल मुस्कुराए और चिड़िया की तरह चहचहा उठे - "चां चां चां"। उनका तात्पर्य था कि वे बहुत प्रसन्न हैं।

फिर भी हमने शिष्टाचार में पूछा – "कैसे हैं आप?"

वे बोले – "आं म्यां आं म्यां"

"देखिये, ऐसे राम राम बोलेंगे तो सांप्रदायिक घोषित हो जाएँगे। अपने बारे में कुछ बताइये?"

वे बोले – "हमारे पूर्वज थे तो भारतीय ही, फिर हम व्यापार के चलते अफ्रीका में बस गए।"

हमें यह जानकर अत्यंत प्रसन्नता हुई। हमने पूछा – "लोग आपके भारत आने को घर वापसी की संज्ञा दे रहे हैं। क्या अफ्रीका में आपने धर्म परिवर्तन किया था? अब जब लौटे हैं तो क्या आपका शुद्धिकरण किया गया है?"

बड़े-बड़े दाँत दिखाते हुए बोले – "जी, घर वापसी तो है। अफ्रीका में वे अफ्रीकी थे लेकिन अब पूरी तरह से भारतीय हो गए हैं।"

इस पर हमने पूछा – "तो जब आपको नागरिकता दी गई तो क्या सी.ए.ए. के तहत दी गई? आप सी.ए.ए. को कैसा कानून मानते हैं?"

उन्होंने बड़े विस्मय से हमारी ओर देखा। बोले – "हम जैसे सी.ए.टी. प्रजाति वालों के लिए तो अच्छा ही है। जो भारत में बसना चाहते हैं।"

"आपको नहीं लगता सी.ए.ए. के माध्यम से सी.ए.टी. प्रजाति के आलावा अन्य प्रजाति वाले जानवरों को भी भारत में बसने का मौका मिलना चाहिए?"

वे बोले – "किसने रोका है?"

"तो क्या उनको भी घर वापसी करनी पड़ेगी?"

"जो यहाँ का है वो यहीं का है। घर वापसी से अच्छा क्या होगा?"

"आप संघ से प्रभावित लगते हैं। हमारे एक पाठक मंडल का मानना है कि आप अब शिकार करेंगे। आपके शिकार के लिए चीतल वगैरह छोड़े गए हैं। आप उनकी गर्दन तोड़ेंगे और उनको खा जायेंगे?"

"आपका पाठक मंडल कतई भ्रमित प्रतीत होता है। शिकारी शिकार नहीं करेगा तो क्या – बुद्धं शरणं गच्छामि कहते हुए घास खाएगा? "

"तो क्या शिकार पाप नहीं है?"

"पाप है अपनी कुंठाओं, मनोरंजन और भय व्याप्त करने के लिए अकारण किसी पर आक्रमण करना।"

"फिर भी शिकार तो आप करेंगे ही न?"

"हाँ, भूख मिटाने के लिए। लेकिन द्वेष तो नहीं फैलाएंगे। गधों के हिस्सों की घास तो खाएंगे ही नहीं।"

"फिर लोग तो यह भी कह रहे हैं कि आपके आने से बेरोज़गारी दूर नहीं हो रही? न महंगाई कम हो रही है। महिला सशक्तिकरण भी नहीं होगा।"

"वे तो कुछ भी बोल सकते हैं। वे सशक्तिकरण ठीक से बोल पाए?"

"सवाल का जवाब दीजिये – आपके आने से गरीबों को क्या फ़ायदा होगा?"

"नुकसान भी क्या होगा? हम तो चुपचाप जंगल में घूमते रहेंगे, और पैसे भी नहीं लेंगे। आप उनसे ही पूछिए कि वो जो ए.सी. वाले कंटेनर में जो जोड़-तोड़ करते घूम रहे हैं, उससे कितने किलोमीटर गरीबों को रोज़गार मिल गया?"

"ख़ैर छोड़िये। एक नेता जी कह रहे हैं कि आप १३ साल पहले आने वाले थे। तब क्या हुआ था? आपका मन नहीं था?"

"हमारे दादा रहे होंगे, ज़रूर उस समय की सरकार को देखकर मना कर दिया होगा। वैसे भी उनके समय में कौन से निर्णय समय पर लिए जाते थे। उस समय की सरकार ने योजना बनाई होगी। योजना तो बहुत बनाते थे, पूरी कितनी करते थे? और हर योजना की तरह यह योजना भी उनकी धरी रह गई।"

"तो निर्णय में देरी से आप आहत हैं?"

"जितनी देर वो सरकार करती थी, उतने साल तो हम जीते नहीं। जो आहत हुए होंगे वो तो चल बसे।"

"इतिहास में आपके पूर्वजों का मुग़लों के साथ गहरा रिश्ता मिलता है। आपके दादा कुछ सुनाते थे मुग़लों के बारे में?"

"बिलकुल है। हम पहले मुग़लई चीते कहलाते थे। मुग़लों के साथ मुग़लई चला गया। सोच रहे हैं ग्वालियर और ओरछा के जहांगीर महल पर दावा ठोक दें।"

"जैसा मोदी जी ने कहा है कि उस समय कबूतर छोड़ते थे, अब चीते छोड़ते हैं। आपका इसपर क्या विचार है?"

"ये मोदी जी के अपने विचार हैं। हम तो मानते हैं कबूतर छोड़ने वाले चाचा और चीते का च एक ही है। अब मोदीजी ने हमें छोड़ा है या नया घर दिया है समय बताएगा। बस एक शिकायत रह गई, सबको भाषण देते हैं। छोड़ते समय एक छोटा सा भाषण हम चीतों को भी दे देते। या थोड़ी देर के लिए सही फॉलो ही कर लेते। लेकिन हम कौन से उनको वोट देने वाले हैं।"

"क्यों? नहीं देंगे? फिर किसको देंगे?"

"किसी को नहीं देंगे?"

"क्यों?"

"क्योंकि वोट देने की उम्र १८ साल है। हम बारह से ज़्यादा जीते ही नहीं।"

"और किसी नेता ने आपका स्वागत किया है?"

"जी, किसी हैंडसम ने हमारे बच्चों के लिए झुनझुना भेजा है। एक नेताजी का फोन आया था वो चीतों को नंबर वन बनाने की बात कह रहे थे। उन्होंने हमें मुफ्त हिरण और हमारे बच्चों को सर्कस ट्रेनिंग देने का वादा भी किया। उसके लिए वो जंगल में स्कूल बनवाएँगे।"

एक नेत्री ने हमारे ऊपर कविता भी लिख डाली जो हमको समझ में नहीं आई –

चीता पीता, काटा फीता,

कच्चा बादाम, पक्का पपीता।

चीता आता कोलकाता,

आटा बाटा खाता

आम, जामुन, अनारस,
चलो जाएँ बनारस।
संतरा मौसंबी किन्नू,
चीता का घर कुन्नू।

एक अर्बन-राकस नेता ने हमको देख लेने की बात की। कहने लगे - "कौन चीता कहाँ का चीता? ये चीता बीच में कहाँ से आ गया? यहाँ के मालिक हम हैं।"

हमने कहा - "बने रहो मालिक आपके पास तो डिग्री भी है। हम कौन सा आपसे आधा राज्य मांग रहे हैं, हम तो बिल्ले हैं घूमते रहेंगे जंगल में।"

"और किसी नेता के साथ कोई अनुभव रहा आपका?"

कोई ट्रिन-ट्रिन करते आए थे। बिलकुल भोले बालबुद्धि वाले। आते ही जिद करने लगे – "दहाड़ के दिखाओ।"

हमने कहा - "हम नहीं दहाड़ते।"

वे बोले – "दहाड़ना तो पड़ेगा।"

हमने कहा – "हम गुर्राते हैं। और उनको गुर्राकर दिखाया। वे हंसने लगे, बोले हम इतने दिनों से दहाड़ का इंतज़ार कर रहे थे। ये तो बड़ा बिल्ला निकला। चीता बोलके मोदी जी बिल्ला उठा लाए।"

हम उनको क्या समझाते, हमने बस इतना कहा "हमने कभी साइकिल नहीं देखी, एकबार चालू कर के दिखा दो।"

वे कहने लगे "साइकिल में इंजन नहीं होता।"

"हमने कहा साइकिल का टैंक फुल करवा के आओ रेस लगायेंगे।"

"साइकिल में पेट्रोल नहीं डलता।" कहते हुए चुपचाप चले गए।

"जी ये तो है तरह-तरह के नेता, तरह तरह की बात। अब ये कूनो ही आपका घर है। आशा है आप ख़ुशी से रहेंगे।"

"हाँ, हम तो घर ही समझते हैं, बस ये वफ्फ वाले पहले जंगल और फिर हमको ही अपनी संपत्ति न घोषित कर दें।"

52

दिल्ली का चुनाव

दिल्ली का चुनाव हो गया है जितनी काँव-काँव होनी थी हो चुकी है। जिसको जितनी उठा पटक, झूम झटक करना था कर चुका है। दांव-पेंच, तान-खेंच से भरा वातावरण शांत हो रहा है। गोली से, बोली से, झोली से और तरह तरह की बकलोली से चुनाव लड़ा गया और हर लड़ैया ने जी भर हाँव-हाँव किया है। अब सब सिमट रहा है।

हर तिमाही में होते चुनाव में कुछ नया लेकर आना नेताओं के लिए भी मुश्किल है और प्रचार करने वालों के लिए भी। कुछ मुद्दे होते हैं कुछ बनाए जाते हैं। कुछ ज़हर होता है कुछ फैलाया जाता है। कुछ बातें होती हैं कुछ बनाई जाती हैं।

कुछ नेता होते हैं, कुछ बन जाते हैं और कुछ को बनाया जाता है। दिल्ली चुनाव में ख़ास यह था कि चुनाव में दिल्ली की जनता से ज़्यादा दिलचस्पी दिल्ली के बाहर के लोगों की थी। एक पार्टी को छोड़ दें तो प्रत्याशियों से अधिक उत्साहित उनके समर्थक थे। सड़कों पर दिल्ली की जनता से ज़्यादा प्रचार करने वालों की भीड़ दिखी।

प्रचार करने की ज़िम्मेदारी आउटसोर्स की गई, बाहर के लोग दिल्ली में आकर प्रचार कर गए। प्रचार करने से पहले वे शायद धरातल पर उतरना भूल गए और प्रचार हवा में चलता रहा। किन्तु बाहर से प्रचार करने के लिए लोगों का आना भी अपने आप में सुखद है। चुनाव प्रचार टूरिज्म और रोज़गार के नए रास्ते खोल सकता है। वित्तमन्त्री को इस ओर ध्यान देना चाहिए। हो सकता है अर्थव्यवस्था को कुछ बल मिल जाए।

सोशल मीडिया पर भी दुनिया भर से प्रचार चला। दिल्ली के लोग कितने उत्साहित थे, यह पता नहीं लेकिन बाकी देशभर के लोग बेहद उत्तेजित थे। दिल्ली

की जनता तो वोटिंग आउटसोर्स करना चाहती थी पर हो न सका। लोग दिल्ली वालों को वोट डालने के लिए उकसाते रहे लेकिन टाइम कहाँ है जी। राजधानी होकर भी मतदान कम ही हुआ, इससे ज़्यादा तो छत्तीसगढ़ के जंगलों में लोग मतदान कर आते हैं। चुनाव आयोग को कुछ इस विषय में भी सोचना चाहिए। आलसी लोगों को मतदान केंद्र तक पहुँचने में 'मानसिक रूप से' असक्षम मान कर उनके घर जाकर वोट ले लेना चाहिए।

एक बड़े ही आनंद की बात यह है कि इस चुनाव के माध्यम से देश को पता चला कि देश में कुशल वक्ताओं की भीड़ लगी हुई है। आप बस माइक उठाइये और कहीं भी खड़े हो जाइये, दो मिनट में कोई न कोई कोई प्रखर वक्ता एक न एक पार्टी के पक्ष या विपक्ष में बोलने के लिए सामने आ जाएगा।

ऐसे ऐसे तेजस्वी वक्ता! ज्ञान से लबालब, तथ्य, आंकड़े, बयान, संविधान और यहाँ तक कि अख़बार भी जिनको कंठस्थ है। प्रखर बुद्धि विद्वान, तर्कवान, ओजपूर्ण वाणी के साथ जब धाराप्रवाह बोलना आरम्भ करते तो हर सुनने वाला वाह-वाह कर उठता और तालियाँ बजाने लगता। बस माइक मुँह के पास ले जाने की देर थी। ऐसे प्रवाह में बोलने वाले प्रभावशाली तथ्य रखने वाले जैसे दिल्ली की सड़कों पर सीधे यमुना में से निकल कर प्रकट हो गए थे।

कोई न कोई माइक उन्हें ढूँढ ले रहा था, कोई न कोई कैमरा उन्हें रिकॉर्ड कर रहा था। कहाँ थे ये सब लोग? और इन वक्ताओं को पार्टियाँ टीवी स्टूडियो में क्यों नहीं भेजते? अगर इन वक्ताओं को प्रवक्ता बनाया जाए तो निश्चित रूप से टीवी पर लम्बी-लम्बी बहसों में दो चार तथ्य रखने वाले लोग भी रहने लगेंगे। वैसे राज़ की बात यह है कि सब लोगों को पता है कि आधे से ज़्यादा कुशल वक्ता पार्टियों के प्रचारक ही थे। न्यूज़ और सोशल मीडिया सेल वाले आँख मूँद कर बैठे रह सकते हैं।

कुछ पत्रकार टीवी पर जबरदस्त विश्लेषण करते हुए पकड़े गए -

पत्रकार 1 - कुछ ही देर में मतगणना होगी। सूत्रों के अनुसार इस बार मतगणना में वोटों की गिनती की जायेगी। चुनाव आयोग ज़्यादा वोट पाने वालों को विजेता भी घोषित कर सकता है।

पत्रकार 2 - हारने वाले नहीं बन पाएँगे विधायक। जीते हुए सारे लोग विधायक कहलायेंगे और उन विधायकों के द्वारा मुख्यमंत्री चुना जाएगा।

पत्रकार 1 - जीते हुए लोग विधायक कहलायेंगे यह सत्य है लेकिन मुख्यमंत्री उनके द्वारा चुने जाने की संभावना नहीं है। एक की तो अपनी घर की पार्टी है वह स्वघोषित स्वाभाविक स्वचुनित मुख्यमंत्री है। दूसरी तरफ़ जीतने पर मुख्यमंत्री

बनाया जायेगा। जो कहीं से भी हो सकता है, मछलीपट्टनम से भी।

पत्रकार 2 - इस बार भी हारने वाले प्रत्याशी पूरे उत्साह के साथ ईवीएम का रोना रो सकेंगे। चुनाव आयोग ने जनहित में जारी की यह आवश्यक सूचना।

पत्रकार 1 - ऐसा भी आवश्यक नहीं है। भाजपा के हारने पर ईवीएम का रोना हारने वाले नहीं करेंगे। चुनाव आयोग को सूचना पर पुनर्विचार करना चाहिए।

पत्रकार 2 - अगर कल भाजपा को बहुमत नहीं मिलता है तो इसका सीधा-सीधा मतलब यह होगा कि उसके आधे से ज़्यादा प्रत्याशी चुनाव हार गए हैं।

पत्रकार 1 - इसका अर्थ यह है कि भाजपा के आधे से ज़्यादा प्रत्याशी अगर चुनाव हार गए तो भाजपा बहुमत के आंकड़े को नहीं छू पाएगी।

पत्रकार 2 - जी इसके अलावा एक विश्लेषण यह भी है कि अगर कांग्रेस उतनी ही सीटें जीतती है जितनी पिछली बार जीती थी तो मुकाबला सीधा-सीधा आम आदमी पार्टी और भाजपा के बीच होगा। कांग्रेस बीच बचाव के मूड में नहीं है।

पत्रकार 1 - एक मतगणना केन्द्र पर मतगणना रोक दी गई है। यह इसलिए हुआ क्योंकि एक प्रत्याशी ने मतगणना केंद्र में घुसकर कहा - मत गिनो, घबराहट हो रही है। अधिकारी यह तय नहीं कर पा रहे हैं कि गिने या न गिने। न गिने तो किस नगीने को विजयी घोषित करें और गिने तो इसकी घबराहट का क्या करें?

पत्रकार 2 - अंदरखाने की ये भी ख़बर है कि ऐसे विजेताओं को सरकार बनाने के लिए भी आमंत्रित किया जा सकता है।

परिणाम वैसा ही आया जैसी अपेक्षा थी। जिसको जीतना था सो जीत गया, जिसको हारना था लड़कर हारा और जिसको एक तरफ़ बैठकर ताली बजानी थी उसने तालियाँ बजाईं। चुनाव पत्रकारों ने भी लड़ा था सो उनसे अपना आनंद छुपाये न छुपाया गया। एक का तो ख़ुशी के मारे नाच ही निकल गया।

53

सांप्रदायिक मध्यमवर्ग

मध्यमवर्गीय तो सब होते हैं। अब तो वित्तमंत्री भी मध्यमवर्गीय हैं। कभी सोचा नहीं कि पहले के कितने वित्तमंत्री मध्यमवर्गीय रहे होंगे। लेकिन वित्तमंत्री के स्वयं को मध्यम वर्गीय कहने में सहानुभूति कम और यह अधिक लगा कि जैसे कह रही हों, तुम अकेले दुखी नहीं हो हम भी दुखी हैं, हम से कुछ उम्मीद मत करो।

मध्यमवर्ग जब रईसों और गरीबों के विभाजन को चीरते हुए खड़ा हुआ होगा। न वो इतना गरीब रह गया कि उसपर दया की जाए न इतना रईस रहा, कि उससे दया की उम्मीद की जाए। जब भी यह वर्ग समाज में खड़ा हुआ होगा, गरीब उसे रईस की तरह देखते होंगे और रईसों के लिए तो वह गरीब ही था।

आजादी के बाद उसकी परिस्थिति दशकों तक वही रही कि उसे गरीबों वाली सब्सिडी की चाहत भी रही और अमीरों की विलासिता की भी। सबसिडी और डिस्काउंट की चाहत उसका स्वभाव बन गया। बचत करना, जिसे कंजूसी का छोटा रूप कहा गया, उसकी नैसर्गिक प्रतिभा बन गई। अपनी आवश्यकताओं में कंजूसी करके बचाकर अपने बच्चों पर खर्च कर देने की नियति बन गई। कभी सारी उम्र एक साइकिल, एक स्कूटर या एक घर का सपना देखते हुए निकाल देने वाले, जो ये सब इसलिए नहीं कर पाए क्योंकि चादर जीवन भर छोटी ही बनी रही। इधर पैर फैलते उधर से सर बाहर निकल जाता।

फिर मध्यम वर्ग भी बंट गया। मिडिल क्लास, अपर मिडिल क्लास, लोअर मिडिल क्लास हो गया। फिर लोअर मिडिल क्लास के नीचे भी नियो मिडिल क्लास ने जन्म ले लिया। मिडिल क्लास अब भी वही है जिसके कुछ सपने पूरे होते हैं कुछ नहीं होते। कुछ सपनो को देखता है, कुछ को जीता है।

अब लश्कर–ए–मीडिया के आतंकवादी पत्रकार मध्यमवर्ग को सांप्रदायिक बता रहे हैं। क्योंकि मध्यमवर्ग अपनी सुरक्षा की बात करने लगा है। बताइए, अब मध्यमवर्ग की इतनी औकात हो गई कि सुरक्षा मांग रहा है, अपने हित की बात करते हुए शर्म नहीं आती मध्यमवर्ग को?

अगर मध्यवर्ग सावधान सजग रहेगा तो कैसे चलेगा जी? कैसे लश्कर–ए–मीडिया उन्हें भड़का पाएंगे? बताइए टमाटर महंगा हो गया मध्यम वर्ग ने इतनी हाय तौबा नहीं मचाई कि सरकार हिल जाए। ये मध्यम वर्ग अब सोशल मीडिया में समाचारों की पुष्टि कर के विश्वास करने लगा है, ऐसे में पत्रकारों की क्या औकात रह जाएगी? अगर सब लोग समाचार की सत्यता जांचने लगेंगे तो लश्कर–ए–मीडिया के पत्रकार जो दशकों तक देश में अपना एजेंडा और नैरेटिव चलाते थे उनका क्या होगा?

एक ज़माना था, जब छोटे शहरों में दो दिन देर से पहुँचने वाले अंग्रेजी अखबार के लिए लड़के उत्सुक रहते थे। वीर सांघवी, बरखा, घोष जैसों के लेख पढ़ने के लिए। अब इनकी औकात ही नहीं बची। पढ़ना तो दूर इन्हें अब कोई पूछता भी नहीं।

तो दोष मध्यम वर्ग पर मढ़ दिया जाए। क्या है कि जो गरीब हैं उन्हें मजदूरी से फुर्सत नहीं, उन्हें तो दिहाड़ी पर कोई भी पार्टी अपने साथ मिला लेती है। बोतल, साड़ी, मुर्गा, धोती यहाँ तक कि चप्पल में भी पट जाने वाला गरीब तो भेड़चाल में चल देता है। लेकिन यह मध्यमवर्ग अपनी बुद्धि लगाने लगा है। न पत्रकारों की सुनता है न नेताओं की। न इसे मोहब्बत की दुकान से मतलब है न किसी के अब्बा जान से।

इसलिए लश्कर–ए–मीडिया सारा दोष मध्यमवर्ग पर मढ़ने लगे हैं। मेवात में आतंकवादियों ने गोलियाँ चलाई क्योंकि मध्यमवर्ग के लोग सांप्रदायिक हो गए हैं। मणिपुर में हिंसा हो रही है क्योंकि मध्यमवर्ग के लोग सांप्रदायिक हो गए हैं। लेफ्ट कमजोर हो गया क्योंकि मध्यमवर्ग बढ़ गया है। मध्यमवर्ग न हुआ कोलेस्ट्रॉल हो गया, बढ़ गया तो लेफ्ट बीमार पड़ गया। अगर लोग सही प्रश्न पूछने लगें तो लेफ्ट जैसे कुंठित, कुटिल विचारधाराएं स्वतः ही मर जाएं।

सरकारी तंत्र भी मध्यम वर्ग को दोषी मानता है। कभी कहते हैं मध्यमवर्ग कामचोर है, बेईमान है। कभी कहते हैं मध्यमवर्ग ज्यादा खाना खाने लगा है इसलिए खाने पीने की वस्तुएं महंगी हो गई हैं। मध्यम वर्ग स्वयं सोचता है कि जब उसके होने से इतनी समस्या है तो वह बना ही क्यों है?

मध्यमवर्ग बना इसलिए है कि आयकर भरे क्योंकि वह कमाता है। सेस भरे क्योंकि बहुत से लोग नहीं कमाते। गृहकर, जलकर, स्वच्छता के लिए आदि-अनादि कर भरे क्योंकि उसके पास घर है। नहीं भी है तो भी भरे। रोड़ टैक्स, टोल टैक्स, फ्यूल टैक्स, पॉल्यूशन भरे। फिर सलाना बीमा भी कराए क्योंकि उसके पास गाड़ी है। गाड़ी होना वैसे तो महंगा है लेकिन गाड़ी लेकर घर से निकलना और अधिक महंगा है। गाड़ी की कीमत से अधिक चालान हो सकता है, क्योंकि सारे ट्रैफिक नियम तो मध्यम वर्ग ही तोड़ता है। ट्रैफिक ही नहीं लगभग सारे नियम मध्यम वर्ग ही तोड़ता है। क्योंकि नियम तो बने ही मध्यमवर्ग के लिए हैं। मध्यमवर्ग कोल्हू का बैल है। नियति मान कर जीवन पर्यन्त परिश्रम करता है। कोल्हू से जो तेल निकलेगा तो सरकारी मशीनरी पियेगी और अपने दामादों को पिलवाएगी। मध्यमवर्ग को सूखा भूसा मिलेगा। उसके बाद कसाईखाने में बेच दिए जायेंगे, कोई टुंडे कबाबी नाम और पैसे कमाएंगे और सरकार के दमाद स्वाद लेकर खाएंगे।

मध्यम वर्गीय लोगों से आशा यही है, अधिक न बोलो। तुमको इतना मिल गया है कि तुम गरीब नहीं हो, और इतना भी नहीं मिला है कि तुम अमीर हो। सो जो मिला है उसमें खुश रहो, कमाओ टैक्स दो और जो बचे सो खाओ। ज्यादा मांग गत करो, न सुविधाओं की न सुरक्षा की न संसाधनों की। सुविधा-सुरक्षा नेता लेंगे, संसाधन विशेष वर्ग। उस पर दोनो तरफ की टिप्पणी करेंगे पत्रकार।

निम्न वर्ग का क्या है – मांग के खाइबू, झुग्गी, फुटपाथ पे सोइबू वालों के लिए क्या नियम क्या कायदे? तंत्र भी सोचता है इनसे क्या ही दंड लें? उच्च वर्ग के कायदे के सामने नियम के क्या फायदे? तंत्र भी सोचता है इतने दंड से इनको क्या ही फर्क पड़ेगा? इसलिए चोट उसपर की जाती है जिसपर फर्क पड़ता है।

जब किसी मध्यम वर्ग के व्यक्ति की जेब से पाँच सौ रुपए अतिरिक्त या अनपेक्षित निकल जाते हैं तब एक बार उसका बीपी जरूर नापना चाहिए। उसी अतिरिक्त खर्च या हानि की चिंता में डूबे हुए मध्यम वर्ग को सांप्रदायिक कहने वाले एक बार अपना चेहरा आईने में देख लें।

54

टिपिकल मसाला

वैसे तो इस लेख में तर्क वगैरह को स्वाहा ही समझिये। फिर भी अगर बिना किसी तर्क के ही पढ़ सकें तो पढ़ें। एक नई फिल्म के टीज़र देखने के बाद, हमनें सोचा अगर पुराने जमाने के टिपिकल मसाला फिल्मों वाले इस फिल्म के डायलॉग लिखते तो कैसे लिखते। डायलॉग और सीन कैसे होते?

कहीं दूर किसी टापू पर, किसी किले के सामने –

"रावण अली! चुपचाप अपने दोनों हाथ ऊपर कर के बाहर आ जाओ। वानरों ने तुम्हें चारों तरफ से घेर लिया है।"

"तुमनें अभी रावण का कहर देखा नहीं है सूर्यवंशी। रावण के खौफ से देवता भी थर थर कांपते हैं।"

पृष्ठभूमि में संगीत ~ लंक..लंक..ल..ल ...लंकेश ..लंकेश।

"रावण जब स्वर्ग की तरफ देख भी लेता है तो देवता कहते हैं अप्सराओं छुप जाओ नहीं तो रावण आ जाएगा।"

"ये गीदड़ भभकी किसी और को देना रावण। माँ का दूध पिया है तो बाहर निकल। क्या कायरों की तरह छुप कर बैठा है।"

"लौट जाओ सूर्यवंशी, वरना.."

"वरना क्या रावण अली.."

"अंजाम बहुत बुरा होगा!"

पृष्ठभूमि में संगीत ~ लंक..लंक..ल..ल ...लंकेश ..लंकेश।

"अंजाम की धमकी किसी और को देना। मैं अपने सर पर कफ़न बांध के आया हूँ और आज मामला रफा दफा कर के ही जाऊंगा।"

"सूर्यवंशी भूलो मत तुम असुर बस्ती में खड़े हो, ये हमारा इलाका है। हमारे इलाके में घुसकर हमें भड़काओ मत।"

"इलाके कुत्तों के होते हैं, शेर जंगल का राजा होता है और तुम्हारे सामने शेरों की सेना खड़ी है।"

सीन का फोकस अचानक अदालत में -

"ऑब्जेक्शन मीलॉर्ड ! मीलॉर्ड, मेरे काबिल दोस्त फेक न्यूज़ फैला रहे हैं। साफ़ साफ़ दिख रहा है सामने वानरों की सेना है।"

"ओवर रूल, आप ऐसे वानरों को शेर बता कर फैक्ट के साथ छेड़छाड़ नहीं कर सकते।"

"लेकिन मीलॉर्ड .."

हथौड़े की आवाज़ ठक्क!

सीन का फोकस वापस किले पर -

उधर से मेघनाद – "भूलो मत हमारे कब्जे में कौन है। चुपचाप हथियार डाल दो। वरना हमारे हथियार उठे तो बहुत खून बहेगा। क्यों खुद अपनी तबाही को बुला रहे हो।"

"मेघनाद, क्लाइमैक्स में फैमिली का अपहरण आउटडेटेड हो गया है। हमने तुम्हारे हथियारों का फ्यूज़ कंडक्टर पहले ही निकाल लिया था। हार मान लो और दशहरे पर जलने के लिए तैयार हो जाओ।"

संगीत - ढेंटें sss ढेंटें ....

भारी आवाज में डायलॉग ... मुद्दई लाख बुरा चाहे तो .....वगैरह वगैरह।

ढेंटें sss ढेंटें .... टन टन्न टन टन्न

"अरे वानर तुम तो द्रविड़नाडू वाले हो, साउथ इंडियन हो। तुम क्यों इन नॉर्थ के लोगों का साथ दे रहे हो। ये यूपी वाले भैया लोग बड़े लड़ाकू होते हैं।"

"जबान को लगाम दे मेघनाद! नॉर्थ से साउथ और ईस्ट से वेस्ट इंडिया एक है। हम सब इंडियन हैं। लंका का मलिंगा हमको सिखाएगा? तुम्हारा लंका कढ़ी में पकौड़े की तरह पड़ा हुआ द्वीप है।जितने तुम्हारे यहाँ की जनसंख्या है उतने तो हमारे यहाँ NRI विदेशों में स्वतंत्रता संग्राम की तैयारी में लगे हैं। जितने सोने के तुम्हारे देश में सोने के महल हैं उतना सोना तो हमारे केरल वाले सऊदी से अपने *** में भरकर ले आते हैं। जितनी तुम्हारी जीडीपी है उतना तो हमारे देश को बर्बाद करने के लिए सोरोस इन्वेस्ट कर देता है। जितने साल लंका को बने हुए नहीं हुए उससे ज्यादा तो अकेले नीतीश कुमार बिहार के मुख्यमंत्री रह चुके हैं। हमारा देश एक भारत और श्रेष्ठ भारत है। *और इसीलिए चुपचाप हथियार डाल दो।*"

"तुम क्या हथियार डलवाओगे, हमारी तो एक नजर ही काफी है कहर बरपाने के लिए। याद है तो १७०० करोड़ का पुल। उसे हमारी ही नजर लगी थी। इसीलिए बनने से पहले ढह गया।"

"पुल तो हम और बना लेंगे। देख लो तुम्हारे ही सामने समुद्र पर पुल बनाकर हम नदी के इस पार इतनी बड़ी सेना लेकर आ गए।"

सीन कट कर अचानक अदालत में-

"ऑब्जेक्शन मीलोर्ड। नदी नहीं समुद्र।मेरे काबिल दोस्त भूल गए कि पुल समुद्र पर बना है।"

"सस्टेन्ड!" जोर से हथौड़े की आवाज़।

सीन वापस युद्ध भूमि में।

"तुम्हारे जैसे राक्षसों की बुरी नजर हमारे राष्ट्र का कुछ नहीं बिगाड़ सकती। अरे, हमारे तो ट्रकों के पीछे भी लिखा होता है – बुरी नजर वाले तेरा मुंह काला।"

"संघी, भक्त। राष्ट्रवाद फैलाता है। तुम लंका जलाने के अलावा कर क्या सकते हो। अरे सूपर्णखा तो पंचवटी में मोहब्बत की दुकान खोलने आई थी, तुम संघ वालों ने उसकी नाक काट दी और नाकपुर शहर बसा दिया। और अब उसी नाकपूर से सारी दुनिया चलाना चाहते हो। यही है तुम्हारी इंसानियत?"

"अरे मोहब्बत की दुकान वालो, दुकान खोलकर एक तरफ बैठो, घर घर जाकर क्यों जबरदस्ती बेचते हो। अपनी मोहब्बत अपने पास रखो और सरेंडर कर दो। अब भी मौका है, सरकारी गवाह बना देंगे और कम से कम सजा होगी!"

विभीषण हाथ ऊपर कर के बाहर निकलता है।"मैं सरेंडर करने के लिए तैयार हूं। सरकारी गवाह बनने के लिए भी।"

"देश द्रोही। कुल द्रोही। मैं तुझे नहीं छोड़ूंगा।"

"भैया, आप भी सरेंडर कर दो। हम अपनी सजा काटने के बाद इज्जत की जिंदगी जिएंगे। आप बाहुबली हो चुनाव लड़कर विधायक या सांसद भी बन सकते हो। और इन लोगों ने चाहा तो आपको राज्यसभा का टिकट भी दे सकते हैं।"

"अरे देश द्रोही, लंकेश हैं हम। लंका में राजसभा होती है राज्यसभा नहीं। रुक अभी तेरा टिकट कटवा कर तुझे रफा दफा करता हूं।"

पृष्ठभूमि में संगीत ~ लंक..लंक..ल..ल ...लंकेश ..लंकेश।

"इससे पहले कि मेरे वानर लंका में घुसकर तुम्हारी लंका लगा दें, बाहर आ जाओ। आखिरी मौका है।"

रावण का फोन बजता है।

"हैलो!"

"हैल्लो सर, गुड मोर्निंग। मैं बजाज फाइनेंस से बोल रहा हूँ।"

"सर सुना था कोई लंका जला गया था, रिकंस्ट्रक्शन वगैरह के लिए हमारी कंपनी आपको प्री-एप्रूव्ड होम लोन दे रही है।"

"नहीं चाहिए।"

"कोई और लोन की जरूरत हो तो बताइये सर।"

"नहीं चाहिए।"

"पुष्पक विमान का इंस्युरेन्स करवा लीजिये सर।"

"नहीं करवाना।"

"आप युद्ध में जा रहे हैं सर अपना बीमा करवा लीजिये। हेल्थ कवर और बीमा के बढ़िया प्लान हैं सर।"

"नहीं चाहिए। अबकी बार फोन किया तो ब्लॉक कर देंगे।"

"याद रखना एक बार अगर हमको ब्लॉक किया तो फिर हमसे लोन लेना तो भूल ही जाओ।"

"अहंकारी हम हैं, कि तुम हो? लोन दे रहे हो या अहसान कर रहे हो? दोबारा फोन मत करना। नहीं तो तुम्हारा बीमा करवा देंगे।"

और फिर सन्नाटा... युद्ध की घोषणा करते हुए आसमान में विमान।

संगीत ... नगाड़ों वाला।

लंका में - "आई लव यू ब्रो! उठ जाओ लड़ने जाना है।"

"आई लव यू टू ब्रो लेकिन लड़ने जाना ही क्यों है? प्रवक्ता और आईटी सेल वाले छुट्टी पर हैं क्या? इतना तो वो ही लड़ लेंगे।"

"लड़ तो लेंगे ब्रो लेकिन ये जंग जुबानी नहीं है।"

"लेकिन तुम्हारे लिए मैं क्यों लड़ूँ?"

"क्योंकि उनकी सेना में कोई आई लव यू नहीं बोलता ब्रो। हमारी लंका में सब एक दूसरे को आई लव यू बोलते हैं इसलिए जाओ लड़ो ब्रो।"

सीन कटकर बीबीसी पर - संयुक्त राष्ट्र ने लंका में बढ़ते तनाव को देखते हुए दोनों पक्षों से शांति की अपील की है। अमेरीका ने लंका को हथियार देने की पेशकश की। अमेरिका और चीन हथियार देने के लिए आपस में भिड़े।

सीन वापस लंका में – लंका से निकलता हुआ भीमकाय कुंभकर्ण।

सीन टीवी पर – आपके लिए एक्सक्लूसिव तस्वीरें। लंका की तरफ से लड़ने के लिए कुंभकर्ण निकल रहा है। भीषण लड़ाई की संभावना। केवल हमारे नंबर वन चैनल पर एक्सक्लूसिव तस्वीरें।

बीच में विज्ञापन, विज्ञापन में मेघनाद – इस युद्ध में आपने ड्रीम ११ पर सेना बनाई? सेना नहीं बनाओगे तो जीतोगे कैसे?

सीन वापस लंका में

कुंभकर्ण गिर रहा है, वानर उसकी देह के नीचे दब रहे हैं। युद्धभूमि से पुलिस और एम्बुलेंस के सायरन की आवाज। मीडिया से युद्ध भूमि पटी हुई। मीडिया लाशों के मुंह में भी माइक ठूंस कर बाइट लेने की कोशिश करती हुई।

एक राक्षस- जब मुझसे लड़ना ही नहीं था तो बुलाया क्यों था?

मीडिया - सर आप स्वयं सक्षम है भिड़ जाइए किसी से भी।

इसी बीच लंका पक्ष की आधिकारिक प्रेस कॉन्फ्रेंस – युद्ध में आज कुंभकर्ण शहीद हो गए हैं। कुछ लोग उनकी चपेट में आकर घायल हुए हैं। हम हालात पर नजर बनाए हुए हैं। घायलों को मोहल्ला क्लिनिक में भर्ती करवाया जा रहा है।

बंगला सरकार ने घायलों को दो दो लाख रुपए दो हजार की गड्डियों में बांध कर भेजे हैं। वानर पक्ष का आधिकारिक बयान – आज अपराह्न २ बजे, एक एनकाउंटर में रावण के भाई की मृत्यु हो गई है। एनकाउंटर ऑपरेशन अभी चल रहा है जिसकी जानकारी सही समय पर उपलब्ध करवा दी जाएगी।

जेएनयू में नारेबाजी – कुंभकर्ण हम शर्मिंदा हैं।

दिल्ली में एक सभा में वक्ता की आंख में आंसू – आज उनकी बड़ी हैंडसम याद आ रही है।

*हैंडसम आदमी की याद भी हैंडसम होती है।

जंतर मंतर पर कैंडल मार्च। जस्टिस फॉर कुंभकर्ण।

ग्रेटा का आधिकारिक ट्वीट – दिस इस क्लाइमेट इमरजेंसी। *Kumkan was an environment activist. **please use the toolkit for tweet storm at noon today.*

पर्यावरण मंत्री – इस साल फिर कुंभकर्ण मर गया, बाकी भी मरते ही होंगे। इस साल भी दिवाली पर प्रतिबंध है। पटाखे बैन करो।

उधर युद्धभूमि में – "मुझे मजबूरन तुम्हारे अहंकार की छाती में यह ब्रह्मास्त्र गाड़ना पड़ रहा है। और फिर ..... !!"

"ये सब जान गए हैं शिवा! तुम ही ब्रह्मास्त्र हो शिवा। अहंकार की छाती में से निकल आओ शिवा। शिवा! शिवाSSS"

ट्विटर पर ट्रॉलिंग – इस देश में जब तक सनीमा है ....!

55

मैं दुखी और आहत हूँ

मैं इस बात से काफी दुखी और आहत हूँ कि योगी आदित्यनाथ अपने नाम के आगे योगी लगाते हैं। योगी हैं तो योग करें। ध्यान तपस्या करें। औंधे सीधे आसान करें। क्या राज चला रहे हैं। बुलडोज़र चला रहे हैं। राज तो उन्हीं को चलाना चाहिए जिनके नाम के आगे राजा युवराज, राजमाता लगा हो।

जैसे युवराज जी। बिलकुल राजकुमारों वाली सुंदर मनमोहिनी डिम्पलियुक्त सूरत। वही राजसी शौक। और नाम में भी देखिये बाप जैसा रौब। गांधी। हर नोट पर छपा हुआ। अहा क्या राजसी ठाट, बाट, नाम। नाम तो एक वो रामदेव का भी है। योग तो करते हैं लेकिन बाबा हैं, योगी नहीं।

बाबा हैं झोला टांग कर घूमें। भिक्षा मांगें, भजन गाएँ। चाहे तो सांप बिच्छू पकड़ें, झाड़ फूंक करें। पतंजलि नाम से कारोबार चला रहे हैं। कारोबार तो जिंदल, बजाज, वाढरा को चलाना चाहिए। नाम में ही बिजनेस झलकता है। भरोसा झलकता है। परिवार से लगते हैं।

परिवार तो संघ वालों का भी है। लेकिन न जाने उनके सब नेता कुंवारे ही क्यों होते हैं? कुंवारों का परिवार भी क्या ही परिवार होता है? ऐसे परिवारों से मैं दुखी और आहत हूँ। आहत तो आजकल चौधरी साहब भी हैं। उनको टमाटर उलटे पड़ गए। क्या जरूरत थी किसी महिला मंत्री से टमाटर पर प्रश्न पूछने की?

बेचारी वो आहत हो गईं। आजकल जल्दी आहत होती हैं। कोई और नेता होता तो बड़े उदास स्वर में कहता, टमाटर तो हमने दो साल से नहीं खाए। किसी ने बताया था टमाटर खाने से पथरी हो जाती है इसलिए हम पहले से नहीं खाते थे। अब तो महंगे भी हैं तो हम लाते भी नहीं। टमाटर तो रामेस्वर जी लाते थे। जे बड़े-बड़े लाल-लाल। फिर एक दिन टमाटर को लग गया शाप, रामेस्वर जी के

पास पहुंचा लल्लनटॉप। रामेस्वर जी रो पड़े। देश रो पड़ा। बताइये, अब एक गरीब आदमी की औकात टमाटर खरीदने की छोड़िये बेचने की भी नहीं रही। गरीब का घर नहीं चल रहा क्योंकि वो टमाटर नहीं बेच पा रहा।

हालाँकि तोरई, लौकी, आलू बेच सकता था। लेकिन उसे तो बेचने थे टमाटर। जैसे हर साल एक न एक चीज़ लाल होती है इस बार टमाटर हो गया। पिछले साल नीबू थे। उससे पहले रूहअफजा। शायद अगले एक दो महीने में प्याज। प्याज की तो पूछिए मत, नया नया मुल्ला ज्यादा ही खाता है। वैसे ही नया नया सेलिब्रिटी ज्यादा फुटेज खाता है। जैसे उस ट्रक ड्राइवर ने फुटेज खाया, कांग्रेस का कार्यकर्ता निकला। यात्रा में राहुल जी जिसे गले लगाते वो या तो कांग्रेस का कार्यकर्ता निकलता या सोरोस पालित पालतू।

ऐसे में रामेस्वर जैसा बिना डिजिटल फुटप्रिंट वाला कार्यकर्ता जरूरी भी था। बढ़िया पी.आर. की बातें हुईं। अब उन्हें बनाया जाएगा टमाटर का अधिकृत विक्रेता। या कोई टमाटर शिरोमणि पुरस्कार भी मिल जाए। शिरोमणि तो खैर संसार में एक से एक हैं। लेकिन दिल्ली में तो पूरी सरकार ही शिरोमणियों की है। जिन्हें कर कोई लगभग मना ही कर देता है। लोकपाल छोड़िये अब तो भ्रष्टाचार भी मुद्दा नहीं है। सब मौसेरे भाई एक साथ पंगत में बैठे हैं। पंगत में परोसने वालों को राक्षस कहने वाले शिरोमणि नहीं शिरोमणि के घोड़े हैं। घोड़े ढाई घर चलते हैं, लेकिन शिरोमणि के घोड़े साढ़े तीन घर चलते हैं।

एक शत्रु पक्ष का, ढाई अपने। तो अपनी तरफ के ढाई चलने वालों को मुफ्त की सलाह है। एक तरफ पी.आर. और प्यार की बात हो रही है दूसरी तरफ से अहंकार का ढैया मत चलिए। चुनाव का समय है चाशनी बोलिये। अगर आप मधुमक्खी हैं और आपने मेहनत कर के छत्ता बनाया है, तो मांगने वाले को शहद दीजिये डंक मत मारिये। छत्ता बना लेने का घमंड न करिये। क्योंकि अगर छत्ता तोड़ने वालों ने ठीक से लाभ उठा लिया तो सत्ता भी जाएगी, छत्ता भी जाएगा। शहद पिएंगे वो जो उनके अपने हैं। आप उठाएंगे झोला। आप गिरेंगे औंधे। लोग कहेंगे कि आप आसन कर रहे हैं। योगी हो गए। बाकी तो सब समझदार हैं ही।

जो दुखी और आहत हैं, वे यथा स्थिति बनाए रखें। अगले एक दो वर्ष तक बहुत अवसर मिलेंगे। इसलिए आचार्यत्व छोड़िये छपरीतत्व पर ध्यान केंद्रित कीजिये। बिगबॉस, रोडीज़, डेयरडेविल आदि काफी शो उपलब्ध हैं। कैरियर में अपार संभावनाएं हैं। नेतागिरि वाला काम पेशेवर नेताओं के लिए छोड़ दीजिये। यह शिकायत मत कीजिये गा कि मैंने अपनी पसंदीदा कटाक्ष की विधा में इस लेख को लिखकर आपकी ट्रोलिंग की हैं। मैं स्वयं इस बात से बेहद दुःखी और आहत हूँ।

56

पंखे का धर्मसंकट

एक होते हैं भिया और दूसरे होते हैं भिया के पंखे। जितने तेजस्वी भिया उससे दुगने तेजस्वी भिया के पंखे। समझ लो भिया डाल डाल तो पंखे पात पात।

चुनाव का समय है, जितनी चिंता भिया को टिकट की है उससे दुगनी चिंता उनके पंखों को है। टिकट की अभिलाषा में भिया किसी के हाथ जोड़ते तो पंखे पैरों में ही लोट जाते। यूं समझ लेयो कि भिया ने टिकट की अभिलाषा में आलाकमान से लेकर नालाकमान तक से मिन्नत कर डाली। भिया के एक इशारे पर पंखों ने दौड़भाग कर–कर के इंदौर का भंवरकुआं–पलासिया एक कर डाला। छप्पन से लेकर सायाजी और राजवाड़ा से लेकर सराफा तक में पोए से लेकर पुए तक सटक डाले। लेकिन भिया की समस्या एक ही रही, टिकट पर संशय। इस बार मामला थोड़ा पेचीदा था।

भिया खजराना में गणेश जी के सामने टिकट के लिए हाथ जोड़े खड़े थे। भिया गणेश जी से कहते टिकट पक्का करवा दो महाराज पूरे इंदौर में पोए जलेबी का भंडारा करा देंगे। खजराना का ट्रैफिक भी सटासट करवा देंगे। आप कैसे भी टिकट दिलाओ महाराज। वहीं उनके बगल में उनका एक पंखा भी हाथ जोड़े खड़ा था। वैसे तो कायदे से उसको प्रार्थना करनी थी कि गणेश जी महाराज जैसा भिया कह रहे हैं वैसा ही करा दो। हमारी तो एक ही इच्छा है कि भिया को टिकट मिल जाए बस। महीने भर के लिए जीरामन छोड़ देंगे। खाना भी और बनाना भी। भिया को टिकट मिल जाए तो हमारा जीवन सफल हो जाए।

लेकिन मामला संपट बैठ नहीं रिया था। पंखा मन ही मन अलग ही प्रार्थना कर रहा था – गणेश जी महाराज वैसे तो भिया को टिकट मिलने की खुशी हमसे ज्यादा किसको होगी। लेकिन इस बार टलवा दो। किसी और को दिलवा दो। चुनाव

२४ को है, और उसी दिन हमारा ब्याव फंस गया है। ब्याव का न्यौता भी आपको हमने पहले से दिया था। आप तो जानते हो महाराज चुनाव तो पाँच साल बाद फिर आ जायेंगे लेकिन हमारा ब्याव तो एक ही बार होना है। बुकिंग वगैरा भी हो गई है। टेंट–बाजे वालों को बियाना भी दे दिया है। भिया से तो अपन कह नहीं सकते। भिया अपने से भैंकर चटक जायेंगे। आप से कह सकते हैं। जैसा बने सो कर दो।

क्या है कि टिकट अगर मिल गया तो भिया खेलेंगे खेल और हमारी बनेगी रेल। अब हम ब्याव संभालेंगे कि चुनाव? बरात में दूल्हा बनेंगे या भिया रैली में सहबाला? दुल्हन को वरमाला पहनाएंगे या भिया को स्वागत माला? चुनाव में भिया के साथ न रहे तो कित्ती बड़ी आफत हो जाएगी आप तो समझते ही हो। कुछ भी सह लेंगे लेकिन भिया के बगल में किसी और को खड़ा देखना बर्दाश्त नी हो पाएगा। अपन इत्ती मेहनत से इधर पहुंचे हैं। चुनाव में हम जा नहीं पाएंगे और ब्याव में मन लगेगा नहीं। मन क्या लगेगा हमसे ब्याव हो नी पाएगा। फिर भिया के बिना ब्याव में मजा भी तो नी आएगा। तो सब संपट बिठा देओ। संकट मिटा देओ। इस बार भिया का टिकट कटा दो।

गणेश जी मुस्काए और कहने लगे। बात तो सही है लेकिन सोचो हर चुनाव में एक न एक जोड़ी शादी के कपड़े पहन कर वोट डालने जाती है। तुम्हारे पास तो मोका है आल इंडिया में वर्ल्ड फेमस होने का। मंडप से सीधा वोट डालने निकल जाना चकाचक। अखबार में छपोगे सो अलग। हर चुनाव में ये वाला नेग दस्तूर इस बार तुम कर लेना।

पंखा बोला - वो तो ठीक है लेकिन शादी के नेगदस्तूर के बीच में हमारे भिया छूट जायेंगे यार।

गणेश जी बोले - क्लियर कट देख लो मांग में लाल सिंदूर भरना है या उंगली पर काली सियाही लगानी है।

पंखा बोला - आप तो टिकट का देखो। भिया के अलावा कोई दूसरा उम्मीदवार मिले तो उसे दिला दो। काय को हमाई लाइफ में कंजरवाड़ा मचाना हे।

गणेश जी मुस्कुराए और बोले – टिकट विकट अपने हाथ में नी है। वो तो तुम्हारे भीया के आलाकमान के हाथ में है। टिकट तो उसी को मिलेगा जिसको आलाकमान देगा। तुम हमसे बेसन के लड्डू चढ़ा कर विनती कर रहे हो उधर तुम्हारे भिया आलाकमान को नी नी करके सवा किलो सोने के लड्डू चढ़ा आए हैं। अपन कोई गारंटी नहीं लेते। जो मांगना है आलाकमान से मांगो। सोने के लड्डू जिसको चढ़ जाएं उसका वरदान तो वही टाल सकता है।

पंखे के मुंह में जैसे भैंकर चरपरे रतलामी लोंग सेव भर गए होएं, ऐसा हो गया। इतने में भिया ने हाथ से झकझोर के जगाया – चल रे। पंखा जागा और अपने सुभाव के अनुसार भिया को ठंडी हवा देने में लग गया।

57

अविश्वास प्रस्ताव

एक समय था जब संसद में अविश्वास प्रस्ताव आने का मतलब था कि सरकार तो गई। सरकारें एक-एक वोट से चली भी जाती थी। अविश्वास प्रस्ताव भी काफ़ी विश्वास से रखे जाते थे, मंत्री प्रधानमंत्री कांप जाते थे और जनता को फिर से होने वाले चुनावों की आशंका घेर लेती थी। निर्दलीयों की बांछें खिल जाती थी। सत्ता पक्ष के बटुए खुल जाते थे। गधे भी घोड़ों के भाव बिकने को तैयार हो जाते थे। मीडिया को एजेंडा मिल जाता था। विपक्ष को मौका।

अब ऐसा नहीं होता, अब आने वाले अविश्वास प्रस्ताव किसी की समझ नहीं आते। पहले गठबंधन की सरकारें होती थी, अभी नहीं हैं। गठबंधन सरकारों में दल एक दूसरे से प्रेमी-प्रेमिकाओं की तरह रूठने मनाने का खेल खेलते थे। फ़िलहाल परिस्थिति ऐसी नहीं है। केंद्र में तीन सौ का आंकड़ा होने के बाद भी अविश्वास प्रस्ताव लाया गया। अविश्वास प्रस्ताव पर विपक्ष लामबंद होता दिखा।

उन दलों ने भी अविश्वास प्रस्ताव का समर्थन किया जिनके एक भी सांसद नहीं हैं। उन्हें ज़ीरो अवर एलॉट किया गया था और उन्होंने अपने सारे (ज़ीरो) वोट अविश्वास पर न्योछावर कर दिए। जिन्हें लूटने कुछ नए दल वाले विपक्ष के खेमे में घुस गए। विपक्ष के नेता पूरे फ़ॉर्म में नज़र आए, उनका डोज़ इतना स्ट्रांग था कि उनका उपहास करती एक सांसद महोदया को देखकर उनको लगा कि वे उन्हें देखकर मुस्कुरा रही हैं। सांसद महोदया ने उनसे कहा कि आपको देखकर तो वैसे आज पूरा देश मुस्कुरा रहा था।

जब पासवान जी थे तो उनके भाषण से पता चल जाता था कि किसका पलड़ा भारी है। अगर शंका की पूँछ का बाल भी होता तो चाँद मियाँ से पहले पासवान जी पास से दूर हो जाते थे।

विपक्ष के अध्यक्ष जी ने कहा कि प्रधानमंत्री बनने से मोदीजी के अंदर का गुस्सा पूरे देश में फैल गया है। लोगों ने आशंका जताई है कि अगर अध्यक्ष जी प्रधानमंत्री बन गए तो देश में कॉमेडी फैलेगी या स्टुपिडिटी। इसपर शोध करने जेएनयू के छात्र लग गए हैं। उनकी रिसर्च टुकड़ों-टुकड़ों में प्रकाशित होगी। यह जानना ज़रूरी है कि देश में ऐतिहासिक लाफ्टर चैलेंज कौन लाया? २००५ में यूपीए की सरकार में यह कार्यक्रम शुरू किया गया। इसकी प्रेरणा शायद भावी अध्यक्ष जी ही थे। उस समय अप्रत्यक्ष आंशिक भावी प्रधानमंत्री के रूप में उनका ही असर था जो इस तरह के प्रोग्राम देश में फैले।

पूर्ण बहुमत के बाद भी अविश्वास प्रस्ताव लाना किसी कॉमेडी शो से कम नहीं है। विधानसभाओं में सब सदन में ७० में से ६७ विधायक सत्ता पक्ष के हों और कोई अविश्वास प्रस्ताव लाने वाला न हो तो सत्ता पक्ष स्वयं विश्वास प्रस्ताव लाकर समय बर्बाद करता है। यह समझ से परे है। पर जनता का पैसा है, उड़ाइये; टीवी पर मुफ़्त का प्रसारण है, आनंद उठाइए। जब अविश्वास प्रस्ताव पर उत्तर सुनने की बारी आए तो दल बल समेत वॉकआउट कर जाइए।

58

आलोचना की चाह

कवि आज आलोचक है। कवि के अंदर आलोचना के सवैये उबल रहे हैं, दोहे उसके दिमाग को दुह रहे हैं, कुंठाएँ कुण्डली मार बैठ गई हैं। लेकिन वह छंदमुक्त होकर आलोचना करना चाहता है और यह भी चाहता है कि उसकी आलोचना का कोई उत्तर न दिया जाए। कवि कव्वाल भी है, कव्वाली गाना भी चाहता है लेकिन जवाब सुनना नहीं चाहता।

कवि के हिसाब से पिछली वाली सरकार श्रेष्ठ थी क्योंकि वह उत्तर नहीं देती थी। हालाँकि उत्तर देने लायक भी नहीं थी। लेकिन अच्छी थी। कुछ पूछो तो कह देती थी - हज़ारों जवाबों से अच्छी है ख़ामोशी मेरी। आबरू सबकी बनी हुई थी।

बोलने की तो इतनी आज़ादी थी भैया कि सरकार कुछ कहती नहीं थी, सीधे डंडे लेकर पहुँच जाती थी। प्रधानमंत्री जनता को जवाब नहीं देते थे, मंत्री प्रधानमंत्री को जवाब नहीं देते थे। बाबू लोग मंत्रियों को जवाब नहीं देते थे। लेकिन पूछने की आज़ादी सबको थी। आलोचना तो भर-भर कर होती थी, जिसके मन में जैसे आये वैसे आलोचना करता था, आलोचना का स्कोप भी बहुत बड़ा था और सरकार ने आलोचना करने लायक माहौल भी बना रखा था। सरकार के काम ही ऐसे थे कि लोगों को आलोचना का कोई न कोई बहाना मिल जाता था। वह लोग ही कुछ और थे साहब जिन्हें आलोचना पसंद थी।

उन्हें आलोचना इतनी पसंद थी कि विपक्ष में चले गए लेकिन फिर भी आलोचना उनकी ही होती रही। नई सरकार इस मामले में ठीक नहीं है। लोगों को नई सरकार की आलोचना से डर लगता है। बहुत डर लगता है और भारी डर लगता है। इतना डर लगता है कि लोग आलोचना करते ही नहीं। सीधा गाली देते हैं।

प्रधानमंत्री का नाम भी बिना गाली दिए मुँह से नहीं निकालते। सरकार को तो जैसे गालियों के कीचड़ में लथोर देते हैं। यहाँ तक के सरकार की तरफ़ खड़े हुए लोग भी गाली खाने के योग्य ही समझे जाते हैं। खुले मंचों से धड़ाधड़ अपशब्द बोले जाते हैं। लेकिन बोलने की आज़ादी नहीं है।

कभी-कभी लगता है गाली देने वाले ही थक चुके हैं। उनके अंदर ही अंदर ग्लानि और नैराश्य घर कर चुका है। एक तो उनकी गालियों का किसी पर असर होता नहीं दिखता दूसरा उनको उनकी ही भाषा में जवाब देने वालों की फ़ौज खड़ी हो जाती है। और फिर उन्हें अपने अप्रासंगिक होने का बोध होता है।

अप्रासंगिक अगर कोई हुआ है तो वह हैं पत्रकार, लॉबिंग की दुकान चलाने वाले और सत्ता की मलाई खाने वाले कुछ बड़े लोग। शायद अपनी उपेक्षा से क्षुब्ध लोगों को लगता हो कि वे अप्रासंगिक हो चुके हैं, और सरकार से वे कुछ भी कहेंगे तो सरकार सुनेगी नहीं। हो सकता है ऐसा हो भी। ऐसा नहीं है कि सरकार की आलोचना होती नही। जी भर कर होती है। सरकार फीडबैक भी लेती है और परिवर्तन भी लाती है। वास्तव में जितना यह सरकार फीडबैक पर काम करती है उतना पिछली सरकारों ने नहीं किया। यहाँ तक कि राज्य सरकारें भी इस मामले में पीछे रही। अब इसे फीडबैक कहिये या विवाद के बाद लिए जाने वाले यू-टर्न। लेकिन सरकार जनता की नब्ज़ टटोलती तो है। भले ही कुछ विरोध के बाद निर्णय वापस लेने पड़ें।

तो क्या ऐसे संवाद नहीं होने चाहिए? होने चाहिए, होते रहने चाहिए। बात सीधी थी, एक उद्योगपति ने प्रश्न उठाया, जिसका उत्तर गृहमंत्री ने दिया, आश्वस्त किया कि खुलकर आलोचना कीजिए, कोई नहीं रोकेगा। लेकिन यह मीडिया का जादू है, उद्योगपति का प्रश्न तो ऐसे उछाला जैसे सदी का सबसे बड़ा प्रश्न हो। फिर वही इनटॉलेरेंस वाला राग लेकर मीडिया निकल पड़ा।

59

नेताजी में बाढ़ आ गई

एक विचार आता है कि क्या पत्रकार कभी नेताओं की तोंद को लेकर ऐसे माप करते हैं जैसे वे अन्य घटनाओं की करते हैं? कल्पना कीजिए करते हों।

आज कुछ अधिक खा लेने की वजह से नेताजी में बाढ़ आ गई। तोंद का माप सुबह पांच बजे 49 था जो साथ बजे तक 48 रह गया। नाश्ते के बाद 48.5 नापा गया। लगातार नेताजी के विस्तार में कमी देखी जा रही है। पहले जो तेजी से उनकी कमर 32 से 49 पहुंच गई थी अब रुक गई है। इतिहास में इतनी जल्दी यह कारनामा कर दिखाने वाले ये पहले नेता हैं। नेताजी पहले तो एनजीओ वगैरह में समाज सेवा की एक धारा में बहते थे। प्रदूषित तब भी थे। प्रदूषित इसलिए थे क्योंकि नाले उनसे आकर मिलते थे और उनमें समाहित होकर बहते थे। कभी वे झाग उगलते कभी तेल। बदबू की पूछिए मत। लेकिन बहते थे। नालों के समर्थन से ही सही।

इतने विस्तृत भी नहीं थे, उनके मित्र उनके किनारों पर खेती करते, घर बसाते, अपना अपना धंधा चलाते। सब साथ साथ चलता। फिर नेताजी विस्तृत हो गए। कुछ सत्ता मिली, कुछ शक्ति। कुछ फंड आप पर बरसे कुछ बाहर से आ गए। तभी नेताजी की सीमाएं टूट गईं। सबसे पहले उनके जिन मित्रों ने उनके आसपास घर और जायजाद बनाए थे वे डूबे।

पहले नाले नेताजी में मिलते थे अब नेताजी स्वयं नालों से मिलन को बेकरार हो गए। शहर के हर नाले से मिलने शहर की गलियों में घुस गए। कोई नाला न छूटे। अब नेताजी और नाला जी मिलकर बहने लगे। पहले एक धारा में बहते थे अब अनियंत्रित बहते हैं। बहते बहते पत्रकार वार्ता करने प्रेस क्लब पहुंच गए थे। वैसे तो घर से भी करते हैं। लेकिन प्रेस से मिलना अलग बात है। प्रेस को स्वयं से

मिला लेना अलग आनंद है।

सुना है बहते बहते अब सुप्रीम कोर्ट पहुंचने वाले हैं। पहुंचें,अवश्य पहुंचें। वैसे भी इनकी सरकार जितना समय कोर्ट में बिताती है, कोर्ट भी इनके डूब क्षेत्र में आ ही जाएगा। बाकी रहा गुण दोष का, गुण सब नेताजी के हैं और दोष किसी पर तो मढ ही देंगे। कोई नेता यह नहीं कहेगा कि इस बार खाने का चालीस साल का रिकॉर्ड तोड दिया है इसलिए इतना विस्तार पा गए हैं। ये अवश्य कहेंगे, उनके हालात का दोष पड़ोसियों को जाता है। कभी हवा छोड़ते हैं, कभी पानी और हम घुट जाते हैं या डूब जाते हैं।

रही बात सहानुभूति की, तो दिल्ली से रत्ती मात्र नहीं है। यहाँ मीडिया, साधन, संसाधन सब बिना मांगे पहुंच जाएगा। नुकसान से ज्यादा कमाई कर ली जाएगी। दिल्ली दो दिन में रास्ते पर आ जाएगी, पानी को भूलकर दिवाली पर हवा के लिए रोने के लिए। बाकी दिल्ली के मुख्यमंत्री इतने प्रतिभाशाली हैं कि अगली बार से उतनी ही बारिश करवाएंगे जितना दिल्ली झेल सकती है। दिल्ली सरकार के कुछ मंत्री जल्द ही इस संबंध में इंदर भगवान से बात करने के लिए स्वर्गलोक का दौरा करेंगे। बस एलजी साहब फाइल न अटकायें तो।

60

दार्शनिक नेता

कभी कभी नेता दार्शनिक हो जाते हैं। अपने क्षेत्र में दर्शन देने के अलावा सभी प्रकार के दर्शन की बात करने लगते हैं। जैसे उनके चुनाव जीतने के बाद उनके प्रदर्शन का कोई माप नहीं है, उनके ज्ञान और दर्शन का भी कोई माप नहीं है।

जब दार्शनिक हो ही गए तो उसका प्रदर्शन भी कहीं न कहीं तो करना ही होता है। संसद इसके लिए उपयुक्त नहीं है। इसके लिए प्रेस कॉन्फ्रेंस ही उत्तम है।

नेता को नेता बनते ही अपने चुनावी वादे पूरे करने के अलावा सब कुछ करने की छूट मिल जाती है, लेकिन कभी कभी वे उससे भी कुछ आगे बढ़ने का प्रयास करने लगते हैं। स्वयं को स्थापित करने के प्रयास में यात्राएं बहुत से नेताओं ने की हैं। यात्रा के दौरान नेता में ज्ञान फूट पड़े स्वाभाविक है। इतना बड़ा इवेंट, इतना कठिन इवेंट मैनेजमेंट कोई आसान बात है क्या? इतनी प्लानिंग करनी पड़ती है, कब कहां जाना है, कौन मिलेगा कौन नहीं मिलेगा, क्या पहनना है, क्या खाना है, कौन कौन पत्रकार आयेंगे। एंबुलेंस को रास्ता कब और कहाँ देना है। घोड़े, गधे, कुत्ते, सुअर कहां लाना है। किसका हाथ पकड़ना है, किसका गला पकड़ना है।

फिर बार बार पत्रकारों को पर्ची देनी पड़ती है, ये लिखिए। पत्रकार लिखते हैं, नेताजी इतनी लम्बी यात्रा में लगातार कैसे चल रहे हैं? जनता तो जानती है पैरों से चल रहे हैं। जहाँ-जहाँ से निकलेंगे उनके पदचिन्ह स्थापित करके उनके पार्टी वाले मंदिर बनवा देंगे। भविष्य में पूरा मार्ग उनके नाम से जाना जाएगा। पत्रकारगण स्तुतिगान लिखेंगे। किसी मैराथन का नाम नेताजी के नाम पर हो जाएगा और स्वर्ण, रजत, ताम्र पत्र पर उनके पदचिन्ह स्थापित कर के विजेता को पुरस्कार स्वरूप दिया जाएगा। नेताजी सबके हो जाना चाहते हैं, इसी चाहत में चर्च जाते हैं, दरगाह भी जाते हैं, मंदिर भी जाते हैं और गुरुद्वारे भी। जहाँ जैसा वोट बैंक वहाँ

वैसा भेष रख के लोगों को रिझाते हैं। ध्यान देने की बात यह कि वे देश नहीं जोड़ रहे, बल्कि वोट जुटा रहे हैं। लहर बनाने का प्रयास कर रहे हैं।

उनके साथ लोग जुड़ते हैं, उनकी जय कहने वालों के साथ शत्रु देश की जय कहने वाले भी जुड़ते हैं। वे सबको गले लगाते हैं। मार्क्सवादी नेता तो आपने बहुत देखे होंगे लेकिन अब नेताजी स्वयं मार्क्स हो जाने की ओर अग्रसर हैं। सुबह पदयात्रा करते हैं, दोपहर में आराम। फिर शाम को उनकी ज्ञान गंगा प्रवाहित होती है। धर्म, अर्थ, काम, मोक्ष सबका कॉकटेल प्रस्तुत करते हैं। वे घुटनों के बल बैठकर ऊर्जा को अवशोषित करने की ट्रिक सिखाते हैं।

बहुत पापड़ बेलने पड़ते हैं। ऐसे ही कोई नेता दार्शनिक, चिंतक और विचारक नहीं बन जाता।

61

सारा दोष कोहरे का ही है

शोले फिल्म में एक थे इमाम साहब, रामगढ़ वाले। उनका एक लड़का भी था। लड़का बीड़ी के कारखाने में काम करने जबलपुर जाना चाहता था। हमको ये समझ में नहीं आता था कि जबलपुर के पास कौन सा रामगढ़ था, जहाँ से घोड़े पर सवार होकर जबलपुर पहुँचा जा सकता था? चलिए होगा भी, पर लड़का रेलगाड़ी से भी तो जबलपुर जा सकता था। उसी रेलगाड़ी से जिससे जय–वीरू रामगढ़ आए थे। हो सकता है रेलगाड़ी सिर्फ़ आती हो, जाती न हो। हो सकता है रेलगाड़ी उस समय भी कोहरे के कारण इतनी देर से चलती हो कि घोड़े से जबलपुर पहुँचना अधिक सुलभ होता हो।

हो सकता है कि उस समय भी रेलगाड़ी के आने जाने की कोई सूचना प्राप्त न होने के कारण इमाम साहब ने फ्रस्ट्रेट होकर कह दिया हो - जा घोड़े से चला जा, रेल का क्या भरोसा। वैसे भी लोहे पर लोहा चलना नाजायज़ है।

लड़के ने रेल विभाग में गाड़ी के बारे में पूछताछ अवश्य की होगी। जब आज के समय में 139 काम नहीं आता तो तब क्या ही आता होगा? हो सकता है पूछताछ वाले नंबर पर कुछ पता न चला हो और लड़के ने सोचा जिस गाड़ी का कुछ पता न हो उससे अच्छा तो घोड़ा भला। घास खाएगा, पानी पिएगा पर टिकट के पैसे लेकर लापता तो नहीं हो जाएगा। फिर यहाँ-वहाँ रुक कर सो तो नहीं जाएगा। फिर भी क्योंकि बात इमाम साहब के लड़के की थी तो सरकारी विभाग हरकत में आया ज़रूर होगा। अधिकारियों ने एक दूसरे की तरफ़ शिकायत टरकाई भी होगी।

जैसे रेल मंत्रालय पर शिकायत करो, तो रेल सेवा वाले जवाब देते हैं, फिर ग्वालियर से लेकर आगरा के डीआरएम तक एक दूसरे को शिकायत टरकाते हैं। बात तो रेल मंत्री तक भी पहुँचती है पर समाधान किसी के पास आज भी नहीं है तब भी नहीं होता था। प्रश्न यह कि जबलपुर से गाड़ी कब चलेगी, आज पूछिए, उत्तर दो दिन बाद आगरा के डीआरएम साहब प्रश्न आगे टरका कर देंगे। ऐसे में इमाम साहब के लड़के का निर्णय सही ही था। घोड़े से जाना ही ठीक है। ख़ैर घोड़े से जाने में थोड़ा ठंढ और गब्बर सिंह वगैरह का खतरा तो है, लेकिन स्टेशन पर ठंढ में बैठे-बैठे मर जाने से तो बेहतर है।

देखिए यह तो मानना ही पड़ेगा कि आप अगर एक बार टिकट खरीद लेते हैं तो आपका समय रेलवे की संपत्ति हो जाता है। आप उसपर दावा नहीं कर सकते। अब यह रेलवे की मर्जी है कि आपको समय पर पहुँचाए या न पहुँचाए। या स्टेशन पर बिठाए या रेल में बिठाए हुए मुरैना के जंगलों में खड़ा रखे। चंबल के आसपास भी डाकुओं का खतरा तो है, वही खतरा इमाम साहब के लड़के को गब्बर सिंह से था। पर रेल की अनिश्चितताओं से बचते हुए घोड़े पर जाना उसे ठीक लगा। अंततः वह गब्बर सिंह द्वारा मार दिया गया। और घोड़ा ही उसे लादकर वापस रामगढ़ ले आया। ग़ौरतलब है कि रेलगाड़ी उसे लादकर वापस नहीं लाती, घोड़ा ले आया।

कहने को तो रेल भी अपनी ही संपत्ति है, लेकिन कुछ लोगों के लिए ज़्यादा अपनी है और वे उसे पसंद न आने पर तोड़ने में विश्वास रखते हैं। ख़ैर यह तो प्रधानमंत्री के कुशल नेतृत्व है कि वे तोड़नेवालों को और अधिक रेल उपलब्ध करवाते हैं कि वे और तोड़ सकें। अन्यथा कोई जय–वीरू जैसा होता तो साफ़ कह देता सरकार ने पत्थरबाजों के इलाके में रेल भेजना बंद कर दी है। फिर मालदा का डालडा वहीं की मुख्यमंत्री को साफ़ करना पड़ता।

हम वापस आते हैं, उस सीन पर जब घोड़े पर इमाम साहब के लड़के का शव आ रहा है। गाँव वाले घेरकर खड़े हो गए हैं। इमाम साहब आकर पूछते हैं, इतना सन्नाटा क्यों है भाई? अब उनको कौन समझाए, लड़का अगर रेल से जाता तो गब्बर से बच जाता। लेकिन रेल तो रेल है। समय से आती तो क्या ही बात थी। समय से चलती रेल में यात्रा से सुखद कुछ नहीं, और रेल की प्रतीक्षा में सड़ना, प्रेमिका की प्रतीक्षा करने से भी ज़्यादा बुरा है। अंत में आती तो दोनों हैं, पर प्रेमिका के आने से उद्देश्य तो पूरा हो जाता है। रेल के देर से आने के बाद तो उसी रेल में न जाने कितनी देर और बिताना पड़ता है।

बहरहाल इमाम साहब का लड़का शहीद हो गया है। इमाम साहब के लड़के शहीद ही होते हैं, भले ही बीड़ी की कारखाने में काम करने जा रहे हों या बीड़ी पीने।

चाहे तो बीड़ी से पूछ लीजिए। लोग तो ये भी कह रहे हैं रेल को बीड़ी की नजर लग गई है। जिससे वह समय से नहीं चल पा रही है। काला टीका लगाना पड़ेगा। इमाम साहब अपने सभी बेटे गाँव पर कुर्बान करने की बात करते हैं और उधर से अजान सुनाई देती है।

अब प्रश्न यह कि जिस गाँव में बिजली नहीं थी, (सांसद जया बच्चन ख़ुद लालटेन जला रहीं थीं, यही प्रमाण है), वहाँ अजान वाले लाउडस्पीकर के लिए इन्वर्टर किसी सरकार ने मुफ़्त दिया था क्या? अजान की आवाज सुनते ही इमाम साहब अपने मृत पुत्र को बीच सड़क पर छोड़कर बसंती के साथ मस्जिद की ओर चल देते हैं। उन्हें मृत पुत्र को ऐसे छोड़कर नहीं जाना चाहिए था यह हमारा मत हो सकता है लेकिन जब इमाम साहब ने छोड़ दिया तो ठीक ही किया होगा। उसके बाद कोई रामगढ़ से जबलपुर नहीं गया। इस पूरे प्रकरण में हमारे विचार से सारा दोष कोहरे का ही है।

62

नया प्रश्न

यह प्रश्न पुराना हो गया कि पहले मुर्गी आई या अंडा। अब नया प्रश्न खड़ा हो गया है, मुर्गी वेज है या नॉन वेज। अंडा तो पहले ही ज्ञानियों की कृपा पाकर एक दशक से संशय में जी रहा था। वह न तो वेज है न नॉन वेज, वह स्वयं को दोनों के बीच में खड़ा या पड़ा हुआ पाता है। कुछ लोगों के लिए वह नॉन वेज ही है और कुछ के लिए फलाहार समान - कुक्कुट-फल। केक जैसी वस्तुओं में पड़ते ही क्या फर्क पड़ता है वाली श्रेणी में भी आ जाता है।

कुछ को लगता है अंडा जो भी है, मुर्गी शुद्ध शाकाहारी भी हो सकती है। तोक है, कुछ भी हो सकती है। अगर अंडा अपने हाल पर छोड़ दिया जाए तो उसके मुर्ग रूप में परिवर्तित होने की प्रबल संभावना होती थी। लेकिन अब यह निश्चित नहीं है कि अंडा फूटने पर उसमें से मुर्गी निकलेगी या कोई चौपाया। जैसे पाकिस्तान में बकरियां आजकल निर्णय नहीं कर पाती कि बकरे को जन्म दें या पाकिस्तानी को। पाकिस्तानी को जन्म दिया तो क्या उसे जन्नत मिलेगी या उसे भी लोग बकरी ही बनाएंगे?

कुछ समय पूर्व तो अंडे के मुर्ग रूप में आने के बाद उसके नॉन वेज में परिवर्तित होना निश्चित ही था, किंतु अब समय बदल रहा है, वोक जमाना है। लोग इसी बात पर प्रश्न उठा रहे हैं कि मुर्गी भी वेज है या नॉन वेज?

हमारा मानना है कि जीते जी वेज है मरने के बाद नॉनवेज, लेकिन वोक समाज इसे स्वीकार नहीं करता। मुर्गी है, वोक है, कुछ भी हो सकती है। मुर्गी अपने सर्वनाम भी प्रयोग कर सकती है, आप कहेंगे मुर्गी के सर्वनाम भला क्या हो सकते हैं? हो सकते हैं, LGBTQTIYAPA+ मुर्गियों के होते हैं। मुर्गी स्वयं को लंबी, गोरी, बकरी, टिड्डी, क्वेल (बटेर), इंसेक्ट, एनिमल आदि बोलकर स्वयं को नॉन-

"

बाइनरी घोषित कर सकती है।

अंडे के भी सर्वनाम होते हैं। ऐसा अंडा स्वयं को लंबा, गोल, बेलनाकार, टेढ़ा, क्वेश्चनेबल आइडेंटिटी वाला बता सकता है। वैसे ही मुर्गी अंडा देने से मना भी कर सकती है और मुर्गा स्वयं को मुर्गी घोषित करके अंडा देने की घोषणा भी कर सकता है। हो सकता है मुर्गी अंडा देने के बाद स्वयं को मुर्गा घोषित करके बांग देने चली जाए और मुर्गा अड़ जाए कि अंडा उसने दिया है और वह अंडे की माँ है। बाप बांग देने गया है। वह जेंडर फ्लूइडिटी से ग्रसित है, वह रात को सोता तो मुर्गा बनकर है लेकिन सुबह उठता है तो उसे बकरी जैसा लगने लगता है। फिर उसका मन दूध देने का होता है। वह दूध देना चाहता है और यह पता नहीं कौन सा फोबिक समाज उसे दूध देने नहीं दे रहा। आप नहीं मानेंगे तो आपको जेल में डाल दिया जाएगा।

कुछ वामपंथी इस बात से आंदोलित होकर कह सकते हैं - मुर्गी ही अंडा क्यों दे? बकरा क्यों नहीं? ऐसे में अंडे को भी अपने आप में लग सकता है कि वह स्वच्छंद, स्वतंत्र सतरंगी आमलेट है लेकिन अपने कवच में ट्रैप होकर रह गया है। वह अंडाफोबिक लोगों के कारण अपना छिलका उतार के नहीं घूम पा रहा।

वैसे ही जैसे एक नेता का अधेड़ पुत्राणु बंधनों में कैद हो कर रह गया है। उसके लिए तो दुर्भाग्य की बात है ही, उसकी पार्टी और उसके संसदीय क्षेत्र के लिए भी दुर्भाग्य की बात है। वह स्वतंत्र हो जाना चाहता है, घूमना चाहता है, उसने जो जो रटा है सब बोलना चाहता है। वह प्रयास करता है। फिर कोई उसके कान में कह देता है लोग मज़ाक बनाएँगे, तो वह चुपचाप अपनी बात बदलता है। स्वयं कहने लगता है, कोई और क्यों मज़ाक बनाए, मैं स्वयं अपना मज़ाक बना लेता हूँ। वह वास्तव में अपने आसपास के ताने बाने में कैद किसी व्यावहारिक तरलता से जूझता हुआ दिखता है। कल युवा, आज तपस्वी, कल ज्ञानी, परसों यात्री, नरसों पहलवान, तरसों शेर। सबकुछ है बस नेता नहीं हो पा रहा।

अकेले ये नहीं एक और नेताणु हैं जो मंत्रालय की तरलता से ग्रसित हैं। कैमरा देखते ही शिक्षा-शिक्षा रटते हैं और कैमरा बंद होते ही दारू-दारू। दरअसल उनके ऊपर इतने मंत्रालयों का भार डाल दिया गया था कि वे निर्णय ही नहीं कर पाए कि क्या कर रहे हैं। अब अपने वंश का निर्णय ही नहीं कर पा रहे, कभी महाराणा प्रताप के वंशज हो जाते हैं, कभी भगत सिंह के, कभी किसी के। स्वयं को तरल बनाकर रखते हैं, क्या पता कब क्या बनना पड़ जाए।

इनकी पूरी पार्टी में ही भांग घुली है। एक दो तो ऐसे हैं कि जैसे भांग का खेत चरकर संसद में घुस गए हों। अब सींग मारते फिर रहे हैं। संसद में पहुँचने के बाद कुछ सांसद तरल हो जाते हैं। कब बह कर कहाँ बैठ जाएँ कोई नहीं जानता। कुछ

गरल हो जाते हैं। पूरा माहौल ज़हरीला कर देते हैं।

भांग का एक खेत न्यायालय में भी जोता जा रहा है। करोड़ों केस छोड़कर न्यायाधीश यह देख रहे हैं कि कोर्ट में प्रयोग होने वाले शब्दों में लैंगिक असमानता वाले कौन से शब्द हैं जिन्हें हटाया जा सकता है। फुरसत का आलम देखिए। मुख्य न्यायाधीश ने बड़े गर्व से बताया कि उन्होंने न्यायालय परिसर में जेंडर-न्यूट्रल शौचालय बनवा दिए हैं। मुख्य न्यायाधीश को लगता है कि अपनी देह की बनावट के कारण कोई स्त्री या पुरुष होता है, ऐसी केवल धारणा है। मतलब स्त्री या पुरुष होना मनुष्य का नैसर्गिक गुण नहीं है बल्कि मानसिक अवस्था है। ये वोक हो गए हैं और वोक होते ही ऐसे हैं, इन्हें लगता है कि जो जिस प्रकार का अभिनय कर सकता है वह वही है। इस प्रकार स्त्री-पुरुष की परिभाषा बदलने के बाद क्या कोई जब स्वयं को स्त्री घोषित करते हुए महिला कोटे में आरक्षण, बस में महिला सीट आदि मांगेगा तब। वोक पुरुष स्वयं को स्त्री घोषित करते हुए महिलाओं वाले शौचालय आदि का प्रयोग करने के लिए अड़ जाएँगे तब? महिलाओं के लिए जो आरक्षण, सुविधाएँ, अधिकार दशकों में जुटाए गए हैं, ये वोक उसी का अतिक्रमण करेंगे और अंततः पश्चिम का अनुसरण करते हुए इनका अगला लक्ष्य बच्चे होंगे।

अब न्यायालय परिवार की परिभाषा को बदलने का मन बना रहे हैं। दो स्त्रियाँ या दो पुरुष विवाह करने के पश्चात बच्चे के लालन पालन का सामान अधिकार चाहते हैं। प्रश्न इसमें यह है कि दोनों में माँ कौन बनेगा या बनेगी और पिता कौन? क्या दो माँ होंगी या दो पिता? उससे भी बड़ा प्रश्न बच्चा आएगा कहाँ से?

न्यायालय को यह आदेश जारी करना चाहिए कि बच्चे पैदा करना पुरानी और रूढ़िवादी प्रक्रिया है। अतः अब मनुष्य अंडे देना शुरू कर दें। एक रिटायर्ड न्यायाधीश की अध्यक्षता में पोल्ट्री फार्म के आधार पर प्रजनन केंद्र खोलें, जिससे यह समस्या हल हो जाएगी कि पालने के लिए बच्चे कहाँ से आएँगे।

जिस प्रकार से पश्चिम का अनुकरण करने की होड़ न्यायालय को है, जहाँ वे यह कहते हैं कि शुरुआत कहीं तो करनी होगी नहीं तो वोकत्व में दुनिया आगे निकल जाएगी हम पीछे रह जाएँगे। यह प्रगतिशील समाज की आवश्यकता है। कल को वोकिस्तान और ट्रांसिस्तान की मांग भी होगी, आवश्यक हो जाएगा न। यह वोकियत की महामारी कोरोना से ज्यादा खतरनाक है। अगला विश्वयुद्ध इन्हीं वोक प्राणियों की वजह से होना है।

न्यायालय निर्णय तो वोकियत से भरे हुए कर ही रहे हैं, ऊपर से ख़ुद की अकड़ कम होती नहीं, सरकार से हर बात पर लड़ते रहते हैं। कंटेंप्ट ऑफ कोर्ट की धमकी देते हैं फिर ख़ुद को अभिव्यक्ति की स्वतंत्रता का संरक्षक कहते हैं। ख़ुद निष्पक्ष

रहते नहीं, हर बात में टांग अड़ाते हैं, फिर विपक्ष से राष्ट्रपति के नाम चिट्ठी लिखवाते हैं - कि देखो हमें ट्रोल किया जा रहा है। अब राष्ट्रपति जी अपना काम छोड़कर ट्रोल पकड़ने निकल पड़ें। ख़ुद ऊटपटांग टिप्पणी करते हैं फिर कहते हैं, हमको रोस्ट कर दिया। रोस्ट हों या फ्राई, तेल में राई सा चटकना तो है ही। इतना विशेषाधिकार तो कभी गांधियों ने भी नहीं जताया जितना मीलॉर्ड जाता रहे हैं। सी.जे.आई. लाइफ मैटर्स।

मैटर तो उन भाषा नाजियों का भी है जिनकी खुदकी "कृषी" सुखानी पड़ी है और दूसरों की "में" में मैं मैं करते घुसे जा रहे हैं। स्वयं अपने बनाए हुए आत्ममुग्धता के पिंजरे में क़ैद हैं और उन्हें पता ही नहीं है वे स्वयं तर्क–फोबिक हो गए हैं। जब तक तर्क और तरी मुग़लई न हो इनके गले से उतरती भी नहीं जैसे वोकियों की बातें अपने गले से नहीं उतरती।

63

मछली की आँख

युवराज ने धनुष उठाया, और तेल की कड़ाही के पास जाकर खड़ा हो गया। उसने कड़ाही हो देखा, कड़ाही में भरे तेल को देखा, सभा में भरे लोगों को देखा, दो तीन को तो मन ही मन गले भी लगाया। ऊपर लटकती मछली को देखा और उसे अपना चुनाव चिन्ह दिखाते हुए कहा डरो मत। उसने धनुष के ऊपर तीर को चढ़ाया, और निशाना लगाया। उसने नहीं सोचा कि उसे तीर मारने के बाद क्या गिलेगा, उसने तेल में देखा, उसे छत दिखी, छत पर लगा झूमर दिखा, छत पर बनी कलाकृति दिखी, छत पर लटकती मछली और अपनी ही परछाई दिखाई दी, फिर उसने तीर तेल में दिख रही अपनी ही आँख पर चला दिया। फिर सभा में खड़ा होकर कहने लगा – "मार दिया मैंने उसको, गया वो। अब तो वो है ही नहीं। जो आपको दिख रहा है वो युवराज है ही नहीं। समझो आप।"

एक राजा बोला – "तीर तो मछली की आँख पर मारना था?"

"जब मैंने ये नहीं सोचा कि तीर मारने के बाद मुझे क्या मिलेगा तो मैं ये क्यों सोचता कि तीर मारना कहाँ है। मुझे लगा मुझे मारना चाहिए तो मैंने मार दिया।"

"लेकिन इधर उधर क्यों चलाया? लक्ष्य मछली की आँख थी, कड़ाही में देखकर ऊपर निशाना लगाना था। ऐसे थोड़ी कहीं भी निशाना लगा दो?"

"देखो सबसे पहले ख़ुद को उधर मछली की जगह रखकर देखो। वहाँ से जो दिखता है वो अलग दिखता है। वहाँ से आपका दृष्टिकोण बदल जाता है। कड़ाही अलग दिखती है। लोग अलग दिखते हैं। धनुष-बाण अलग दिखता है।"

"लेकिन मछली को तीर थोड़ी चलाना था, आपको चलाना था।"

"आप जब धनुष उठाते हैं तो ऐसा नहीं लगना चाहिए कि तीर आपको चला रहा है, ऐसा लगना चाहिए आप तीर को चला रहे हैं। आप कड़ाही में देखते हैं तो आपको

उतना ही दिखता है, जितना कड़ाही में होता है, लेकिन जो कड़ाही में है उतना ही तो नहीं होता, उससे ज़्यादा भी तो बहुत कुछ होता है। उसके बाहर देखने के लिए आपको कड़ाही से बाहर सोचना पड़ता है। फिर आप धनुष पर रखकर तीर छोड़ते हैं तो तीर उड़ता है। उस उड़ते तीर को ग्रहण करने के लिए आपको तीर के आगे उड़ना पड़ता है। आप अपने आपको तीर से आगे रखकर सोचिए। तब समझ आएगा।"

सभा के सब लोग सन्न थे, बस कुछ पत्रकार धन्य-धन्य कर रहे थे।

फिर भी एक राजा ने कह दिया– "कहना क्या चाहते हो?"

"समझ नहीं आया न? जब शिव को पढ़ोगे तो समझ आएगा।"

"कौन शिव?"

"शिव खेड़ा, यू कैन विन।"

"उन्होंने ये सब लिखा है?"

"नहीं, उन्होंने लिखा है कि फालतू बातों में समय ख़राब मत करो।"

"मुझे शंका हो रही है। तुम हो कौन?"

"यह तपस्वियों का देश है और मैं तपस्वी हूँ।"

"तो तपस्वी महाराज, इस स्वयंवर में क्यों आए हैं?"

"देखिए यहाँ सभी धर्मों के लोग आए हैं। मैं इन सबको जोड़ने आया हूँ और मैं इन सब को जोड़ के रहूँगा।"

"यह तो बड़ी *जोड़दाड़* बात कही आपने।" मगधराज ने कहा।

"क्या *जोड़दाड़* है इसमें?" एक पत्रकार बोला।

"हमको पता नहीं है।" मगधराज ने कहा।

"कुछ पता है भी? उधर आपके राज्य में जनता कितनी परेशान है?"

"हमको अभी पता नहीं है। हम पूछते हैं।"

"जंगल राज आया हुआ है पूरे मगध में और आप यहाँ मछली की आँख मारने चले आए हैं?"

"जंगलराज का हमको अभी पता नहीं है। हमारे राज्य में शिक्षा व्यवस्था बड़ी ख़राब हो रही है।"

एक पत्रकार बोला - "इनको कुच्छौ पता नहीं है। बड़े राजा बनते हैं।"

दूसरा बोला - "शिक्षकों को फ़िनलैंड भेजकर ही देख लो, क्या पता पूरे मगध की शिक्षा व्यवस्था सुधर जाए। आपके यहाँ तो कोई फाइल अटकाने वाला भी नहीं है।"

उधर से कोई स्त्री कू-कू-कू-कू-कू-कू की आवाज़ निकाल कर कहती है - "स्वयंवर पर कंसन्ट्रेट कीजिये।"

सभा में से आवाज आई - "तो तपस्वी महाराज! सब जोड़ लिया? अब क्या करेंगे?"

"आज तो इस नफ़रत की सभा में मोहब्बत की दुकान खोलने वाला हूँ। कल का पता नहीं।"

सभा के आयोजक ने कहा - "अरे यार दुकानदारी बाद में करना कोई ढंग का निशानेबाज हो तो बताओ। आप सबको समझ भी आया है कि यह सभा किस कारण से आयोजित की गई है? "

उधर से युवराज के सहबाला ने कहा - "युवराज की जोड़ो यात्रा के कारण।"

सभा में सभी ने एक स्वर में कहा - "साधो! साधो!"

अचानक सारे पत्रकार बाहर की तरफ़ भागे। किसी का ध्यान सभा पर नहीं था। सब धक्कामुक्की करने लगे। एक दूसरे के स्तर को नीच महानीच, गिरा हुआ, पड़ा हुआ, सड़ा हुआ बताने लगे। सभा में सब बस यही सोच रहे थे कि ये हो क्या रहा है। सबका ध्यान भागेश्वर से बागेश्वर पर कैसे चला गया।

एक शरीफ़ आदमी कोने में बैठा हुआ था, दबी सी आवाज़ में बोला - "सभा में जो करना है कर लो, लेकिन महाराज! सभा के बाद ये तेल, कड़ाही और मछली हमको दे देना। खाने-पीने की बड़ी किल्लत है आजकल।"

64

मंथन

अमृत असुर पी गए और पत्रकारों को कुछ नहीं मिला? जी नहीं, बुलाया तो पत्रकारों को भी गया था, लेकिन उन्हें सिर्फ़ चाय और समोसे दिए गए। असुर अमृत पीते रहे, पत्रकार इसका लाइव कवरेज कर रहे थे।

अगर समुद्र मंथन कांग्रेस के राज में हुआ होता तो निश्चित रूप से कुछ अमृत पत्रकारों को भी मिलता। मिलता ही नहीं बल्कि कुछ पत्रकार तो यह निर्णय भी ले रहे होते कि कौन सा असुर अमृत पियेगा और कौन नहीं। कौन किसके बाद पियेगा और कितना पियेगा। कुछ पत्रकार अमृत पीने वालों का इंटरव्यू ले रहे होते और कुछ उनका जो पी चुके होते। बाकी, शिवशंकर तो विष पीकर एक तरफ़ समाधि में बैठ गए होते।

अख़बारों में छपता, किसने कितना पिया, कब पिया, कैसे पिया, किसके बाद पिया, किसने पिलाया आदि। और कहीं कोने में एक छोटी सी पँक्ति में लिखा होता -"इस अवसर पर शिवशंकर ने भी विष पिया", उससे अधिक बनता भी कुछ नहीं। कुछ पत्रकार यह प्रश्न अवश्य करते कि विष को पिया नहीं, केवल गले में अटका लिया। क्या कंठ को नीला करके भोले बाबा किसी और बाबा के नीले रंग पर एकाधिकार को चुनौती देना चाहते हैं? संभवतः कुछ आरोप तो लगते ही, कि विष पी कर चुपचाप ध्यान में मग्न हो गए। एक प्रेस कांफ्रेंस भी नहीं की।

कांग्रेस के समय विष की बात करता भी कौन? सबसे बड़ा विष तो सत्ता का था। जिसे एक परिवार पी रहा था। उसके सामने कालकूट-हलाहल वगैरह क्या चीज है। पत्रकारों को बता दें कि शिवजी ने जो विष गटागट पी लिया था वही हलाहल था। इसका किसानों के हल से कोई संबंध नहीं है। न ही हलेलुइया से। वह विष मंथन से निकला था, फर्जी आंदोलन से नहीं।

किसी के पिताजी, दादी या परनाना छोड़कर नहीं गए थे। और जब कोई नहीं पी रहा था तो प्राणियों के गिड़गिड़ाने पर शिव जी पी गए थे। ऐसा नहीं था कि पुरखे छोड़ गए तो सुविधानुसार पी लिया या सुविधानुसार दूसरे को पिला दिया। ख़ैर असुर तो वैसे भी अमृत ही छककर पी रहे थे। पत्रकार बस देख रहे थे। समुद्र मंथन कांग्रेस के समय में नहीं हुआ, इसका अफ़सोस पत्रकारों को बहुत था। वे इतने दुःखी थे कि वे देख ही नहीं पा रहे थे कि पीने वाला कौन है, सुर है कि असुर। या फिर ये मानने तैयार ही नहीं थे कि असुर अमृत नहीं कुछ और पी रहे हैं। मिल तो इन्हें वो भी नहीं रहा था, तो कहते कैसे।

जब मोहिनी ने सबको मोहित कर रखा हो तो पत्रकार भी मोहित ही थे ऐसा मानकर चलना चाहिए। सभी पत्रकारों को बताया गया था, कि कार्यक्रम के समापन के बाद प्रेसवार्ता होगी। जिसमें सभी प्रश्नों के उत्तर दिए जाएंगे। अमृत मिलेगा यह नहीं कहा गया था, पर कुछ पत्रकार उम्मीद कर रहे थे। कांग्रेस के राज में बोतलें मिल सकती हैं, तो मंथन के समय एक दो घूंट अमृत के मिल जाते तो क्या ही चला जाता। कार्यक्रम सुचारू रूप से चल रहा था। मोहिनी थिरक-थिरक कर, अपने नयनों से असुरों पर बाण छोड़ती और जो भी पिलाती असुर अमृत समझकर पी जाते। टिपिकल पुरुषों की तरह। लाइव कार्यक्रम में हर बार मोहिनी जब असुरों को "अमृत" पिलाकर मुड़ती, गाना बजने लगता - प्यार की राह में मिलना बहुत ज़रूरी है। मेन विल बी मेन। और देवी मुस्कुरा देती।

पत्रकार यह सब देखकर आनंदित होते, आह! एक और असुर को अमृत मिला। आनंद। फिर अचानक कुछ अफरातफरी मच गई। मोहिनी ने अचानक रूप बदल कर एक का गला काट दिया था। था तो वह असुर पर देवता जैसा लग रहा था। उसकी मुंडी अलग हो गई और बॉडी अलग। अलग बखेड़ा खड़ा हो गया भाईसाब। लड़ाई की नौबत आ गई, वो तो मोहिनी ने ही मामला सुलटाया, शांति स्थापित की और कार्यक्रम जारी रखा।

कार्यक्रम जब समाप्त हुआ तो पत्रकार प्रश्न पूछना चाहते थे कि भाई क्या राडा हुआ था। अचानक किसी की मुंडी काहे काट दी? कौन था वो? देवता कहने लगे देवता ही समझो। यह उसकी आंतरिक लड़ाई थी, उसका सिर उसकी बॉडी के साथ रहना नहीं चाहता था इसलिए अलग करना पड़ा। असुर कहने लगे हमारा आदमी था या नहीं कह नहीं सकते, क्योंकि बैठा तो देवताओं वाली लाइन में था। बाकी, पिया तो सबने अमृत ही है।

एक पत्रकार ने कहा, देखिए हमको लगता है आपका आदमी है।

असुर बोले, देखो अगर देवताओं की लाइन में बैठा था तो उनका आदमी ही है। तुम्हारी हवा क्यों निकल रही है?

पत्रकार बोला, हवा नहीं निकल रही है, हमको शक हो रहा है कि अमृत आपके हाथ में नहीं आया।

असुर बोले, देखो हमको पूरा यकीन है अमृत तो हमने पी ही लिया है।

देवता बोले हमने भी।

इधर से एक प्राणी ने कहा अमृत छोड़ो, ये बताओ तुम सब मंथन में लगे रहे, ये अमृतपाल कहाँ निकल गया? सब बगलें झांकने लगे। किसी को इस प्रश्न की आशा नहीं थी। बात घुमाने के लिए एक बुज़ुर्ग पत्रकार ने पूछा जब सबने अमृत पी ही लिया है तो ये बताइए स्वर्ग का सिंहासन किसे मिलेगा? असुर कहने लगे हमको, देवता कहने लगे हमको।

एक प्राणी कहने लगा पढ़े लिखे को दे दो। दूसरा बोला किसी अनपढ़ को दे देंगे, नौवीं = फेल को दे देंगे, किसी उचक्के को तो नहीं देंगे। प्रमोद नाम का प्राणी बोला स्वर्ग का अधिकारी तो बस एक ही परिवार है, उसके पुरखों ने तपस्या की, नियम बदलकर उसी को देना चाहिए। आमोद नाम का प्राणी बोला इनमे से जो पहले स्वर्गवासी हो जाए उसी को दे दो। विनोद बोला सत्ता सुंदरी का स्वयंवर रचा दो। जिसे चुन ले उसे दे दो।

इतने में मीलार्ड बोल पड़े, ये हम बताएँगे। ख़बरदार हमसे पूछे बिना सिंहासन का फैसला किया। एक तो हमसे पूछे बिन अमृत बँटवा दिया,अब स्वर्ग का सिंहासन बँटवा रहे हो। सिंहासन का एक कोना हमको चाहिए, हम स्वयंवर में नहीं जाएँगे। अमृत बाँटने में कौन सी पॉलिसी अपनाई गई, इसकी पूरी रिपोर्ट बंद लिफ़ाफ़े में हमें दो।

एक बोला – लेकिन बाँटने वाली तो देवी मोहिनी थी।

चलो खुले लिफ़ाफ़े में रिपोर्ट दो और अगली बार से जब अमृत बंटेगा तो बांटने वालों के पैनल में CJI रहेगा।

पत्रकार बोले–एक दो गिल्ड वाले भी रख देते पैनल में।

मीलार्ड बोले – हप्प।

देवता बोले देखिए इंद्र स्वर्ग के सिंहासन के स्वाभाविक अधिकारी हैं। बढ़िया तरह से शासन चलाते रहे हैं। वही अधिकारी हैं।

एक किसान खड़ा हो गया, बोला ज़्यादा दिमाग न ख़राब करो, इनको आजकल कुछ पता नहीं रहता। चैत में बारिश करवा दी बताओ। पूरी फसल चौपट हो गई। इंद्र बुढ़ा गए हैं, इनको पता नहीं रहता कब बारिश करवानी है और कब गर्मी का

मौसम है।

इंद्र ने हंसते हुए कहा अरे वो तो हम थोड़ा कनफुजिया गए थे। क्या हुआ कि हम भारत के मौसम विभाग वालों की रिपोर्ट देख लिए, फिर कन्फर्म करने के लिए एक्यूवेदर वाली एप्प पर भी देखे। सब मामला गड़बड़ा गया।

एक असुर बोला और वो कांड भी बताओ इनका। एक आदमी बेचारा स्टेशन पर अपनी ट्रेन की प्रतीक्षा कर रहा था। ट्रेन थोड़ी लेट हो गई, तो इनको लगा कि ऊ आदमी स्वर्ग का सिंहासन हथियाने के लिए तपस्या कर रहा है।

तपस्या भंग करवाने के लिए स्टेशन की टीवी पर वीडियो ही चलवा दिया बताओ।

एक ने हंसते हुए पूछा– ट्रेन कितनी लेट थी?

आठ दस घंटे होगी बस। इतने में उस यात्री का मन नहीं डोला इनका सिंहासन डोल गया बताओ।

इंद्र बोले वो कांड हमारा नहीं था। हम भेजते तो अप्सरा भेजते, वीडियो काहे भेजते?

जिसका भी कांड है, लेकिन मामला अंतर्राष्ट्रीय हो गया। इनसे स्वर्ग नहीं संभलता।

एक और प्राणी बोला – और तो और इनके रहते स्वर्ग का हैप्पीनेस इंडेक्स में नाम भी नहीं रह गया। लोग खुश नहीं है स्वर्ग में।

इंद्र बोले – अब इनकी हैप्पीनेस के लिए मैं अपनी जॉब छोड़ दूँ?इतने में असुरों को जो पिलाई गई थी, उसका नशा उतरने लगा था। होश में आते ही समझ आया कि गड़बड़ हो गई है। असुरों और देवताओं में माराकुट्टी शुरू हो गई। दो तीन पत्रकार भी लपेटे में आ गए। एक पत्रकार झुंझला गया। बोला भाड़ में जाओ तुम और तुम्हारे समोसे। मैं जा रहा हूँ वापस, अब कुछ और कवर करूँगा। देखता हूँ इस साल नींबू की किल्लत है कि रूहअफ्जा की। पत्रकार के जाते ही तेजू भैया की नींद खुल गई और ये सब जो सपने में वो देख रहे थे उसकी वीडियो रिकॉर्डिंग सोशल मीडिया पर डालते हुए लिखा – हमने सपने में दैवीय घटना होते देखी। अगर बिहार समुद्र के तट पर होता तो वे स्वयं हर साल मंथन का आयोजन करवाते। रोजगार भी बढ़ता और आमदनी भी। लेकिन लेखक एक क़दम आगे कल्पना करके भूलोट हास्य में निमग्न है कि भैया निश्चित रूप से ज़िद कर बैठते कि मोहिनी का रूप धरकर वे ही अमृत बांटेंगे। अब चित्र की विचित्र कल्पना आप स्वयं कर लीजिए।